JN055516

福井県の教員採用試験過去問シリーズ ⑩

2025年度版

福井県の保健体育科

過去問

協同教育研究会 編

協同出版

本書には，福井県の教員採用試験の過去問題を収録しています。各問題ごとに，以下のように5段階表記で，難易度，頻出度を示しています。

難　易　度

非常に難しい　☆☆☆☆☆
やや難しい　☆☆☆☆
普通の難易度　☆☆☆
やや易しい　☆☆
非常に易しい　☆

頻　出　度

◎　ほとんど出題されない
◎◎　あまり出題されない
◎◎◎　普通の頻出度
◎◎◎◎　よく出題される
◎◎◎◎◎　非常によく出題される

※本書の過去問題における資料，法令文等の取り扱いについて

本書の過去問題で使用されている資料や法令文の表記や基準は，出題された当時の内容に準拠しているため，解答・解説も当時のものを使用しています。ご了承ください。

はじめに～「過去問」シリーズ利用に際して～

教育を取り巻く環境は変化しつつあり，日本の公教育そのものも，教員免許更新制の廃止やGIGAスクール構想の実現などの改革が進められています。また，現行の学習指導要領では「主体的・対話的で深い学び」を実現するため，指導方法や指導体制の工夫改善により，「個に応じた指導」の充実を図るとともに，コンピュータや情報通信ネットワーク等の情報手段を活用するために必要な環境を整えることが示されています。

一方で，いじめや体罰，不登校，暴力行為など，教育現場の問題もあいかわらず取り沙汰されており，教員に求められるスキルは，今後さらに高いものになっていくことが予想されます。

本書の基本構成としては，出題傾向と対策，過去5年間の出題傾向分析表，過去問題，解答および解説を掲載しています。各自治体や教科によって掲載年数をはじめ，「チェックテスト」や「問題演習」を掲載するなど，内容が異なります。

また原則的には一般受験を対象としております。特別選考等については対応していない場合があります。なお，実際に配布された問題の順番や構成を，編集の都合上，変更している場合があります。あらかじめご了承ください。

最後に，この「過去問」シリーズは，「参考書」シリーズとの併用を前提に編集されております。参考書で要点整理を行い，過去問で実力試しを行う，セットでの活用をおすすめいたします。

みなさまが，この書籍を徹底的に活用し，教員採用試験の合格を勝ち取って，教壇に立っていただければ，それはわたくしたちにとって最上の喜びです。

協同教育研究会

CONTENTS

第１部

福井県の
保健体育科
出題傾向分析

福井県の保健体育科　傾向と対策

福井県では，中高共通問題として出題されている。2024年度は大問7問の100点満点となっており，出題内容は学習指導要領及び同解説から半数以上出題される他，幅広い分野から出題されているのが特徴である。出題形式としては，記述式の問題はかなり詳細に書かなければいけない問題が多いことと，空欄補充問題は選択式より記述式の方が多いのが特徴であり，全体的に難易度が高い。相当量の学習と対策が必要であろう。

□　学習指導要領

中学校，高等学校ともに出題されている。高等学校保健体育編解説体育編の各領域の内容の取扱いから領域の履修に関して選択式の問題，中学校学習指導要領解説保健体育編の「内容の取扱い」から選択式と記述式の空欄補充問題が出題された。過去の出題と同様，いずれも各領域や内容の取扱いに関わる具体的な内容についての問題であった。今後も同傾向の出題が予想される。なお，2023年度は，運動種目に関して，中学校及び高等学校の学習指導要領解説から出題は見られなかったが，2024年度は，「球技」の指導の工夫についても出題されている。指導内容や指導方法，例示といった学習指導要領の細部にまで注意しながら学習して，確実に答えられるようにしておきたい。

□　運動種目

教員採用試験において一般的に出題されるような各種目の技術の名称やルール等に関する問題は出題されていない。ここ数年の傾向として，学習指導要領に示されている各運動領域の指導内容や取扱いから出題されていたが，2024年度は球技について問われた。また2023年度に引き続き，「『指導と評価の一体化』のための学習評価に関する参考資料」(国立教育政策研究所)から「剣道」の評価規準，「学校体育実技指導資料　第10集　器械運動指導の手引」から技術的な指導の支援や手立てを問われている。空欄補充問題だけでなく，記述を求められる問いもあり，難易度は高いと言える。各領域に関する出題について，学習指導要領だけでなく文部科学省やスポーツ庁から出されている運動種目に関する資料は確認しておく必要がある。

□　体育理論・体育に関する知識

2024年度は体育理論と保健の知識の取扱いについてあわせて問われている。履修と系統性を理解しているのか判断される問題であった。学習指導要領解説で，内容の取扱いに関する項目は重点的に学習しておく必要がある。また，がんにかかる原因について，記述する問題も出題された。2023年度は「運動部活動の在り方に関する総合的なガイドライン」の内容を踏まえ，適切な休養日等の設定に関する基準を3つ記述するという問題があった。新学習指導要領の改訂の要点の一つとして「する・みる・支える・知る」といった，生涯にわたる豊かなスポーツライフを実現していく資質・能力の育成がある。運動・スポーツの多様な関わり方も踏まえて，各学年の体育理論で取り扱う内容について学習指導要領解説を精読した上で，中学校や高等学校で使用されている保健体育科用教科書を活用して学習をしておく必要がある。

□　保健分野・保健

2024年度は「学校の管理下での災害」(日本スポーツ振興センター)より，中学校の管理下の負傷・疾病についての調査データについて選択式の空欄補充問題が出題された。2023年度は「救急蘇生法の指針2015(市民用)」(厚生労働省)の内容を踏まえ，心肺蘇生法等の応急手当の技能に関して出題されている。高等学校で使用されている教科書の内容，文部科学省発行の指導資料等について確認し，その他の保健分野に関わる情報についても広く学んでおきたい。

過去5年間の出題傾向分析

◎：3問以上出題　●：2問出題　○：1問出題

分類	主な出題事項			2020年度	2021年度	2022年度	2023年度	2024年度
中学学習指導要領	総説				◎		◎	
	保健体育科の目標及び内容			○	◎	○		
	指導計画の作成と内容の取扱い			◎	◎	○		●
高校学習指導要領	総説			◎			○	
	保健体育科の目標及び内容			◎	◎	●	◎	
	各科目にわたる指導計画の作成と内容の取扱い				◎	○		◎
運動種目 中〈体育分野〉 高「体育」	集団行動							
	体つくり運動			○		○		
	器械運動			◎			●	●
	陸上競技			●		○	●	
	水泳			○	◎			
	球技	ゴール型	バスケットボール					
			ハンドボール					○
			サッカー					
			ラグビー					
		ネット型	バレーボール	○				
			テニス					○
			卓球					
			バドミントン					
		ベースボール型	ソフトボール					○
	武道	柔道		◎	●	○		
		剣道			●			◎
		相撲			○			
	ダンス			○				
	その他（スキー，スケート）							
	体育理論				◎		●	
中学〈保健分野〉	健康な生活と疾病の予防					●		◎
	心身の機能の発達と心の健康			○				
	傷害の防止				◎		○	○
	健康と環境							
高校「保健」	現代社会と健康			○		◎		
	安全な社会生活							
	生涯を通じる健康					○		
	健康を支える環境づくり							
その他	用語解説			◎				
	地域問題							

第２部

福井県の
教員採用試験
実施問題

2024年度　実施問題

【中高共通】

【1】次の文は「高等学校学習指導要領(平成30年7月)解説　保健体育編・体育編」各領域の内容の取扱いから一部抜粋したものである。文中の(　ア　)～(　コ　)に当てはまる領域又は数字を書きなさい。

(1) 「(　ア　)」及び「(　イ　)」については，各年次において全ての生徒に履修させること。

(2) 「(　ア　)」については，各年次で(　ウ　)単位時間程度としている。

(3) 「(　イ　)」については，各年次で(　エ　)単位時間以上を配当すること。

(4) 入学年次においては，「(　オ　)」，「(　カ　)」，「水泳」，及び「(　キ　)」についてはこれらの中から一つ以上を，「球技」及び「(　ク　)」についてはこれらの中から一つ以上をそれぞれ選択して履修できるようにすること。

(5) 「球技」については，入学年次においては，ゴール型，ネット型，ベースボール型の中から(　ケ　)つを，入学年次の次の年次以降においては，ゴール型，ネット型，ベースボール型の中から(　コ　)つを選択して履修できるようにすること。

(☆☆◎◎◎◎◎)

【2】次の表は高校入学年次の武道(剣道)における「指導と評価の計画」の例である。

単元目標	(ア)	次の運動について，技を高め勝敗を競う楽しさや喜びを味わい，伝統的な考え方，(技の名称や見取り稽古の仕方，)（体力の高め方）などを理解するとともに，基本動作や基本となる技を用いて攻防を展開する（　エ　）。 剣道では，相手の動きの変化に応じた基本動作や基本となる技を用いて，相手の構えを崩し，しかけたり応じたりするなどの攻防をする（　エ　）。
	(イ)	攻防などの自己や仲間の課題を発見し，合理的な解決に向けて運動の取り組み方を工夫するとともに，自己の考えたことを他者に伝える（　エ　）。
	(ウ)	（武道に自主的に取り組むとともに）相手を尊重し，伝統的な行動の仕方を大切にしようとすること，（自己の責任を果たそうとすること），（一人一人の違いに応じた課題や挑戦を大切にしようとすること）（など）や，健康・安全を確保する（　エ　）。
単元の評価規準	知	① 剣道を学習することは，（　オ　）に誇りをもつことや，国際社会で生きていく上で有意義であることについて，言ったり，書き出したりしている。 ② 試合の行い方には，簡易な試合におけるルール，審判及び運営の仕方があることについて，学習した具体例を挙げている。 ③ それぞれの技を身に付けるための技術的なポイントがあることについて，学習した具体例を挙げている。
	技	① 相手と接近した状態にあるとき，隙ができた面を退きながら打つことができる。（　カ　） ② 相手が打とうとして竹刀の先が上下に動いたとき，隙ができた面を打つことができる。（出ばな面） ③ 相手が小手を打つとき，体をかわしたり，竹刀を頭上に振りかぶったりして面を打つことができる。（小手抜き面）
	思	① 自己や仲間の技術的な課題やその課題解決に有効な練習方法の選択について，自己の考えを伝えている。 ② 相手を尊重することなどの伝統的な行動をする場面で，よりよい所作について，自己や仲間の活動を振り返っている。
	態	① 相手を尊重し，伝統的な行動の仕方を大切にしようとしている。 ② 健康・安全を確保している。

(1)　(　ア　)～(　カ　)に当てはまる語句を書きなさい。

(2)　指導と評価の計画を完成させるには，あと2つの項目が必要である。「単元目標」「単元の評価規準」以外の2つを書きなさい。

(3)　次の学習カードを使用し評価をする場合，生徒の回答例(　ア　)～(　ウ　)に当てはまるものを選択肢から全て記号で選びなさい。

【学習カード】

○月○日(○)　　1年　　組　　番　氏名

1　武道において，相手を尊重し，礼法を大切にするのはなぜですか？

2　武道(剣道)での学びは，将来の社会生活にどのように役立ちますか？

【実現状況を判断する目安と生徒の回答例】

実現状況	判断の目安	生徒の回答例
十分満足（A）	伝統的な考え方とその意義に関する背景などの理解も含め，汎用的な知識と関連付けて具体的に記述されている。	（　ア　）
おおむね満足（B）	教師が指導した剣道の伝統的な考え方とその意義について記述されている。	（　イ　）
努力を要する（C）	伝統的な考え方とその意義について記述がみられない。	（　ウ　）

【選択肢】

a　仲間と協力する

b　武道は「礼に始まり礼に終わる」

c　あいさつすることは大事

d　仲間がいるから練習ができて上達できるので，尊敬と感謝の気持ちを表すことが大事

e　相手を尊重する気持ちが大事

f　剣道の文化は，日本文化として将来の国際社会に役に立つ

g　剣道は日本で始まったスポーツ

h　感謝や敬意の気持ちを伝える行動として，立礼や座礼があり，武道は「礼に始まり礼に終わる」

i　剣道の文化を大事にすることは，色々な日本文化も分かって，将来，国際社会で生きていく中で役に立つ

(☆☆☆◎◎◎◎)

【3】がんにかかる原因は，生活習慣，細菌・ウイルス感染，持って生まれた体質(遺伝素因)など様々ある。

(1)　がんにかかるリスクを軽減する望ましい生活習慣を2つ書きなさい。

(2)　細菌・ウイルスの感染が原因で発生するがんを2つ書きなさい。

(☆☆☆◎◎◎◎)

【4】器械運動に関して，文部科学省「学校体育実技指導資料　第10集　器械運動指導の手引(平成27年3月)」の内容を踏まえて，次の(1)(2)の技を習得する過程で，予想されるつまずきを挙げ，それを解決する技術的な支援や手立てをそれぞれ答えなさい。

(1)　マット運動　「伸膝後転」

(2)　鉄棒運動　「前方支持回転」

(☆☆☆◎◎◎◎)

【5】「中学校学習指導要領(平成29年告示)解説　保健体育編」の体育分野及び保健分野の内容の取扱いを踏まえて，次の(1)～(3)の問いに答えなさい。

(1)　「球技」について，取り扱う種目をゴール型，ネット型のそれぞれで3つ以上答えなさい。

(例：ベースボール型…ソフトボール)

(2) 「球技」ベースボール型の実施に当たり，何の確保が難しい場合に指導方法を工夫して行うこととなっているか答えなさい。

(3) 「体育理論」および「保健」の知識の取扱いについて，各学年で取り扱う内容を次の表に対応するよう【選択肢】から全て選び，記号で答えなさい。ただし，「健康な生活と疾病の予防」の内容については表の太枠の中に記入すること。

	体育理論	保健		
第１学年		健康な生活と疾病の予防		
第２学年				
第３学年				

【選択肢】

ア　健康と環境　　　イ　生活習慣病などの予防
ウ　感染症の予防　　エ　文化としてのスポーツの意義
オ　健康の成り立ちと疾病の発生要因
カ　心身の機能の発達と心の健康　　キ　生活習慣と健康
ク　運動やスポーツの多様性　　ケ　個人の健康を守る社会の取組
コ　傷害の防止　　サ　喫煙，飲酒，薬物乱用と健康
シ　運動やスポーツが心身の発達に与える効果と安全

(☆☆☆◎◎◎◎)

【6】次の文は，日本スポーツ振興センター「学校の管理下の災害[令和4年度]」の内容である。文中の(　①　)～(　⑥　)に当てはまる適語をそれぞれア～エから選び，記号で答えなさい。

令和3年度の中学校の管理下の負傷・疾病は，全国で約(①　ア　10万　　イ　25万　　ウ　35万　　エ　50万　)件発生している。そのうち，「保健体育の授業中」と「体育的部活動中」とを合わせた発生件数は，中学校全体の発生件数に対して，約(②　ア　31%　　イ　45%

ウ　53%　　エ　76%　)を占めている。高等学校においては，「保健体育の授業中」と「体育的部活動中」の発生件数は，高等学校全体の発生件数に対し，約(③　ア　25%　　イ　42%　　ウ　58%　エ　82%　)を占める。

中学校，高等学校ともに負傷の報告で最も多いのは，(④　ア　骨折　イ　挫傷・打撲　　ウ　捻挫　　エ　脱臼　)である。また，保健体育の授業の負傷・疾病の発生は，(⑤　ア　器械運動　　イ　陸上競技　ウ　球技　　エ　武道　)が中高ともに最も多く，次いで(⑥　ア　器械運動　　イ　陸上競技　　ウ　球技　　エ　武道　)が多い。

(☆☆☆◎◎◎◎)

【7】保健体育の授業における情報活用について，次の問いに答えなさい。

(1)　次の文は「中学校学習指導要領(平成29年告示)解説　保健体育編」から一部抜粋したものである。文中の(　①　)～(　⑧　)に入る適語を【選択肢】から選び，記号で答えなさい。

保健体育科においても，各分野の特質を踏まえ，(　①　)等にも配慮した上で，必要に応じて，コンピュータや情報通信ネットワークなどを適切に活用し，(　②　)を高めるよう配慮することを示している。

例えば，体育分野においては，学習に必要な情報の(　③　)やデータの管理・(　④　)，課題の発見や解決方法の(　⑤　)などにおけるICTの活用が考えられる。　　〈中略〉

なお，運動の実践では，(　⑥　)的手段として活用するとともに，効果的なソフトやプログラムの活用を図るなど，活動そのものの(　⑦　)を招かないよう留意することが大切である。

また，情報機器の使用と(　⑧　)との関わりについて取り扱うことにも配慮することが大切である。

【選択肢】

ア　収集　　イ　体力　　ウ　低下　　エ　学習の効果
オ　分析　　カ　配付　　キ　選択　　ク　情報モラル

ケ　健康　　コ　補助　　サ　生徒の実態

(2)　生徒がICT端末を活用することが有効な学習内容について，

①　運動領域や単元での具体的な活用場面と活用方法を挙げ，

②　それによる期待される効果を1事例書きなさい。

(☆☆☆☆◎◎◎◎)

解答・解説

【中高共通】

【1】ア　体つくり運動　　イ　体育理論　　ウ　7～10　　エ　6　オ　器械運動　　カ　陸上競技　　キ　ダンス　(※オ，カ，キは順不同)　　ク　武道　　ケ　2　　コ　1

〈解説〉高等学校学習指導要領解説の各科目の目標及び内容の，各領域の内容の取扱いから，語句の穴埋め記述式の出題である。A～Hの各領域について，履修と単位数の詳細を学習し覚えておくこと。

【2】(1)　ア　知識及び技能　　イ　思考力，判断力，表現力等　ウ　学びに向かう力，人間性等　　エ　ことができるようにする　オ　自国の文化　　カ　引き面　　(2)　・(単元の)学習の流れ　　・(単元の)評価機会　　(3)　ア　d，h，i　　イ　b，e，f　　ウ　a，c，g

〈解説〉(1)　「『指導と教科の一本化』のための学習評価に関する参考資料　高等学校　保健体育」の第3編　第2章　学習評価に関する事例について　事例2武道(剣道)の内容を詳細に学習しておきたい。武道だけでなく，他の領域についても確認しておきたい。学習指導案を作成する際には評価規準を目標やねらいに応じて記述することを心がけること。　(2)　同資料の同項目に，単元目標と単元の評価規準の表の間に学習の流れと評価機会が示されているので，学習の流れと評価機会の組み合わせも確認しておきたい。　(3)　十分満足，おおむね満足，努力を要するの，判断の目安を理解しておくこと。同資料の同項目に生徒の回答例はまとめられているので確認すること。

【3】(1)　・たばこを吸わない　・過度の飲酒をしない　・バランスのよい食事をとる　・積極的に身体活動をする　・適正体重を維持する　から2つ　(2)　・胃がん　・肝がん(肝臓がん)　・子宮頸がん　から2つ

〈解答〉(1)　がんのリスクを上げるものと，下げるものについて記述できるようにしておきたい。日本人の男性のがんの4割以上，女性の2割以上は生活習慣病と感染が原因であるとされている。　(2)　日本人では，B型，C型の肝炎ウイルスによる肝がん，ヒトパピローマウイルス(HPV)による子宮頸がん，ヘリコバクター・ピロリ菌による胃がんなどが大半をしめる。

【4】(つまずき→解決する技術的な支援や手立て)　(1)　・勢いよく回れない→ロイター板などを利用した坂道のマットで，斜めの勢いを利用して，頭の後ろまで足を振らせる。　・膝を伸ばしたまま立てない→足が頭の近くに着いたら，手でマットを押して立てるようにさせる。から1つ　(2)　・回転に勢いがない→背中を伸ばした前回り下り(顎をひく)をして勢いよく回らせる。　・回転後半で腰が鉄棒から離れる→膝と胸を近づけて手首を返す練習をさせる。

〈解説〉器械運動だけでなく，他の領域についても，「学校体育実技指導資料の指導の手引」で，生徒が陥りやすいつまずきと，そのアドバイスや指導方法をいくつか示すことができるようにしておくこと。第3章　技の指導の要点に，マット運動，鉄棒運動，平均台運動，跳び箱運動について，指導の流れと技群の系統が示されており，技が上手くいかない理由と指導の手立てが示されている。

【5】(1)　ゴール型…バスケットボール，ハンドボール，サッカー　ネット型…バレーボール，卓球，テニス，バドミントン　から3つ

(2)　十分な広さの運動場(の確保が難しい場合)

(3)

	体育理論	保健		
第1学年	ク	健康な生活と疾病の予防	オ，キ	カ
第2学年	シ		イ，サ	コ
第3学年	エ		ウ，ケ	ア

〈解説〉(1)　内容の取扱いに，「E球技の(1)の運動については，第1学年及び第2学年においては，アからウまでを全ての生徒に履修させること。第3学年においては，アからウまでの中から二を選択して履修できるようにすること。また，ア(ゴール型)については，バスケットボール，ハンドボール，サッカーの中から，イ(ネット型)については，バレーボール，卓球，テニス，バドミントンの中から，ウ(ベースボール型)については，ソフトボールを適宜取り上げることとし，学校や地域の実態に応じて，その他の運動についても履修させることができること。」と示されている。　(2)　内容の取扱いの同項目に示されていることである。　(3)　内容の「(1)健康な生活と疾病の予防」を第1学年から第3学年で，「(2)心身の機能の発達と心の健康」を第1学年で，「(3)傷害の防止」を第2学年で，「(4)健康と環境」を第3学年で指導すると示されている。内容の取扱いの(1)の詳細な内容を確認しておくこと。

【6】①　イ　②　エ　③　エ　④　ア　⑤　ウ　⑥　イ

〈解説〉「学校の管理下の災害」に傷害の場合別，種類別，部位別などさまざまな角度からの統計がのっているので確認しておくこと。また，災害発生の傾向と事故防止の留意点なども記述されているので，理解を深め安全管理について学んでおく必要がある。

【7】(1)　①　ク　　②　エ　　③　ア　　④　オ　　⑤　キ　　⑥　コ　⑦　ウ　　⑧　ケ　　(2)　(①→②)　・器械運動の技の習得をする際，毎時間の動きを撮影して，自己の変容を見る→個に応じた学びをすることができる。　・バスケットボールのゲームを撮影して，メンバーの動き方や戦術を確認する→自分の考えをもち，チームで対話したり自分の考えを深めたりすることができる。　・陸上の過去の自分の記録を，調べたいときに検索して，自己の伸びを確認する→意欲を高めたり課題を見つけたりすることができる。　から1つ

〈解説〉(1)　内容の取扱いに関する配慮事項「(3)第2の内容の指導に当たっては，コンピュータや情報通信ネットワークなどの情報手段を積極的に活用して，各分野の特質に応じた学習活動を行うよう工夫すること。」の解説部分から語句の穴埋め選択式の問題である。他の項目も確認しておきたい。　(2)　同項目に「体育分野においては，学習に必要な情報の収集やデータの管理・分析，課題の発見や解決方法の選択などにおける ICT の活用が考えられる。また，保健分野においては，健康情報の収集，健康課題の発見や解決方法の選択における情報通信ネットワーク等の活用などが考えられる。なお，運動の実践では，補助的手段として活用するとともに，効果的なソフトやプログラムの活用を図るなど，活動そのものの低下を招かないよう留意することが大切である。」と解説されている。具体的に授業でICTをどのように取り入れていくのか日頃から考察しておきたい。

2023年度　実施問題

【中高共通】

【1】次の文は「高等学校学習指導要領解説　保健体育編・体育編(平成30年7月)」の「第1章　第2節　2　保健体育科改訂の要点」から一部抜粋したものである。文中の(　ア　)〜(　コ　)に適語を入れなさい。

※(　イ　)と(　ウ　)は順不同

① 「体育」においては，育成を目指す資質・能力を明確にし，生涯にわたって豊かな(　ア　)を継続する資質・能力を育成することができるよう，「(　イ　)」，「(　ウ　)」，「学びに向かう力，人間性等」の育成を重視し，目標及び内容の構造の見直しを図ること。

② 「(　エ　)」の実現及び「(　オ　)」の実現に向けた授業改善を推進する観点から，発達の段階の(　カ　)を踏まえ，指導内容の(　キ　)を改めて整理し，各領域で身に付けさせたい指導内容の一層の充実を図ること。

③ 運動やスポーツとの(　ク　)関わり方を重視する観点から，体力や技能の程度，(　ケ　)や障害の有無等にかかわらず，運動やスポーツの(　ク　)楽しみ方を卒業後も社会で実践することができるよう，共生の視点を重視して指導内容の充実を図ること。

④ 生涯にわたって豊かな(　ア　)を継続することを重視し，小学校，中学校及び高等学校を見通した指導内容の(　コ　)を図る観点から資質・能力の三つの柱ごとの指導内容の一層の明確化を図ること。

(☆☆☆☆◎◎◎)

【2】次の表は「C　陸上競技」における「単元の評価規準」の例である。『「指導と評価の一体化」のための学習評価に関する参考資料　高等学校保健体育(令和3年8月　国立教育政策研究所)』の『(2)「各単元の評価規準」の設定の手順』を踏まえて，下線部の文末を変えて文章を完成させなさい。

評価規準例	知識・技能		思考・判断・表現	主体的に学習に取り組む態度
	○知識 ・陸上競技の各種目で用いられる技術の名称があり，それぞれの技術には，記録の向上につながる重要な動きの<u>①ポイントがあること。</u>	○技能 ・スタートダッシュでは地面を力強くキックして，徐々に上体を起こしていき<u>②加速すること。</u>	・選択した運動について，合理的な動きと自己や仲間の動きを比較して，成果や改善すべきポイントとその理由を仲間に<u>③伝えること。</u>	・勝敗などを冷静に受け止め，ルールやマナーを<u>④大切にしようとすること。</u> ・健康・安全を<u>⑤確保すること。</u>

(☆☆☆◎◎◎)

【3】「高等学校学習指導要領解説　保健体育編・体育編(平成30年7月)」の『第2章　第2節　「保健」 4　内容の取扱い』を踏まえて，次の(1)～(3)の内容を扱う際，関連して又は必要に応じて関連して取り扱うとよい内容を以下の選択肢から全て選び，記号で答えなさい。

(1)　生活習慣病などの予防と回復

(2)　精神疾患の予防と回復

(3)　応急手当

【選択肢】

ア　犯罪や自然災害などによる傷害防止　　イ　大脳の機能

ウ　健康的な生活習慣の形成　　エ　環境と健康

オ　呼吸器系及び循環器系の機能　　カ　体ほぐしの運動

キ　現代の感染症とその予防　　ク　がん

ケ　神経系及び内分泌系の機能　　コ　労働と健康

サ　健康とスポーツの関連　　シ　水泳

(☆☆☆☆◎◎◎)

【4】心肺蘇生法等の応急手当の技能に関して，厚生労働省「救急蘇生法の指針2015　市民用」の内容を踏まえて，次の問いに答えなさい。

(1)　胸骨圧迫を行う場合，注意すべき点を3つ答えなさい。

(2)　AEDを使用する場合，電極パッドを肌に貼り付けるときに，とくに注意をはらうべき状況を2つ答えなさい。また，その時どのように対応するかも答えなさい。

(☆☆☆◎◎◎◎)

【5】次の文は「中学校学習指導要領(平成29年告示)解説　保健体育編」の一部である。文中の(①)～(⑭)の中に適語を入れなさい。

※(①)と(②)は順不同

・課題を発見し，合理的な解決に向けた学習過程とは，体育分野においては，各領域特有の(①)や(②)に応じた課題を発見し，運動に関わる(③)や運動に伴う(④)等の(⑤)知識や技能及びスポーツライフをより(⑥)にするための知識等を活用して，自らの学習活動を(⑦)つつ，仲間とともに課題を解決し，(⑧)につなげられるようにするといった学習の過程を示している。

・健康の保持増進とは，自他の健康の大切さを認識し，健康の保持増進や(⑨)等に主体的に取り組み，健康で豊かな生活を営む(⑩)の育成を重視する観点から，自他の健康に(⑪)をもち，自他の健康に関する取組のよさを(⑫)，自他の健康の保持増進や(⑨)等のために主体的，(⑬)に活動する等の(⑩)を育成する学びに向かう力，人間性等の資質・能力の(⑭)を育成することを示したものである。

(☆☆☆◎◎◎)

【6】次の文は「中学校学習指導要領(平成29年告示)解説　保健体育編」をもとに保健体育科の年間計画を作成するにあたり，留意事項を示したものである。下線部中にある誤りを正しい内容に直し，書きなさい。

※下線部のみで可

例)　保健体育の年間標準授業時数は，3年間で315単位時間である。<u>そのうち保健分野は38時間程度配当する。</u>

①　体育理論については，<u>3年間で9単位以上の履修時間を確保する。</u>

②　器械運動の運動種目は，第1学年及び第2学年において，<u>マット運動，鉄棒運動，平均台運動及び跳び箱運動の中から二種目を選択して履修する。</u>

③　陸上競技の領域は，第1学年及び第2学年においては，全ての生徒が履修しなければならない。さらに，運動種目は，<u>競走種目と跳躍</u>

種目から二以上選択して履修する。

④　水泳の指導については，適切な水泳場の確保が困難な場合には扱わなくてよい。ただし，泳法に関する心得については必ず取り上げる。

⑤　武道の領域は，第1学年及び第2学年においては，全ての生徒に履修させる。第3学年においては，武道及びダンスのまとまりの中から1領域以上選択して履修できる。

(☆☆☆◎◎◎◎)

【７】『「指導と評価の一体化」のための学習評価に関する参考資料　中学校保健体育(令和2年3月　国立教育政策研究所)』の内容を踏まえて，次の問いに答えなさい。

(1)　次の文は，第1編「第2章　学習評価の基本的な流れ」の中で評価の計画を立てることの重要性について述べられた文である。(　①　)～(　⑨　)に入る語句を以下の選択肢から選び，記号で答えなさい。

学習指導のねらいが児童生徒の学習状況として(　①　)されたかについて，評価規準に照らして(　②　)し，毎時間の授業で適宜指導を行うことは，育成を目指す(　③　)を児童生徒に(　④　)ためには不可欠である。その上で，評価規準に照らして，観点別学習状況の評価をするための記録を取ることになる。そのためには，(　⑤　)，(　⑥　)方法で，児童生徒について観点別学習状況を評価するための記録を取るかについて，評価計画を立てることが引き続き大切である。

毎時間児童生徒全員について記録を取り，総括の資料とするために(　⑦　)することは現実的では無いことからも，児童生徒全員の学習状況を記録に残す場面を(　⑧　)し，かつ(　⑨　)に評価するための評価計画が一層重要になる。

【選択肢】

ア　いつ	イ　蓄積	ウ　実現	エ　適切
オ　どのような	カ　観察	キ　実践	ク　育む

ケ　資質・能力　　コ　精選

(2)　単元での「知識・技能」の観点の「技能」及び「主体的に学習に取り組む態度」の二つの観点における評価計画を作成する際の留意点を，「技能の獲得・向上」「態度の育成」の語句を使い書きなさい。

(☆☆☆☆◎◎◎)

【8】次の文は『「学校体育実技指導資料　第10集　器械運動指導の手引」(平成27年3月文部科学省)』中の，「直接補助」を行う効果と注意点について一部抜粋したものである。文中の(　①　)～(　⑧　)に適語を入れなさい。

「直接補助」は，直接的に体に触れて，正しい(　①　)へと導くために体を支えたり，運動の(　②　)等を修正したりすることです。この「直接補助」には，いつ・どのようにして，体のどこを(　③　)のかなど補助の技術を身に付けたり，補助具の(　④　)を理解したりしておくことが必要になります。補助の仕方を知らずに無理に補助をすると，かえって動きの(　⑤　)になったり，(　⑥　)な状態をつくったりすることがあります。「直接補助」を行うときは，(　①　)をよく理解し，実施者の(　⑦　)をよく把握していることが条件となります。

運動のスピードが速すぎたり，(　⑧　)な移動が大きかったりする場合には，人による「直接補助」はできません。それだけに，児童生徒が補助する場合に注意が必要です。

(☆☆☆☆◎◎◎)

【9】『「運動部活動の在り方に関する総合的なガイドライン」(平成30年3月　スポーツ庁)』の内容を踏まえ，適切な休養日等の設定に関する基準を3つ書きなさい。

(☆☆☆☆◎◎◎)

解答・解説

【中高共通】

【1】ア　スポーツライフ　　イ　知識及び技能　　ウ　思考力，判断力，表現力等　　エ　カリキュラム・マネジメント　　オ　主体的・対話的で深い学び　　カ　まとまり　　キ　系統性　　ク　多様な　　ケ　性別　　コ　体系化

〈解説〉高等学校保健体育科における改訂の要点は8項目が示されている。「体育」においては，学校教育法に示す資質・能力の育成を明確にするため，「知識及び技能」，「思考力，判断力，表現力等」，「学びに向かう力，人間性等」の育成を重視し，目標及び内容の構造の見直しを図ること。「カリキュラム・マネジメント」の実現と「主体的・対話的で深い学び」の実現に向けた授業の改善を推進する観点から，各領域で身に付けさせたい指導内容の一層の充実を図ること。また，運動やスポーツとの多様な関わり方を重視する観点から，体力や技能の程度，性別や障害の有無等にかかわらず，運動やスポーツの多様な楽しみ方を卒業後も社会で実践することができるよう，共生の視点を重視して指導内容の充実を図ることが挙げられる。残りの5項目についても目を通し理解を深めておきたい。

【2】①　ポイントについて言ったり書き出したりしている。　②　加速することができる。　③　伝えている。　④　大切にしようとしている。　⑤　確保している。

〈解説〉指導と評価の一体化では，評価規準に照らして，学習活動における児童生徒の反応や学習状況を評価することによって，一人一人の実現状況を見極め，それに応じた支援を行うこと，すなわち，ねらいの達成のために，形成的評価の機能を生かしながら，評価したことを指導に生かしていく。各種の運動についてその技術指導の段階とポイントを理解しておく必要がある。特に，つまずきの見られる生徒に対する助言のポイントや指導の要点，練習方法や場の工夫など具体的に対

応できるよう学習しておかなければならない。

【3】(1)　ウ，ク，サ　(2)　イ，カ，ケ　(3)　オ，シ
〈解説〉(1)　生活習慣病などの予防と回復には，個人の取組とともに，健康診断やがん検診の普及，正しい情報の発信など社会的な対策が必要である。また，日常生活にスポーツを計画的に取り入れることは，生活習慣病などの予防と回復に有効である。　(2)　精神疾患の予防と回復では，大脳の機能，神経系及び内分泌系の機能について必要に応じ関連付けて扱う程度とする。また，「体育」における体ほぐしの運動との関連を図るよう配慮するものとする。　(3)　応急手当については，実習を行うものとし，呼吸器系及び循環器系の機能については，必要に応じ関連付けて扱う程度とする。また，効果的な指導を行うため，「体育」の「D水泳」などとの関連を図るよう配慮するものとする。

【4】(1)　・胸の真ん中(左右の真ん中で，かつ，上下の真ん中)を圧迫する。　・手のひらの基部(手掌基部)の部分だけに力が加わるように圧迫する。　・垂直に体重が加わるよう両肘をまっすぐに伸ばし，圧迫部位の真上に型がくるような姿勢をとる。　・胸が約5cm沈み込むように強く，速く圧迫を繰り返す。　・1分間に100〜120回のテンポで圧迫する。可能な限り中断せずに，絶え間なく行う。　・圧迫と圧迫の間は，胸が基の高さに戻るように十分に圧迫を解除する。
(2)　注意をはらうべき状況…・傷病者の胸が濡れている場合　・貼り薬がある場合　・医療機器が胸に植込まれている場合　・小児用パッドと成人用パッドがある場合　から2つ　対応…・乾いた布やタオルで胸を拭いてから，電極パッドを貼る。　・貼り薬を剥がし，薬剤を拭き取ってから，電極パッドを貼る。　・電極パッドは出っ張りを避けて貼る。　・小学生や中学生以上の傷病者には成人用パッドを使用する。
〈解説〉(1)　胸骨圧迫は胸骨の下半分に一方の手ひらの基部を当て，その手の上にもう一方の手を重ねて置いて行う。また，傷病者の胸が約

5cm(小児は胸の厚さの3分の1程度)沈み込むように強く，1分間に100～120回と速く圧迫を繰り返すこととされている。一次救命の手順は教科書等でもチャート式で掲載されているので，確認しておくとよい。
(2)　患者前胸部の汗を拭い，胸毛の薄い部位を見極め(電極パッド貼付部分だけでよい)，金具(腕時計，ネックレスなど)・貼り薬(湿布，膏薬等)などを取り除いてから装着する。未就学の小児に対しては小児用電極パッドを用い，これがない場合には成人用電極パッドで代用する。成人に対して小児用電極パッドを用いてはならない。

【5】①　特性　②　魅力　③　一般原則　④　事故の防止
⑤　科学的な　⑥　豊か　⑦　振り返り　⑧　次の学び
⑨　回復　⑩　態度　⑪　関心　⑫　認める　⑬　協働的
⑭　基礎
〈解説〉この目標は，「知識及び技能」，「思考力，判断力，表現力等」，「学びに向かう力，人間性等」を育成することを目指すとともに，生涯にわたって心身の健康を保持増進し豊かなスポーツライフを実現することを目指すものである。この目標を達成するためには，引き続き，心と体をより一体として捉え，健全な心身の発達を促すことが求められることから，体育と保健を一層関連させて指導することが重要である

【6】①　各学年で3単位以上合計9単位以上の履修を確保する。
②　マット運動を含む，鉄棒運動，平均台運動及び跳び箱運動の中から二種目を選択して履修する。　③　競争種目から一以上，跳躍種目から一以上をそれぞれから選択して履修する。　④　水泳の事故防止に関する心得については必ず取り上げる。　⑤　球技及び武道のまとまりの中から1領域以上選択して履修できる。
〈解説〉①　体育理論は，体育分野の一領域として扱い，各学年で3単位以上行うこととなっている。第1学年では「運動やスポーツの多様性」，第2学年では「運動やスポーツの効果と学び方」，第3学年では「文化

としてのスポーツの意義」を取り上げることになっている。　② 器械運動は四つの種目で構成されている。第1学年及び第2学年では，マット運動を含む二種目を選択して行う。第3学年では，四種目からの選択となる。 ③ 陸上競技の運動種目は，競走種目(短距離走・リレー，長距離走又はハードル走)から一以上を，跳躍種目(走り幅跳び又は走り高跳び)から一以上をそれぞれから選択して履修できるようにすることとしている。　④ 水泳は泳ぎの経験の少ない者にとっては，不安や恐怖心を伴う活動であり，水中では呼吸ができないことから一歩誤れば生命の危険にさらされることもある。したがって，中学校での事故防止の心得として，自己の体力や技能の程度に応じて泳ぐ，無理な潜水は意識障害の危険があるため行わないことなどが示されている。　⑤ 武道の領域は，第1学年及び第2学年においては，全ての生徒に履修させることとしている。また，第3学年においては，球技及び武道のまとまりの中から1領域以上を選択して履修できるようにすることとしている。したがって，指導計画を作成するに当たっては，3年間の見通しをもって決めることが必要である。

【7】(1) ① ウ　② カ　③ ケ　④ ク　⑤ ア　⑥ オ　⑦ イ　⑧ コ　⑨ エ　(2) 技能の獲得・向上や態度の育成には一定の学習期間が必要となることと，主に観察評価でおこなうため，指導から期間を設けて計画する。

〈解説〉『「指導と評価の一体化」のための学習評価に関する参考資料』P16の「(4)評価の計画を立てることの重要性」からの出題である。2021年度にも問われた『「指導と評価の一体化」のための学習評価に関する参考資料』からの出題であるので，内容について理解を深めておこう。

【8】① 運動経過　② 方向　③ 支える　④ 特性　⑤ 妨げ　⑥ 危険　⑦ 運動課題　⑧ 空間的

〈解説〉「直接補助」は，直接的に体に触れて正しい運動経過へと導くために体を支えたり，運動の方向などを修正したりすることである。直接補助には，いつ，どのようにして，体のどこを支えるのかなど，補助の技術を身に付けたり補助具の特性を理解したりしておくことが必要である。補助の仕方を知らず無理に補助をすると，かえって動きの妨げになったり，危険な状態をつくったりすることがある。そのため，直接補助を行うときは，運動経過をよく理解し，実施者の運動課題をよく把握していることが条件となる。なお，直接補助はすべての運動に適しているわけではなく，運動のスピードが速すぎたり，空間的な移動が大きかったりする場合には，人による直接補助はできない。

【9】・休養日は平日1日・土及び日は，少なくとも1日以上設け，週末大会参加等で活動したら他の日に休養日を振替える。　・長期休業中も学期中と同様の休養日の設定かつ，ある程度長期休養(オフシーズン)を設ける。　・1日の活動時間は，長くても平日2時間程度，学校の休業日3時間程度で合理的かつ効率的・効果的な活動を行う。

〈解説〉運動部活動における休養日及び活動時間については，成長期にある生徒が，運動，食事，休養及び睡眠のバランスのとれた生活を送ることができるよう，スポーツ医・科学の観点からのジュニア期におけるスポーツ活動時間に関する研究も踏まえ，基準を示している。学期中の週当たり2日以上の休養日の内訳は，平日が少なくとも1日，週末が少なくとも1日以上としている。1日の活動時間については，平日，休業日における各活動時間の目安以外に，できるだけ短時間に，合理的でかつ効率的・効果的な活動を行うことが，基準として示されている。

2022年度 実施問題

【中高共通】

【1】次の表は，ある高等学校普通科の新学習指導要領にあわせて作成された年間指導計画である。学習指導要領解説に照らし合わせ，以下の例のように，誤りを訂正し学年(年次)ごとに記入しなさい。なお括弧(　　)内の数字は時間数であり，○で囲まれた数字は，選択数である。

<table>
<tr><td colspan="2"></td><td colspan="3">4月</td><td colspan="4">5月</td><td colspan="4">6月</td><td colspan="2">7月</td><td colspan="4">9月</td><td colspan="4">10月</td><td colspan="4">11月</td><td colspan="2">12月</td><td colspan="3">1月</td><td colspan="3">2月</td><td colspan="2">3月</td></tr>
<tr><td colspan="2"></td><td>1</td><td>2</td><td>3</td><td>4</td><td>5</td><td>6</td><td>7</td><td>8</td><td>9</td><td>10</td><td>11</td><td>12</td><td>13</td><td>14</td><td>15</td><td>16</td><td>17</td><td>18</td><td>19</td><td>20</td><td>21</td><td>22</td><td>23</td><td>24</td><td>25</td><td>26</td><td>27</td><td>28</td><td>29</td><td>30</td><td>31</td><td>32</td><td>33</td><td>34</td><td>35</td></tr>
<tr><td rowspan="3">1年
(入学年次)</td><td rowspan="2">体育
2単位</td><td colspan="27">球技
(「ア　ゴール型」、「イ　ネット型」、「ウ　ベースボール型」より①選択)
(47)</td><td rowspan="2" colspan="8">武道
(柔道、剣道より選択)
(16)</td></tr>
<tr><td colspan="7">体つくり運動
(体ほぐしの運動)(7)</td><td colspan="20"></td></tr>
<tr><td>保健
1単位</td><td colspan="17">現代社会と健康</td><td colspan="18">安全な社会生活</td></tr>
<tr><td rowspan="3">2年
(その次の年次以降)</td><td rowspan="2">体育
2単位</td><td rowspan="2" colspan="3">体つくり運動(体ほぐしの運動)
(6)</td><td colspan="32">球技
(「ア　ゴール型」、「イ　ネット型」、「ウ　ベースボール型」より①選択)
(60)</td></tr>
<tr><td colspan="4">体育理論(4)</td><td colspan="28"></td></tr>
<tr><td>保健
1単位</td><td colspan="17">生涯を通じる健康</td><td colspan="18">健康を支える環境づくり</td></tr>
<tr><td rowspan="2">3年
(その次の年次以降)</td><td rowspan="2">体育
3単位</td><td rowspan="2" colspan="3">体つくり運動
(実生活に生かす運動の計画)
(9)</td><td colspan="32">球技
(「ア　ゴール型」、「イ　ネット型」、「ウ　ベースボール型」より①選択)
(90)</td></tr>
<tr><td colspan="6">体育理論(6)</td><td colspan="26"></td></tr>
</table>

(例)　・球技において①選択となっている　→　「ア　ゴール型」「イ　ネット型」「ウ　ベースボール型」の3つの型の中から2つの型を選択して履修すること

(☆☆☆☆◎◎◎)

【2】次の表は『高等学校学習指導要領解説　保健体育編・体育編(平成30年7月)』において示されている「学びに向かう力，人間性等」の表記である。表中の(　①　)～(　⑩　)に適語を入れなさい。

各段階で示した「学びに向かう力，人間性等」の主な表記

指導事項	中学校1年・2年	中学校3年・高校 入学年次	高校 その次の年次以降
ア　共通事項	積極的に取り組もうとする	（　①　）に取り組もうとする	（　②　）に取り組もうとする
イ　公正	勝敗などを認め，ルールやマナーを（　③　）とする	勝敗などを（　④　）に受け止め，ルールやマナーを大切にしようとする	
ウ　協力・責任	よい演技を（　⑤　）とする	よい演技を（　⑥　）とする	
	仲間の学習を援助しようとする	互いに助け合い教え合おうとする	互いに助け合い（　⑦　）とする
エ　参画・共生	話合いに（　⑧　）とする	話合いに貢献しようとする	（　⑨　）に貢献しようとする
オ　健康・安全	健康・安全に気を配る	健康・安全を（　⑩　）する	

(☆☆☆◎◎◎)

【3】次の文は『高等学校学習指導要領解説　保健体育編・体育編(平成30年7月)』において示されている「保健」の表記である。文中の(①)～(⑩)に適語を入れなさい。

○精神疾患への対処

精神疾患の予防と回復には，身体の健康と同じく(①)な運動，食事，休養及び睡眠など，(②)のとれた生活を実践すること，(③)に心身の不調に気付くこと，心身に起こった反応については体ほぐしの運動などのリラクセーションの方法で(④)を緩和することなどが重要であることを理解できるようにする。

また，心身の不調時には，不安，抑うつ，焦燥，不眠などの精神活動の変化が，通常時より強く，(⑤)的に生じること，心身の不調の早期発見と治療や支援の早期の開始によって回復可能性が高まることを理解できるようにする。その際，自殺の背景にはうつ病をはじめとする精神疾患が存在することもあることを理解し，できるだけ早期に専門家に援助を求めることが有効であることにも触れるようにする。

○結婚生活と健康

結婚生活について，心身の(⑥)や健康の保持増進の観点から理解できるようにする。その際，受精，妊娠，出産とそれに伴う健康課題について理解できるようにするとともに，健康課題には年齢や(⑦)などが関わることについて理解できるようにする。また，(⑧)の意義や人工妊娠中絶の心身への影響などについても理解できるようにする。また，結婚生活を健康に過ごすには，自他の健康に対する責任感，良好な人間関係や家族や周りの人からの支援，及び母子の(⑨)の利用や保健相談などの様々な保健・医療サービスの活用が必要であることを理解できるようにする。

なお，妊娠の(⑩)を含む男女それぞれの生殖に関わる機能については，必要に応じ関連付けて扱う程度とする。

(☆☆☆☆◎◎◎)

【4】次の文は，『柔道の授業の安全な実施に向けて(平成24年3月：文部科学省)』柔道の授業における安全管理のためのポイントの一部である。次の下線部①～⑫の内容が正しいものは○，誤っているものは，正しい語句に直して書きなさい。

実際の授業の中で (5)安全な柔道指導を行う上での具体的な留意点

○柔道の授業では，生徒自らが自他の安全について十分配慮しながら活動ができるよう指導する必要があります。例えば，「①技能」の指導内容に，②技能の段階などに気を配ること，危険な動作を行わないこと，③相手の技能・④体力の程度に応じて技に挑戦することが大切であること，体調に異常を感じたら運動を中止することなどがあります。生徒自らがお互いの安全に十分配慮した活動ができるように指導していかなければなりません。

○⑤技能の程度や⑥体力が大きく異なる生徒同士を組ませることは事故のもとです。必ず，⑦同性の生徒同士を組ませるよう特に教員が配慮しましょう。

○柔道の練習(受け身の練習，かかり練習，約束練習，自由練習など)において，自らの身を守るための受け身の重要性の認識が最も重要です。特に「⑧ひざを打たない」「⑨頭を打たせない」ということを前提とし，これが教員と生徒に認識され「⑧ひざを打たないためにはどのような受け身をとるのか」，「⑨頭を打たせないためにはどのように投げるか」が教員によってしっかり指導され，学習段階に応じて十分身に付けていることが必要になります。

○固め技については，学習指導要領の解説で⑩投げ技，⑪絞め技及び⑫手技の中で⑩投げ技のみ扱うことと示されていますので，⑪絞め技や⑫手技を指導しないことはもちろんのこと，生徒間でふざけて行うことがないよう十分注意しなければなりません。

(☆☆☆◎◎◎◎)

【5】次の文は，『学校体育実技指導資料　第7集　体つくり運動　—授業の考え方と進め方—(改訂版)』(平成24年9月：文部科学省)第1章理論編

の一部である。文中の(　①　)～(　⑮　)に適語を入れなさい。

○子どもの体力の現状から見た「体つくり運動」の役割

子どもの運動習慣は，平成(　①　)年度から実施された全国体力・運動能力，運動習慣等調査によれば，中学校において運動する子どもとそうでない子どもに運動習慣の(　②　)傾向がみられました。特に(　③　)は，30％程度の生徒が保健体育の授業以外では週(　④　)分未満しか運動をしない状況が見られるなど，運動習慣の(　⑤　)や(　⑥　)を促す(　⑦　)の充実が求められます。体力の向上は，ある一定の(　⑧　)のみに高まればよいというものではなく，保健体育科の究極の目標である「明るく健康的で(　⑨　)」を目指すためには，(　⑩　)を通じて，健康や体力の維持に努めることが大切です。そのためには，運動が(　⑥　)していない児童生徒には，基本的生活習慣の確立や運動習慣の確立に向けた取り組みを，また，運動を日常的に実施している生徒には，日常生活で(　⑪　)の機会が減少する期間や(　⑫　)の活動に取り組んでいた生徒で引退したあとの受験期や高校卒業後などにおいても(　⑬　)運動に親しみ，(　⑤　)できる(　⑭　)や(　⑮　)の育成が欠かせません。

(☆☆☆◎◎◎)

【6】次の文は，『がん教育推進のための教材(平成28年4月，令和3年3月一部改訂：文部科学省)』の一部である。次の(　①　)～(　⑧　)に入る適語を以下の選択肢から選び，記号答えなさい。

○がんの原因は一つではない

がんにかかる原因は，生活習慣，(　①　)・(　②　)，持って生まれた体質(遺伝素因)など様々あります。これらのどれか一つが原因となるということではなく，幾つかが重なり合ったときに，その(　③　)が高まります。このことから，望ましい生活習慣を身に付けたり，(　④　)を行ったりすることで，がんにかかる(　⑤　)を軽減することができます。がんには原因がよくわかっていないものがありますが，がんの原因を解明する研究が進められています。

○我が国におけるがん検診の課題

国は，平成19年より，がん検診の受診率を50%とすることを目標として，様々な取組を進めていますが，がん検診の受診率は目標を達成していないのが現状です。なお，がん検診を受けない理由として「受ける時間がないから」，「(　⑥　)がかかり(　⑦　)にも負担になるから」，「がんであるとわかるのが怖いから」，「(　⑧　)に自信があり，必要性を感じないから」などが挙げられます。検診で見付かるがんは早期発見の場合が多く，がんが治る可能性も高くなるなど，がんについて正しく理解し，多くの人々が積極的にがん検診を受けることが望まれています。

【選択肢】

ア	リスク	イ	細菌	ウ	予防
エ	健康状態	オ	削減	カ	可能性
キ	具体的	ク	連携	ケ	費用
コ	ウイルス感染	サ	要因	シ	経済的
ス	科学的根拠	セ	感染対策		

(☆☆☆◎◎◎◎)

【7】コロナ禍における保健体育の授業では，基本的な感染症対策を徹底しながら指導の内容や方法を工夫することが大切です。スポーツ庁HP「コロナ禍における体育，保健体育の教師用指導資料」の内容を踏まえ，どのような指導や工夫を行うか，授業の次の場面等を想定して箇条書きで5つ答えなさい。

※「中学校　陸上競技　走り幅跳び」の授業とします。

・　授業の準備の場面
・　生徒が集合する場面
・　ウォーミングアップをする場面
・　休憩をとる場面
・　練習や計測の場面

(☆☆☆☆◎◎◎)

解答・解説

【中高共通】

【1】(1年)　1　体つくり運動の「実生活に生かす運動の計画」の領域がない。→体つくり運動に「実生活に生かす運動の計画」を追加する。2「体育理論」が取り上げられていない。→体育理論を6単位時間以上配当する。　3「B器械運動」,「C陸上競技」,「D水泳」及び「Gダンス」のまとまりの中から1領域以上選択できない。→まとまりの中から1領域以上選択する。　(2年)　1　体つくり運動が2単位で6単位時間配当している。→体つくり運動を7単位時間目安に配当する。2　体つくり運動の「実生活に生かす運動の計画」の領域がない。→体つくり運動に「実生活に生かす運動の計画」を追加する。

3　体育理論の配当が4単位時間になっている。→体育理論を6単位時間以上配当する。　4「B 器械運動」,「C 陸上競技」,「D 水泳」,「E 球技」,「F 武道」及び「G ダンス」のまとまりの中から2領域以上を選択できない。→まとまりの中から2領域以上選択する。

(3年)　1　体つくり運動が3単位で9単位時間配当している。→体つくり運動を10単位時間目安に配当する。　2　体つくり運動の「体ほぐしの運動」の領域がない。→体つくり運動に「体ほぐしの運動」を追加する。　3「B 器械運動」,「C 陸上競技」,「D 水泳」,「E 球技」,「F 武道」及び「G ダンス」のまとまりの中から2領域以上を選択できない。→まとまりの中から2領域以上選択する。

〈解説〉体つくり運動は,「ア 体ほぐしの運動」と「イ 実生活に生かす運動の計画」の両方が必修で，各年次で履修させなければならない。体つくり運動の授業時数は，単位数が2単位の学年は7単位時間以上，3単位の学年は10単位時間以上を配当する。また体育理論は各学年とも必修であり，全学年の生徒に履修させなければならない。なお，体育理論は各年次で6単位時間以上配当する。領域選択については，入学年次では,「B 器械運動」,「C 陸上競技」,「D 水泳」及び「G ダンス」

から1領域以上選択，「E 球技」及び「F 武道」から1領域以上選択して履修しなければならない。なお，入学年次の「E球技」における型の選択は二つ以上である。入学年次の次の年次以降では，「B 器械運動」から「G ダンス」までの中から二つ以上の領域を選択して履修しなければならない。

【2】① 自主的　② 主体的　③ 守ろう　④ 冷静　⑤ 認めよう　⑥ 讃えよう　⑦ 高め合おう　⑧ 参加しよう　⑨ 合意形成　⑩ 確保

〈解説〉①② 「積極的に取り組む」とは，進んで取り組むこと。「自主的に取り組む」とは，自ら進んで取り組むこと。「主体的に取り組む」とは，意欲をもって主体的に取り組むこと。 ③④ 「守ろうとする」は，審判の判定や勝敗の結果を受け止め，ルールやマナーを守ろうとすることに積極的な意思をもつこと。「大切にしようとする」は，審判の判定や勝敗の結果にかかわらず冷静に対処し相手を尊重したり，ルールやマナーの意義を踏まえて相手を大切にしようとしたりする意思をもつこと。 ⑤⑥⑦ 「認めようとする」は，仲間の演技の良さを認めたり，共に学ぶ仲間に対して必要な支援をしたりすること。「讃えようとする」は，人にはそれぞれ違いがあることを認めた上で，仲間の演技の良さを指摘したり，仲間の技能の程度にかかわらず，課題を共有して互いに助け合ったり教え合ったり，高め合ったりすること。
⑧⑨ 「話合いに参加する」は，話合いなどでグループの学習課題等について意思決定をする際に，自分の意見を述べることに積極的に取り組もうとすること。「貢献しようとする」は，相手の感情に配慮して発言したり，仲間の意見に同意したりしてグループの意思決定に参画すること。「合意形成に貢献する」とは，対立意見が出た場合でも，仲間を尊重し相手の感情に配慮しながら発言したり，提案者の発言に同意を示したりして建設的な話し合いを進めようとすること。
⑩ 「健康・安全に気を配る」は，自己の体調の変化に気を配ったり，用具や場所の安全に留意したりすること。「健康・安全を確保する」

は，自己の体調の変化に応じて段階的に運動をしたり，用具や場所の安全を確認したりすること。

【3】① 適切　② 調和　③ 早期　④ ストレス　⑤ 持続
⑥ 発達　⑦ 生活習慣　⑧ 家族計画　⑨ 健康診査
⑩ しやすさ

〈解説〉① 適切な運動とは，年齢や生活環境等に応じて個人にあった無理のない継続可能な運動のこと。 ② 心身の健康には，適度な運動，栄養バランスが良い食事，十分な休養と規則正しい睡眠による調和のとれた生活が大切。 ③ 心身の不調は，早期発見と治療や支援の早期開始によって回復可能性が高まる。 ④ ストレスにより心身に起こる反応がストレス反応である。ストレス反応への対処には，原因への対処，とらえ方を変えることによる対処，気分転換やリラクセーションによる対処，他者への相談による対処などがある。 ⑤ ストレス反応は，心理面，行動面，身体面の反応として現れる。心理面の反応は，不安・イライラ・恐怖・緊張・孤独感等，行動面の反応は，怒りの爆発などの攻撃的行動・回避行動・泣く等，身体面の反応は，動悸・頭痛・腹痛・嘔吐・疲労感・睡眠障害等であり，これらの反応が通常時よりも強く，持続して現れる。 ⑥ 結婚生活には，子どもを産み育てる営みが伴うため，性機能の成熟は結婚の大切な要件となる。また，パートナーとの良好な人間関係を築いていくためには，責任感，思いやり，協調性など精神面での発達も必要である。 ⑦ 結婚生活では，食事，運動，休養・睡眠といった日常の生活習慣が家族の健康に影響する。また，若年出産や高齢出産では，出産に伴う健康問題が起こる危険性が高くなる。 ⑧ 子どもの人数や子どもを産む時期と感覚を考えることを「家族計画」という。 ⑨ 医師により妊娠が確認されたら，妊娠届を役所に提出して母子健康手帳を受け取る。母子健康手帳の交付により医療機関での健康診査や，保健センターでの母子保健サービスが受けられるようになる。 ⑩ 性交をすれば妊娠の可能性があり，若い世代ほどその可能性は高いことや，女性の月経や性周期，男性の射精等に関わる内容について関連付けて扱う。

【4】① 態度 ② 体調の変化 ③ 自己 ④ ○ ⑤ ○ ⑥ ○ ⑦ 同程度 ⑧ 頭を打たない ⑨ ○ ⑩ 抑え技 ⑪ ○ ⑫ 関節技

〈解説〉① 「態度の指導内容」とは，平成20(2008)・21(2009)年改訂の学習指導要領における指導内容の観点であり，安全面については「健康・安全を確保する」と示されている。新しい学習指導要領では「学びに向かう力，人間性等」の指導内容として，同じく「健康・安全を確保する」と示されている。 ② 学習指導要領解説では「体調や環境の変化に注意を払いながら運動を行う」と示している。 ③④ 自己の技能や体力の程度に応じた得意技を見つけることや，自己の体調や技能の程度に応じた技術的な課題を選んで段階的に挑戦することが大切である。相手の技能の程度や体力に応じて技に挑戦するときは，力を加減することが大切である。 ⑤⑥⑦ 技能や体力が同程度の生徒同士を組ませるよう配慮することが大切である。技能等が大きく異なる生徒については，別々のグループにして，それぞれに適した指導を行うことも事故を防止する上で有効である。 ⑧⑨ 「頭を打たない・打たせない」ために受け身の練習をしっかりと行うことが大切である。取と受との関係からいえば，取はしっかりと立ち，引き手(受の袖)を引いて相手に受け身をとらせることが必要である。 ⑩⑪⑫ 固め技には，抑え技，絞め技及び関節技があるが，生徒の心身の発達の段階や安全上の配慮から抑え技のみを扱い，絞め技と関節技は取り扱わないこととする。

【5】① 20 ② 二極化 ③ 女子生徒(女子) ④ 60 ⑤ 継続 ⑥ 日常化 ⑦ 指導 ⑧ 時期 ⑨ 豊かな生活 ⑩ 生涯 ⑪ 活動 ⑫ 運動部 ⑬ 自ら ⑭ 資質 ⑮ 能力

〈解説〉① 子供の体力・運動能力の低下傾向が続いていたことから，従来行われてきた「体力・運動能力調査」に並行して，全国の小学校5年生，中学校2年生の全員を対象とする悉皆調査として平成20(2008)年から「全国体力・運動能力，運動習慣等調査」が実施されることとなった。　② 体育の授業以外の運動時間が極端に少ない子どもがいる一方で，早期からクラブや部活動等に加入して専門的な競技等で運動やスポーツに取り組む子どもが存在するなど，運動する子どもとそうでない子どもの二極化が指摘されていた。　③ 子どもの体力低下は，児童生徒期において一定の改善が見られるものの，最も体力が高かった昭和 60 (1985)年頃と比較すると依然低い状態にあり，特に女子中学生の体力低下や運動時間の少なさは問題視されていた。　④ 中学校女子は一週間の総運動時間が60分未満の生徒が30％程度であった。⑤ 定期的・計画的に運動を継続することは，心身の健康，健康や体力の保持増進につながる意義がある。実生活で運動を継続するには，行いやすいこと，無理のない計画であることなどが大切である。⑥ 児童生徒の体力・運動能力と運動習慣は大きく関連しており，日常的な運動習慣のある児童生徒ほど，体力合計点が高い。また，青少年期に育まれた運動の日常化・習慣化は，生涯にわたり大きく影響する。　⑦ 学校教育活動全体や実生活で生かすことができるよう日常的に取り組める簡単な運動の組合せを取り上げるなど指導方法の工夫を図る。　⑧ 体力の向上は，ある一定の時期のみに高まればよいというものではなく，生涯を通じて，健康や体力の維持に努めることが大切である。　⑨「明るく豊かな生活を営む態度を育てる」は，平成20(2008)・21(2009)年改訂の「学習指導要領解説　保健体育編」において「教科の究極的な目標」と示されている。新しい学習指導要領では，育成すべき資質・能力の3つの柱の「学びに向かう力，人間性等」の中で示されている。　⑩ 新しい学習指導要領の解説には，究極的な目標を実現するため，体育，保健を通して，「生涯にわたって運動に親しむ資質や能力の育成」，「健康の保持増進のための実践力の育成」及び「体力の向上」の3つの具体的目標が示されている。　⑪⑫ 運動を日常的に実施してきた生徒は，活動の減少期や運動部活動引退後，あるいは卒業後も継続して運動する機会を自ら確保できることが大切である。　⑬⑭⑮　実生活において継続しやすい自己に適した運動の行い方を見つけて，自主的に実践できるように，運動に積極的に取り組む者とそうでない者も，それぞれに応じて体力の向上を図る能力を育てること。

【6】①　イ　②　コ　③　カ　④　セ　⑤　ア　⑥　ケ　⑦　シ　⑧　エ

〈解説〉①②　①は「細菌」，②は「ウイルス感染」があてはまる。胃がん，肝がん，子宮頸がんなどは，細菌やウイルスの感染が原因で発生するものが多い。胃がんはピロリ菌，肝臓がんは肝炎ウイルス，子宮頸がんはHPV(ヒトパピローマウイルス)の感染が原因で発生する。
③「可能性」があてはまる。がんは複数の要因が関係し合う時に，発生の可能性が高まる。　④「感染対策」があてはまる。感染が原因で発生するがんへの対策として，医療機関等で受ける細菌やウイルスの検査，ワクチン接種による予防などがある。　⑤「リスク」があてはまる。望ましい生活習慣を送ったり，感染対策を行ったりすることにより，がんにかかるリスクを減らすことができる。　⑥⑦⑧　⑥は「費用」，⑦は「経済的」，⑧は「健康状態」があてはまる。平成28(2016)年11月「がん対策に関する世論調査」(内閣府大臣官房政府広報室)における，がん検診を受けない理由についての調査項目である。「受ける時間がないから」30.6%，「健康状態に自信があり，必要性を感じないから」29.2%，「心配なときはいつでも医療機関を受診できるから」23.7%，「費用がかかり経済的にも負担になるから」15.9%，「がんであると分かるのが怖いから」11.7%等であった。

【7】授業の準備の場面…・器具の消毒を行う。　・手指の消毒を行う。
生徒が集合する場面…・マークやラインで集合する位置を指示する。
・1.5～2mの距離を取る。　ウォーミングアップをする場面…・走るときは，同じ方向で縦列で走る。　・指示にホイッスルを活用する。

休憩をとる場面…・水分の補給をしないときはマスクを着用する。練習や計測の場面…・試技が終わった生徒は距離を保った帰路を通る。　・少人数のグループで行う。

〈解説〉準備場面…環境要因への配慮として，教員は器具や手指の消毒用のアルコールを用意する。　集合場面…人的要因への配慮として，間隔を空けて集合できるようにマーカーを置くなど，三密を避けるために教師によるマネジメントを行う。　ウォーミングアップ…縦列で間隔を空けて走らせ，折り返しがある場合は往路と復路の間隔も大きめに空ける。準備運動の際もソーシャルディスタンスを維持し，会話を最小限にとどめるように指示したり，教師の指示も飛沫が飛ばないよう，声に頼らずホイッスルを使用したりする。　休憩…休憩中もソーシャルディスタンスに気を配る。　練習・計測…助走方向は一方向とし，スタート地点に戻る際も距離を保った帰路を通る。少人数のグループで，跳び方のチェック係，整備係など役割を分担して行う。話し合いやアドバイス活動も密にならないように気を付け，大きな声での声援や記録の伝達は避け，合図も旗を使って行う。

2021年度　実施問題

【中高共通】

【1】次の文は『高等学校学習指導要領(平成30年告示)』の各科目の目標の一部である。文中の(　①　)～(　⑰　)に適語を入れなさい。※同じ番号には同じ語句が入る。

体育の(　①　)・(　②　)を働かせ，課題を発見し，合理的，計画的な解決に向けた学習過程を通して，心と体を(　③　)として捉え，生涯にわたって豊かな(　④　)を継続するとともに，自己の状況に応じて体力の向上を図るための資質・能力を次のとおり育成することを目指す。

(1)　運動の合理的，計画的な実践を通して，運動の(　⑤　)や喜びを深く味わい，生涯にわたって運動を豊かに継続することができるようにするため，運動の(　⑥　)や体力の(　⑦　)について理解するとともに，それらの技能を身に付けるようにする。

(2)　生涯にわたって運動を豊かに継続するための(　⑧　)を発見し，合理的，計画的な解決に向けて思考し判断するとともに，自己や仲間の考えたことを他者に伝える力を養う。

(3)　運動における(　⑨　)や(　⑩　)の経験を通して，(　⑪　)に取り組む，互いに協力する，自己の責任を果たす，参画する，一人一人の違いを大切にしようとするなどの意欲を育てるとともに，健康・安全を確保して，生涯にわたって継続して運動に親しむ態度を養う。

保健の(　①　)・(　②　)を働かせ，合理的，計画的な解決に向けた学習過程を通して，生涯を通じて人々が自らの健康や環境を適切に(　⑫　)し，(　⑬　)していくための資質・能力を次のとおり育成する。

(1)　個人及び社会生活における健康・安全について理解を深めるとともに，(　⑭　)を身に付けるようにする。

(2)　健康についての(　⑮　)や(　⑯　)の課題を発見し，合理的，計画的な解決に向けて思考し判断するとともに，目的や状況に応じて他者に伝える力を養う。

(3)　生涯を通じて自他の健康の保持増進やそれを支える(　⑰　)を目指し，明るく豊かで活力ある生活を営む態度を養う。

(☆☆☆◎◎◎)

【2】次の文は『高等学校学習指導要領解説　保健体育編・体育編(平成30年7月)』において示されている，球技ゴール型のボール操作とボールを持たないときの動きの例，ネット型のボールや用具の操作の例である。対象が中学校1・2年生の場合はA，中学3年生と高校入学年次の場合はB，高校のその次の年次以降の場合はCを選び記入しなさい。

○ゴール型(ボール操作)

①　味方が作り出した空間にパスを送ること

②　マークされていない味方にパスを出すこと

③　味方が操作しやすいパスを送ること

○ゴール型(ボールを持たないときの動き)

④　ボールを持っている相手をマークすること

⑤　味方が抜かれた際に，攻撃者を止めるためのカバーの動きをすること

⑥　ゴールとボール保持者を結んだ直線上で守ること

○ネット型(ボールや用具の操作)

⑦　相手側のコートの空いた場所にボールを返すこと

⑧　ボールを相手側のコートの空いた場所やねらった場所に打ち返すこと

⑨　ボールを相手側のコートの守備のいない空間に緩急や高低をつけて打ち返すこと

(☆☆☆☆◎◎◎◎)

【3】次の文は『中学校学習指導要領(平成29年告示)』に記載されている技能についての事項である。文中の(①)～(⑩)に適語を入れなさい。

【水 泳】

・クロールでは，手と足の動き，(①)のバランスを保ち，(②)ペースで(③)泳いだり速く泳いだりすること。

・(④)の泳法で泳ぐこと，又は(⑤)をすること。

【武 道】

・柔道では，相手の動きの変化に応じた基本動作や基本となる技，(⑥)を用いて，相手を崩して投げたり，(⑦)するなどの攻防をすること。

・剣道では，相手の動きの変化に応じた基本動作や基本となる技を用いて，相手の(⑧)を崩し，しかけたり(⑨)するなどの攻防をすること。

・相撲では，相手の動きの変化に応じた基本動作や基本となる技を用いて，相手を崩し，投げたり(⑩)するなどの攻防をすること。

(☆☆☆◎◎◎◎)

【4】次の文は『高等学校学習指導要領(平成30年告示)』に記載されている1体育 3内容の取扱い の文章である。下線部(1)(2)(3)は何を表しているか，A～Cの記号で答えなさい。また(①)に適語を入れなさい。

「H体育理論」については，<u>(1)</u>は入学年次，<u>(2)</u>はその次の年次，<u>(3)</u>はそれ以降の年次で取り上げること。その際，各年次で(①)時間以上を配当すること。

A 豊かなスポーツライフの設計の仕方について
B 運動やスポーツの効果的な学習の仕方について
C スポーツの文化的特性や現代のスポーツの発展について

(☆☆☆◎◎◎◎)

【5】次の文は『高等学校学習指導要領(平成30年告示)』に記載されている各科目の内容の取扱いの文章である。文中の(　①　)～(　⑩　)に適語を入れなさい。

内容の「B器械運動」から「Gダンス」までの領域及び運動については，(　①　)や(　②　)の実態及び生徒の特性や(　③　)の状況等を踏まえるとともに，(　④　)を十分に確保した上で，(　⑤　)が自由に選択して履修することができるよう配慮するものとする。指導に当たっては，内容の「B器械運動」から「Gダンス」までの領域については，それぞれの運動の(　⑥　)に触れるために必要な体力を(　⑦　)高めるように留意するものとする。また，内容の「B器械運動」から「F武道」までの領域及び運動については，必要に応じて(　⑧　)の仕方についても指導するものとする。また，「F武道」については，我が国固有の伝統と文化により一層触れさせるため，(　⑨　)の学習の基礎の上に，より深められる(　⑩　)を確保するよう配慮するものとする。

(☆☆☆◎◎◎◎)

【6】次の文は，『学校体育実技指導資料　第4集「水泳指導の手引」(三訂版)(平成26年3月：文部科学省)』第4章第2節，水泳の安全指導の一部である。文中の(　①　)～(　⑥　)に適語を入れなさい。※(　③　)～(　⑤　)は順不同。同じ番号には同じ語句が入る。

[児童生徒にできる救助法]

救助法には，水に溺れている者を救助する方法(狭義に救助法という場合がある。)と(　①　)の二つが含まれているとする考え方が多いようです。水中で安全に泳ぐための技能や知識を指導するだけでなく，児童生徒の発達の段階や泳力に合った救助法の指導も必要です。救助法の指導では，泳いで救助する場合の(　②　)を強調し，(　①　)〔一般的には，(　③　)，(　④　)，(　⑤　)を含めて考えられている。〕について指導することも大切であり，その指導に際しては，「学校における水泳事故防止必携」(平成18年独立行政法人日本スポーツ振興センター)等を参考としてください。また，(　⑥　)の使い方，設置場所等についても，児童生徒の発達段階に応じて指導しておくことが望まれます。

(☆☆☆◎◎◎◎◎)

【7】『「指導と評価の一体化」のための学習評価に関する参考資料　中学校保健体育(令和2年3月　国立教育政策研究所)』の内容を踏まえ，次の問いに答えなさい。

(1)　次の文は，第3編「2　単元の評価規準の作成のポイント」[体育分野](5)指導と評価の一体化を目指して　の説明である。(　①　)～(　⑫　)に入る適語を下の選択肢から選び，記号で答えなさい。

ア　指導内容や指導方法と関連付けた評価の進め方

答申では「『子供たちにどういった力が身に付いたか』という(　①　)を(　②　)に捉え，教師が(　③　)を図るとともに，子供たち自身が自らの学びを振り返って次の学びに向かうことができるようにするためには，この(　④　)の在り方が極めて重要であり，(　⑤　)や学習・指導方法の改善と(　⑥　)を持った形で改善を進めることが求められる」とされている。具体的には，評価のみを(　⑦　)で捉えるのではなく，「何を教えるのか」「どのように教えるのか」といった，指導する内容や(　⑧　)等と関連付けて評価の進め方を検討することが大切である。

(　⑨　)においては，個に応じた(　⑩　)な練習方法の例を示したり，個別学習や(　⑪　)学習，(　⑫　)学習などの学習活動を取り入れたりするなどのことにより，生徒一人一人が学習内容を確実に身に付けることができるよう配慮した上で，評価を行うことが大切である。

【選択肢】

ア　学習の成果	イ　学習評価	ウ　グループ別
エ　的確	オ　具体的な知識	カ　繰り返し
キ　指導の改善	ク　主体的	ケ　意欲
コ　一貫性	サ　体育分野	シ　学習活動

ス　教育課程　　　セ　観察評価　　　ソ　単独
タ　段階的　　　　チ　指導方法

(2)　次の表は，同参考資料　第2編[体育分野]第1学年及び第2学年「E球技」における「内容のまとまりごとの評価規準」の例である。同参考資料に示された『「内容のまとまりごとの評価規準」を作成する際の【観点ごとのポイント】』を踏まえ，(　①　)に適語を入れ，(　②　)～(　⑥　)を適切な文末にしなさい。※同じ番号には同じ語句が入る。

	知識・技能	思考・判断・表現	(　①　)に学習に取り組む態度
内容のまとまりごとの評価規準　例	○知識 ・球技の特性や成り立ち，技術の名称や行い方，その運動に関連して高まる体力などについて理解（　②　）。 ○技能 ・ゴール型では，ボール操作と空間に走り込むなどの動きによってゴール前での攻防を（　③　）。 ・ネット型では，ボールや用具の操作と定位置に戻るなどの動きによって空いた場所をめぐる攻防を（　③　）。 ・ベースボール型では，基本的なバット操作と走塁での攻撃，ボール操作と定位置での守備などによって攻防を（　③　）。	・攻防などの自己の課題を発見し，合理的な解決に向けて運動の取り組み方を（　④　），自己や仲間の考えたことを（　⑤　）。	・球技に積極的に取り組むとともに，フェアなプレイを守ろうとすること，作戦などについての話合いに参加しようとすること，一人一人の違いに応じたプレイなどを認めようとすること，仲間の学習を援助しようとすることなどをしたり，健康・安全に気を配ったり（　⑥　）。

(☆☆☆◎◎◎)

【8】『中学校学習指導要領「保健体育」(平成29年告示)』及び解説について，次の下線部の内容が正しいものには○，正しくないものには×を書きなさい。

(1)　「陸上競技」の第3学年では，記録の向上や競争の楽しさや喜びを味わい，①技術の名称や行い方などを理解するとともに，各種目特有の技能を身に付けることができるようにする。その際，動きなどの②自己の課題を発見し，合理的な解決に向けて運動の取り組み方を工夫するとともに，自己の考えたことを他者に伝えることができるようにすることが大切である。また，③陸上競技の学習に自主的に取り組み，ルールやマナーを大切にすることや一人一人の違いに応じた課題や挑戦を大切にすることなどに意欲をもち，健康や安全を確保することができるようにすることが大切である。

(2) 「球技」の第1学年及び第2学年では，球技に積極的に取り組むとともに，フェアなプレイを守ろうとすること，作戦などについての④話合いに参加しようとすること，⑤一人一人の違いに応じたプレイなどを認めようとすること，仲間の学習を援助しようとすることなどや，健康・安全に気を配ること。

(3) 「F武道」については，⑥柔道，剣道，空手道，なぎなた，弓道，合気道，少林寺拳法，銃剣道などを通して，わが国固有の伝統と文化により一層触れることができるようにすること。～中略～ なお，学校や地域の実態に応じて，空手道，なぎなた，弓道，合気道，少林寺拳法，銃剣道などについても⑦履修させるようにすること。

(☆☆◎◎◎◎◎)

解答・解説

【中高共通】

【1】① 見方　② 考え方　③ 一体　④ スポーツライフ　⑤ 楽しさ　⑥ 多様性　⑦ 必要性　⑧ 課題　⑨ 競争　⑩ 協働　⑪ 公正　⑫ 管理　⑬ 改善　⑭ 技能　⑮ 自他　⑯ 社会　⑰ 環境づくり

〈解説〉高等学校の体育の目標は，特に中学校第3学年との接続を重視し，学習指導の方向を示したものとなっている。目標の(1)は，知識及び技能の目標を示したものであり，(2)は，思考力，判断力，表現力等の目標を示したものであり，(3)は，学びに向かう力，人間性等の育成に向けた運動についての態度の具体的な目標を示したものである。一方，保健では，生徒が心と体を一体として捉え，生涯を通じて心身の健康を保持増進するための資質・能力を育成することを目指している。目標の(1)は，保健の知識及び技能に関する資質・能力の育成について，(2)は保健の思考力，判断力，表現力等に関する資質・能力の育成について，(3)は保健の学びに向かう力，人間性等に関する資質・能力の育成についての目標である。

【2】① C　② A　③ B　④ A　⑤ C　⑥ B　⑦ A　⑧ B　⑨ C

〈解説〉高等学校学習指導要領(平成30年告示)解説「E 球技」の内容の取扱いの後に示された一覧表を熟読すること。ゴール型の中学校1・2年生では，ボール操作と空間に走り込むなどの動きによって，ゴール前での攻防をすることが求められている。ゴール型の中学校3年生と高校入学年次では，安定したボール操作と空間を作り出すなどの動きによって，ゴール前への侵入などから攻防をすることが求められている。ゴール型の高校のその次の年次以降では，状況に応じたボール操作と空間を埋めるなどの動きによって，空間への侵入などから攻防をすることが求められている。一方，ネット型の中学校1・2年生では，ボールや用具の操作と定位置に戻るなどの動きによって，空いた場所をめぐる攻防をすることが求められている。ネット型の中学校3年生と高校入学年次では，役割に応じたボール操作や安定した用具の操作と連携した動きによって，空いた場所をめぐる攻防をすることが求められている。ゴール型の高校のその次の年次以降では，状況に応じたボール操作や安定した用具の操作と連携した動きによって，空間を作り出すなどの攻防をすることが求められている。

【3】① 呼吸　② 安定した　③ 長く　④ 複数　⑤ リレー　⑥ 連絡技　⑦ 抑えたり　⑧ 構え　⑨ 応じたり　⑩ いなしたり

〈解説〉水泳・武道とも，中学校第3学年で求められている技能である。水泳のクロールにおいて，手と足の動き，「呼吸」のバランスを保ちとは，プルとキックのタイミングに合わせて呼吸を行い，ローリングをしながら伸びのある泳ぎをすることである。「安定した」ペースで「長く」泳いだり速く泳いだりするとは，プル，キック及び呼吸動作のタイミングを合わせた無理のない一定のスピードで，続けて長く泳ぐこと，力強いプルとキックで全力を出して，スピードに乗って泳ぐことである。一方，柔道の「連絡技」とは，技をかけたときに，相手の防御に応じて，更に効率よく相手を投げたり抑えたりするためにかける技のことをいう。相手を崩して投げたり，「抑えたり」するなどの攻防をするとは，投げ技の基本となる技や連絡技を用いて相手を崩して攻撃をしかけたり，その防御をしたりすることである。剣道の相手の「構え」を崩し，しかけたり「応じたり」するなどの攻防をするとは，相手の動きの変化に応じた基本動作から相手の構えを崩し，しかけ技や応じ技の基本となる技を用いて，攻防を展開することをいう。相撲の相手を崩し，投げたり「いなしたり」するなどの攻防をするとは，相手の動きの変化に応じた基本動作を行いながら，投げ技や前さばきの基本となる技を用いた攻防を展開することである。

【4】(1)　C　(2)　B　(3)　A　①　6単位

〈解説〉高等学校における体育理論の内容は，中学校体育理論の学習成果を踏まえ，「する，みる，支える，知る」といった，生涯にわたる豊かなスポーツライフを卒業後にも主体的に実践できるようにするため，主に現代におけるスポーツの意義や価値，科学的，効果的なスポーツの実践，豊かなスポーツライフの設計等に関わる内容で構成されている。設問文の(1)に当てはまるC，(2)のB，(3)のAはいずれも必修であり，各年次6単位時間以上を配当することとされている。

【5】①　学校　②　地域　③　選択履修　④　安全　⑤　生徒　⑥　特性　⑦　生徒自ら　⑧　審判　⑨　中学校　⑩　機会

〈解説〉設問文は，各学校における領域の選択や，領域の内容の選択とその学習指導に対する基本的な考え方を示したものとなっている。選択制の授業においては，領域を選ぶことがねらいではなく，生徒の主体的・対話的で深い学びの実現に向けた授業改善の推進につながる学習の機会であることを念頭に，生徒個々の意思を大切にして，領域や領域の内容を選択できるようにすることが大切となる。

【6】① 心肺蘇生　② 危険性　③ 気道確保　④ 心臓マッサージ(胸骨圧迫)　⑤ 人工呼吸法　⑥ AED(自動体外式除細動器)

〈解説〉① 胸骨圧迫30回と人工呼吸2回を組み合わせ，これを繰り返して行う。　② 水に溺れている人を救助する場合は，救助者の危険性をよく認識しておかないと，二重事故につながる恐れがある。このような水難救助活動の事故を発生させないためには，救助を冷静かつ安全に行う必要がある。　③ 気道とは，肺に通じる空気の通り道のことをいう。人は，意識を失うと息が通らなくなってしまうことがあるため，そのような場合はのどの奥を広げ，空気を肺に通しやすくする。　④ 胸の真ん中を重ねた両手で強く，速く，絶え間なく圧迫する。　⑤ 人工呼吸は，傷病者の肺に酸素を含んだ空気を送り，換気を補助することを目的とする。そのやり方は，1歳以上～成人の場合は「口対口人工呼吸法」でよいが，1歳未満の乳児に対しては，乳児の口と鼻を同時に口にふくむ「口対口鼻人工呼吸法」を用いる。　⑥ 心臓の致死的な不整脈を自動で感知して電流を流し，心臓の動きを正常に戻すことができる機器である。人が倒れている場面に遭遇したときには，すみやかに119番へ連絡し，必要に応じて心肺蘇生をするとともに，AEDを準備する。

【7】(1) ① ア　② エ　③ キ　④ イ　⑤ ス　⑥ コ　⑦ ソ　⑧ チ　⑨ サ　⑩ タ　⑪ ウ　⑫ カ　(2) ① 主体的　② している　③ することができる　④ 工夫するとともに　⑤ 他者に伝えている　⑥ している

〈解説〉(1) 『子供たちにどういった力が付いたか』という学習成果を的確に捉え，次の学びに向かうためには，教育課程や学習指導方法の改善と，一貫性を持った学習評価が必要となる。何をどのように教えるのか，指導内容と方法を関連付け，評価の進め方を検討することが求められている。　(2)　この参考資料によると,「知識」については,その文末を「～について理解している」として評価規準を作成する。「技能」については,その文末を「～できる」として評価規準を作成する。また,「思考・判断・表現」については,その文末を「～課題を発見し,～を工夫するとともに,～を他者に伝えている」として,評価規準を作成する。「主体的に学習に取り組む態度」については,その文末を「～している」として,評価規準を作成する。

【8】(1)　①　×　②　×　③　○　(2)　④　○　⑤　○
(3)　⑥　×　⑦　×

〈解説〉(1)　中学校指導要領解説第2章〔体育分野〕C　陸上競技についての問題である。①と②は,ともに第1学年及び第2学年で求められる内容であるため,誤り。第3学年では,①「体力の高め方や運動観察の方法などを理解する」,②「自己や仲間の課題」が正文となる。(2)　中学校学習指導要領〔体育分野　第1学年及び第2学年〕　2内容　E球技(3)についての問題であり,ともに正しい。なお,第3学年の身に付けることができるよう指導する内容は,④「話し合いに貢献しようとすること」　⑤「一人一人の違いに応じたプレイなどを大切にしようとすること」である。　(3)　中学校学習指導要領〔内容の取扱い〕(2)のカについての問題である。⑥は,剣道と空手道の間の「相撲」が抜けているため,誤り。⑦は「履修させることができること。」が正文であるため,誤り。なお,履修させることができるとしているが,原則,柔道,剣道または相撲に加えて履修させることとし,学校や地域の特別の事情がある場合には,替えて履修させることができるとされている。

2020年度　実施問題

【中高共通】

【1】次の文は『高等学校学習指導要領(平成30年告示)』の一部である。文中の(　①　)～(　⑩　)の中に適語を入れなさい。

体育の見方・考え方を働かせ，課題を発見し，合理的，計画的な解決に向けた学習過程を通して，心と体を(　①　)として捉え，生涯にわたって豊かな(　②　)を継続するとともに，自己の状況に応じて体力の向上を図るための資質・能力を次のとおり育成することを目指す。

(1)　運動の合理的，計画的な実践を通して，運動の(　③　)や喜びを深く味わい，生涯にわたって運動を豊かに継続することができるようにするため，運動の(　④　)や(　⑤　)の必要性について理解するとともに，それらの技能を身に付けるようにする。

(2)　生涯にわたって運動を豊かに継続するための課題を発見し，合理的，計画的な解決に向けて思考し判断するとともに，自己や仲間の考えたことを他者に伝える力を養う。

(3)　運動における競争や(　⑥　)の経験を通して，公正に取り組む，互いに協力する，自己の責任を果たす，(　⑦　)する，一人一人の違いを大切にしようとするなどの意欲を育てるとともに，健康・安全を確保して，生涯にわたって継続して運動に親しむ態度を養う。

保健の見方・考え方を働かせ，合理的，計画的な解決に向けた学習過程を通して，生涯を通じて人々が自らの健康や環境を適切に(　⑧　)し，改善していくための資質・能力を次のとおり育成する。

(1)　個人及び社会生活における健康・安全について理解を深めるとともに，技能を身に付けるようにする。

(2)　健康についての自他や(　⑨　)の課題を発見し，合理的，計画的な解決に向けて思考し判断するとともに，目的や状況に応じて他者に伝える力を養う。

(3)　生涯を通じて自他の健康の保持増進やそれを支える(　⑩　)を目指し，明るく豊かで活力ある生活を営む態度を養う。

(☆☆☆☆◎◎◎◎◎)

【2】次の文は『高等学校学習指導要領解説　保健体育編・体育編(平成30年7月)』の一部である。文中の(　①　)～(　⑩　)の中に入る適語を下の語群から選び，答えなさい。

(1)　各段階で示した「思考力，判断力，表現力等」の主な表記

	中学校1年・2年	中学校3年・高校（入学年次）	高校（その次の年次以降）
体の動かし方や行い方	・課題や出来映えを伝える	・(　①　)して成果や改善すべきポイントと理由を伝える	・(　②　)して良い点や修正点を指摘する
生涯スポーツの設計		・(　③　)楽しむための関わり方を見付ける	・(　④　)楽しむための関わり方を見付ける

(2)　各段階で示した「学びに向かう力，人間性等」の主な表記

指導事項	中学校1年・2年	中学校3年・高校（入学年次）	高校（その次の年次以降）
公正	相手を尊重し，伝統的な行動の仕方を（　⑤　）	相手を尊重し，伝統的な行動の仕方を（　⑥　）	
協力・責任	仲間の学習を援助しようとする	互いに助け合い（　⑦　）とする	互いに助け合い（　⑧　）とする
参画・共生	話合いに参加しようとする	（　⑨　）に貢献しようとする	（　⑩　）に貢献しようとする

【語群】

ア　運動を継続して　　　イ　生涯にわたって
ウ　動きを分析　　　　　エ　合理的な動きと比較
オ　大切にしようとする　カ　教え合おう
キ　高め合おう　　　　　ク　守ろうとする
ケ　合意形成　　　　　　コ　話合い

(☆☆☆☆◎◎◎◎◎)

【3】次の文は『中学校学習指導要領(平成29年告示)』に記載されている技能についての事項をもとにしたものである。文中の(　①　)～(　⑪　)に適語を入れなさい。

【体つくり運動】　・(　①　)に生かす運動の計画では，ねらいに応じて，健康の保持増進や(　②　)のとれた体力の向上を図るための運動の計画を立て取り組むこと。

【器械運動】　・鉄棒運動では，支持系や(　③　)の基本的な技を滑らかに安定して行うこと，条件を変えた技や(　④　)技を行うこと及びそれらを(　⑤　)し演技すること。

【陸上競技】　・走り幅跳びでは，(　⑥　)に乗った助走から力強く踏み切って跳ぶこと，走り高跳びでは，(　⑦　)な助走から力強く踏み切り滑らかな(　⑧　)で跳ぶこと。

【球技】　・ネット型では，(　⑨　)に応じたボール操作や安定した用具の操作と連携した動きによって(　⑩　)をめぐる攻防をすること。

【保健】　・心身の機能の発達と心の健康について理解を深めるとともに，(　⑪　)への対処をすること。

(☆☆☆◎◎◎◎◎)

【4】次の文は『高等学校学習指導要領(平成30年告示)』に記載されている技能についての事項をもとにしたものである。文中の(　①　)～(　⑨　)に適語を入れなさい。

【陸上競技】　・短距離走・リレーでは，(　①　)の高いスピードを維持して速く走ることやバトンの受渡しで次走者と前走者の距離を(　②　)すること。

【水泳】　・クロールでは，手と足の動き，呼吸のバランスを保ち，(　③　)のある動作と安定した(　④　)で長く泳いだり速く泳いだりすること。

【武道】　・柔道では，相手の動きの(　⑤　)に応じた基本動作から，(　⑥　)や連絡技・変化技を用いて，素早く相手を崩して投げたり，抑えたり，返したりするなどの攻防をすること。

【ダンス】　・創作ダンスでは，表したいテーマにふわしいイメージを捉え，個や群で，(　⑦　)の動き空間の使い方で

(⑧)を付けて即興的に表現したり，イメージを強調した作品にまとめたりして踊ること。

【保健】　・応急手当は，傷害や疾病によって身体が時間の経過とともに損なわれていく場合があることから，速やかに行う必要があること。(⑨)などの応急手当を適切に行うこと。

(☆☆☆◎◎◎◎◎)

【5】次の文は，「学校体育実技指導資料　第10集『器械運動指導の手引』」(平成27年3月　文部科学省)第4章　第3節「器械運動系の指導の安全管理」の一部である。文中の(①)～(⑫)に入る適語をあとの語群から選び，答えなさい。

〔マット運動〕

後転の学習で首の筋肉を痛めることがありますが，(①)を経過して後方に回転する際に，(②)で体を押して(支えて)頭を抜く際の首への(③)を少なくすることにより，首を痛めることを防ぐことができます。この(②)の押しと頭を抜く動きは，(④)の指導の際に両手の着き・押しと(⑤)の腹屈(腹側に曲げること)を指導することにより，身に付けることができます。

〔平均台運動〕

生徒が安全に技能を高めるために，「(⑥)で10cmの幅の中で実施する」「(⑦)にマットを敷き安全を確保した上で実施する」「(⑧)の(⑨)をつけて実施する」などという段階を踏んで行うようにします。

〔跳び箱運動〕

同じ授業内で回転系と切り返し系の両方を指導する場合，(⑩)を先に取り上げると，(⑪)の学習の際に(⑫)が残っていて事故につながることがありますから，(⑪)を先に取り上げるようにします。

【語群】

平衡感覚	切り返し系	上	平地
腕	台上	頭	かえるの足打ち
ブリッジ	回転系	補助	着地
負担	回転感覚	下肢	仲間
逆さ	下	ゆりかご	

(☆☆◎◎◎)

【6】『中学校学習指導要領「保健体育」(平成29年告示)』及び解説について，次の問いに答えなさい。

(1) 次の各文の内容が正しいものには○，正しくないものには×を書きなさい。

① 「陸上競技」は，第1学年及び第2学年では，投てき種目を含む競走種目及び跳躍種目で構成しているが，バトンの受渡しの指導内容を新たに示した。

② 「ダンス」は，第1学年及び第2学年では，「創作ダンス」を必修とするとともに，「フォークダンス」，「現代的なリズムのダンス」から1つ選択して履修できるようにした。

③ 「球技」は，第1学年及び第2学年では，「ゴール型」，「ネット型」，「ベースボール型」の3つの型全てを必修とした。

④ 「体つくり運動」では，授業時数を各学年で7単位時間以上を配当することとした。

⑤ 「武道」は，第1学年及び第2学年では，学校や地域の実態に応じて，空手道，弓道，合気道，少林寺拳法，銃剣道などについても履修させることができることを新たに示した。

⑥ 保健分野の授業時数は，3年間を通して(3年間合計で)46単位時間程度とした。

⑦ 「体育理論」は，全学年で必修とし，授業時数は各学年とも3単位時間以上を配当することとした。

⑧ 「水泳」は，第1学年及び第2学年では，適切な水泳場の確保が

困難な場合であっても，水泳の事故防止に関する心得については必ず取り上げることとした。

(2) 上記の学習指導要領及び解説には，「体力や技能の程度，性別や障害の有無等にかかわらず，運動の多様な楽しみ方を共有することができるよう留意すること。」と示されている。この趣旨を踏まえ，保健体育の授業づくりを行う上で配慮すべき点を，一つ具体的に書きなさい。

(☆☆☆☆◎◎◎)

【7】『柔道の授業の安全な実施に向けて(平成24年3月　文部科学省)』の内容を踏まえ，次の問いに答えなさい。

(1) 「頭部打撲への対処」について書かれた次の文中の(　①　)～(　⑥　)に，適語を書きなさい。

・頭を揺さぶられることにより脳の表面の血管が破断されて起きる(　①　)が重篤な事故として数多く報告されています。

・(　②　)が確認された場合は，直ちに救急車を要請してください。

・何ら症状がなくても，頭部打撲があった場合は，当日の体育の授業は(　③　)させ，その後も頭痛や気分不良などの自覚症状がないか(　④　)して確認しましょう。帰宅後の家庭での観察も必要です。(　⑤　)に頭部打撲の事実を連絡して，症状悪化に注意して経過を観察することが必要であることを伝えるなど，(　⑥　)，生徒，(　⑤　)がともに状態を把握しておく必要があります。

(2) 「頭部打撲直後から出現する神経機能障害であり，かつそれが一過性で完全に受傷前の状態に回復するもの」と定義されている神経機能障害を何というか，書きなさい。

(3) 脳に同じような外傷が二度加わった場合，一度目の外傷による症状は軽微であっても，二度目の外傷による症状は，はるかに重篤になることがある。この二度目の外傷による重篤な症状の総称を何というか，書きなさい。

(☆☆☆☆◎◎◎)

【8】『運動部活動の在り方に関する総合的なガイドライン(平成30年3月スポーツ庁)』の内容を踏まえ，次の問いに答えなさい。

(1)　次の表は，ある中学校の運動部の1週間の活動計画である。この計画の中で改善すべき点を3つ挙げ，箇条書きしなさい。

曜　日	月	火	水	木	金	土	日
活動時間	2時間	2時間	2時間	3時間	2時間	3時間	3時間

注)　通常の学期中の週を想定する。(月曜日～金曜日：授業日，土曜日及び日曜日：週休日)

(2)　上記ガイドラインについて述べた次の各文の内容が，正しければ○を，正しくないものには×を書きなさい。

①　校長は，「学校の運動部活動に係る活動方針」を毎年度策定する。

②　運動部顧問は，年間の活動計画並びに毎月の活動計画及び活動実績を作成し，校長に提出する。

③　本ガイドラインは，高等学校段階の運動部活動については準用扱いとなっている。

④　中学校の場合，本ガイドラインは，国公立学校のみが対象である。

⑤　校長は，部活動指導員に部活動の顧問を命じることができる。

⑥　生徒のニーズを踏まえた運動部の具体例として，季節ごとに異なるスポーツを行う活動や，レクリエーション志向で行う活動，体力つくりを目的とした活動等が挙げられている。

(☆☆☆☆☆◎◎)

解答・解説

【中高共通】

【1】① 一体　② スポーツライフ　③ 楽しさ　④ 多様性　⑤ 体力　⑥ 協働　⑦ 参画　⑧ 管理　⑨ 社会　⑩ 環境づくり

〈解説〉「体育」「保健」の目標については，小学校から高等学校までの12年間を見通した体系化の最終段階となることから，中学校までの学習の成果を踏まえ，卒業後も運動やスポーツに多様な形で関わることができるようにすることが求められる。また，保健体育科の目標の改善を踏まえ，柱書と(1)知識及び技能，(2)思考力，判断力，表現力等，(3)学びに向かう力，人間性等の資質・能力の三つの柱で示されている。

【2】(1) ① エ　② ウ　③ ア　④ イ　⑤ ク　⑥ オ　⑦ カ　⑧ キ　⑨ コ　⑩ ケ

〈解説〉学習指導要領解説では，思考力，判断力，表現力等については，「体の動かし方や運動の行い方に関する思考力，判断力，表現力等」「体力や健康・安全に関する思考力，判断力，表現力等」「運動実践につながる態度に関する思考力，判断力，表現力等」「生涯スポーツの設計に関する思考力，判断力，表現力等」の中から，各領域で取り上げることが効果的な指導事項の具体例を重点化して示している。学びに向かう力，人間性等については，各領域において愛好的態度及び健康・安全は共通の事項とし，公正(伝統的な行動の仕方)，協力，責任，参画，共生の中から，各領域で取り上げることが効果的な指導内容を重点化して示している。

【3】① 実生活　② 調和　③ 懸垂系　④ 発展　⑤ 構成　⑥ スピード　⑦ リズミカル　⑧ 空間動作　⑨ 役割　⑩ 空いた場所　⑪ ストレス

〈解説〉学習指導要領解説　保健体育編(平成29年7月)では，技能について，「第1学年及び第2学年においては，小学校第5学年及び第6学年までのルールや場の工夫を前提とした学習経験を踏まえ，運動を豊かに実践することを目指して，主に，各領域の基本的な技能や動きを身に付け，記録や技に挑戦したり，簡易な試合や発表をできるようにしたりすることが大切である。また，選択の開始時期となる第3学年においては，高等学校への接続を踏まえ，生涯にわたって運動を豊かに実践することを目指して，主に，選択した領域の基本的な技能や動きを身に付け，記録や技に挑戦したり，簡易化されたルールの制限を次第に正規に近づけるなどして試合をしたり，発表したりできるようにすることや，運動やスポーツの多様な関わり方を場面に応じて選択し，実践することができるようにすることが大切である」と解説されている。

【4】① 中間走　② 長く　③ 伸び　④ ペース　⑤ 変化
⑥ 得意技　⑦ 対極　⑧ 変化　⑨ 心肺蘇生法

〈解説〉学習指導要領解説　保健体育編　体育編(平成30年7月)では，技能について，「入学年次においては，中学校第3学年からの接続を踏まえ，生涯にわたって運動を豊かに実践することを目指して，主に，選択した領域の基本的な技能や動きを身に付け，記録や技に挑戦したり，簡易化されたルールの制限を次第に正規に近づけるなどして試合をしたり，発表したりできるようにすることや，運動やスポーツの多様な関わり方を場面に応じて選択し，実践することができるようにすることが大切である。また，その次の年次以降においては，生涯にわたる豊かなスポーツライフを継続することを目指して，一つの領域の学習の時間を十分確保する中で，身に付けた技能や動き等の出来映えを確かめたり，新たに技や動き及び得意技を身に付けたりして，記録や技に挑戦したり，参加者の体力や技能の程度，年齢や性別及び障害の有無等に応じてルールを工夫するなどして試合をしたり，発表したりできるようにすることや，運動やスポーツの多様な関わり方を状況に応じて選択し，家庭や地域及び職場などの多様な機会で卒業後も継続して実践することができるようにすることが大切である」と解説されている。

【5】① 逆さ　② 腕　③ 負担　④ ゆりかご　⑤ 頭
⑥ 平地　⑦ 下　⑧ 仲間　⑨ 補助　⑩ 回転系
⑪ 切り返し系　⑫ 回転感覚

〈解説〉マット運動は，鉄棒運動や跳び箱運動の基礎となる動きを含んだ技が多様に存在することから，小学校低学年のときから，マットを使って多様な方向に転がったり，腕で支えて移動するなどの運動遊びを十分に取り上げ，安全に転がる技能の向上を図るようにすることが必要である。平均台運動では，不安があると足下を見ることが多いため，視線を前方においてバランスをとるように指導することも落下を防ぐポイントとして重要である。跳び箱運動は，報告されている学校管理下の傷害発生件数が多い。このことから，跳び箱運動で要求される動きや感覚を高めておくこと，安全な場づくり，決して無理をさせないこと，授業で取り上げる技の順番に配慮することが重要である。

【6】(1) ① ×　② ×　③ ○　④ ○　⑤ ○
⑥ ×　⑦ ○　⑧ ○　(2) ・男女共習で授業を行う
・障害のある生徒などの困難さに応じた指導内容や指導方法を工夫する　・一人一人の違いを大切にしようとしたり，参加する仲間の状況に応じて楽しむ方法を学んだりするなど，指導方法を工夫する　から一つ

〈解説〉① バトンの受け渡しは現行学習指導要領(平成20年告示)においても第1学年及び第2学年の内容である。 ② ダンスは第1学年及び第2学年の2年間で「創作ダンス」「フォークダンス」「現代的なリズムのダンス」から選択が正しい。 ⑥ 保健分野の授業時数は，3学年間で48単位時間程度配当することとされている。

【7】(1)　①　急性硬膜下血腫　②　意識障害　③　見学　④　継続　⑤　保護者　⑥　教員　(2)　脳しんとう　(3)　セカンドインパクトシンドローム(SIS)

〈解説〉平成20年告示の中学校学習指導要領において武道を含むすべての領域が必修化となり，武道領域では比較的準備が容易な柔道が多く選択されている。柔道においては，「危険ではないのか」といった不安の声があり，文部科学省や全日本柔道連盟が対策を講じている。柔道の重大な事故の内容を見ると，体の部位としては頭部や頸部に多いこと，また，中学1年と高校1年の初心者に事故が多いことが特徴的であり，これは，技をかけられた際に受け身を十分とれなかった場合などに，頭部(打撲による急性硬膜下血腫等)や頸部(受け身が不十分なことによる頸髄損傷等)にダメージを受けたことが原因であると考えられている。頭部打撲による脳しんとうやSISを予防するために，頭を打たない投げ方と投げられ方の指導と習得により事故防止を行うこと，頭部の外傷が起こった場合の対応を適切に行うことが大切である。

【8】(1)　・木曜日の活動時間が，2時間を超えている。　・平日に，休養日が1日も設定されていない。　・土曜日及び日曜日に，休養日が1日も設定されていない。　(2)　①　○　②　○　③　×　④　×　⑤　○　⑥　○

〈解説〉(1)　運動部活動の在り方に関する総合的なガイドラインでは，主に「適切な運営のための体制整備」,「合理的でかつ効率的・効果的な活動の推進のための取組」,「適切な休養日等の設定」,「生徒のニーズを踏まえたスポーツ環境の整備」,「学校単位で参加する大会等の見直し」が書かれている。出題された指導計画においては，「適切な休養日等の設定」に問題がある。ガイドラインに記載されている「学期中は，週当たり2日以上の休養日を設ける。(平日は少なくとも1日，土曜日及び日曜日(以下「週末」という)は少なくとも1日以上を休養日とする。週末に大会参加等で活動した場合は，休養日を他の日に振り替える。)」や，「1日の活動時間は，長くとも平日では2時間程度，学校の休業日(学期中の週末を含む)は3時間程度とし，できるだけ短時間に，合理的でかつ効率的・効果的な活動を行う。」を順守できていないことが読み取れる。　(2)　③　高等学校段階においても「原則として適用する」が正しい。　④　義務教育である中学校(義務教育学校後期課程，中等教育学校前期課程，特別支援学校中学部を含む。)段階の運動部活動全てが対象である。

2019年度　実施問題

【中高共通】

【1】次の文は『高等学校学習指導要領解説保健体育編・体育編　第3章　各科目にわたる指導計画の作成と内容の取扱い(平成21年12月)』の一部である。文中の(　①　)～(　⑱　)の中に適語を入れなさい。

(1)　第1章総則第1款の3に示す学校における体育・健康に関する指導の趣旨を生かし，特別活動，(　①　)の活動などとの関連を図り，日常生活における体育・健康に関する活動が適切かつ(　②　)に実践できるよう留意するものとする。なお，体力の測定については，(　③　)に実施し，(　④　)及び体力の向上に活用するものとする。

(2)　「体育」は，各年次継続して履修できるようにし，各年次の単位数はなるべく(　⑤　)して配当するものとする。なお，内容の「A体つくり運動」に対する授業時数については，各年次で(　⑥　)単位時間程度を，内容の「H体育理論」に対する授業時数については，各年次で(　⑦　)単位時間以上を配当するとともに，内容の「B器械運動」から「Gダンス」までの(　⑧　)に対する授業時数の配当については，その内容の(　⑨　)を図ることができるよう考慮するものとする。

(3)　「保健」は，原則として(　⑩　)及びその次の年次の2か年にわたり履修させるものとする。

(4)　保健体育科においても，「体育」では，第2款の3(6)で「筋道を立てて練習や作戦について話し合う活動などを通して　～中略～　配慮するものとする。」として，言語活動の充実を求めている。これらの指導に際しては，主体的な学習に取り組めるよう，単元のはじめに(　⑪　)の方法を確認する，練習中や記録会及び(　⑫　)などの後に話合いをするなどの機会を設ける，(　⑬　)を活用するなどの工夫をするとともに，指導内容の精選を図ったり，話合いのテーマや学習の(⑭)な課題を明確にしたりするなどして，体を動かす機会を適切に確保することが大切である。

(5) 特に，「体育」では，弱視の生徒に対する球技の指導や(⑮)の生徒についての実技指導など，生徒の障害の種類と程度等に応じて，(⑯)による指導や(⑰)，増加単位(第1章総則第2款の2のただし書き)や必履修教科・科目の一部減(第1章総則第3款の1のただし書き)，科目の内容の選択(第1章総則第5款の2の(4))などの方法を活用するなどによって個別的に特別な(⑱)をすることも必要である。

(☆☆☆☆◎◎◎◎)

【2】次の文は『中学校学習指導要領解説保健体育編(平成29年7月)』に記載されている学びに向かう力，人間性等についての事項をもとにしたものである。文中の(①)～(⑭)に適語を入れなさい。

【体つくり】 ・健康・安全に気を配るとは，体の状態のみならず(①)の状態も確かめながら(②)の変化などに気を配ること，用具や場所などの自己や仲間の安全に留意して運動を行うこと，自己の体の動きに応じた行い方や(③)を選んで運動することを示している。

【器械運動】 ・仲間の学習を援助しようとするとは，練習の際に，仲間の試技に対して(④)したり，挑戦する技の行い方などの(⑤)の解決に向けて仲間に(⑥)したりしようとすることなどを示している。そのため，仲間の学習を援助することは，自己の能力を高めたり，仲間との(⑦)を高めて気持ちよく活動したりすることにつながることを理解し，取り組めるようにする。

【水泳】 ・水泳の事故防止に関する心得とは，(⑧)を確かめてから泳ぐ，プールなど水泳場での(⑨)を守って泳ぐ，水深が浅い場所での(⑩)は行わないなどの健康・安全の心得を示している。

【球技】　・フェアなプレイを守ろうとするとは，球技は，チームや個人で(　⑪　)を競う特徴があるため，規定の範囲で(　⑪　)を競うといったルールや相手を(　⑫　)するといったマナーを守ったり，相手や仲間の(　⑬　)を認めたりして，フェアなプレイに取り組もうとすることを示している。そのため，ルールやマナーを守ることで球技独自の楽しさや安全性，(　⑭　)が確保されること，また，相手や仲間のすばらしいプレイやフェアなプレイを認めることで，互いを(　⑫　)する気持ちが強くなることを理解し，取り組めるようにする。

(☆☆☆☆◎◎◎◎)

【3】次の文は『高等学校学習指導要領解説保健体育編・体育編(平成21年12月)』に記載されている技能についての事項をもとにしたものである。文中の(　①　)～(　⑧　)に適語を入れなさい。

【球技】　・ネット型では，状況に応じたボール操作や安定した用具の操作と(　①　)した動きによって空間を作りだすなどの攻防を展開すること。

・ベースボール型では，状況に応じた(　②　)操作と走塁での攻撃，安定したボール操作と状況に応じた(　③　)などによって攻防を展開すること。

【武道】　・柔道では，相手の多様な動きに応じた基本動作から，(　④　)や連絡技・変化技を用いて，素早く相手を崩して投げたり，(　⑤　)，返したりするなどの攻防を展開すること。

【器械運動】　・マット運動では，回転系や(　⑥　)の基本的な技を滑らかに安定して行うこと，　～中略～　演技すること。

・鉄棒運動では，(　⑦　)や懸垂系の基本的な技を滑らかに安定して行うこと，　～中略～　演技すること。

・跳び箱運動では，(　⑧　)や回転系の基本的な技を滑らかに安定して行うこと，　～中略～　行うこと。

(☆☆☆☆◎◎◎◎)

【4】次の文は『中学校学習指導要領解説保健体育編(平成29年7月)』に記載されている体育理論の知識についての事項をもとにしたものである。文中の(　①　)～(　⑧　)に適語を入れなさい。

・運動やスポーツには，行うこと，(　①　)，支えること及び知ることなどの(　②　)な関わり方があること。

・世代や機会に応じて，(　③　)にわたって運動やスポーツを楽しむためには，(　④　)に適した(　②　)な楽しみ方を見付けたり，工夫したりすることが大切であること。

・オリンピックや(　⑤　)及び国際的なスポーツ大会などは，国際親善や(　⑥　)に大きな役割を果たしていること。

・スポーツは，民族や(　⑦　)，人種や(　⑧　)，障害の違いなどを超えて人々を結び付けていること。

(☆☆☆◎◎◎◎)

【5】「運動部活動の在り方に関する総合的なガイドライン(平成30年3月：スポーツ庁)」の内容を踏まえ，次の問いに答えなさい。

(1)　あなたが，中学校の運動部顧問を任せられたと仮定し，★の要領に従って，1週間の活動計画を下の表に書きなさい。

★表中における各曜日の活動時間の欄に，時間数を整数で書きなさい。　(例)　2時間の活動の場合…2と数字のみ書く。

★休養日とする場合は，休と書く。

★通常の学期中(試験期間等，特別な期間を除く)の週を想定する。(月曜日～金曜日：授業日，土曜日及び日曜日：週休日)

★天候の影響や活動場所の割当については，考慮しなくてよいものとする。

曜日	月	火	水	木	金	土	日
活動時間							

(2)　校長は，当ガイドラインや学校設置者が策定する方針等に則り，「学校の運動部活動に係る活動方針」を策定することになるが，運動部顧問が作成し，校長に提出する必要があるものを3つ挙げなさい。

(3)　当ガイドラインにおいて，「合理的でかつ効率的・効果的な活動の推進のための取組」として書かれた以下の文中の(　①　)～(　⑧　)に入る適語を下の語群から選び，記号で答えなさい。

運動部顧問は，(　①　)の見地からは，トレーニング効果を得るために(　②　)を適切に取ることが必要であること，また，過度の練習が(　③　)のリスクを高め，必ずしも(　④　)の向上につながらないこと等を正しく理解するとともに，生徒の体力の向上や，(　⑤　)を通じてスポーツに親しむ基礎を培うことができるよう，生徒と(　⑥　)を十分に図り，生徒が(　⑦　)することなく，技能や記録の向上等それぞれの目標を達成できるよう，競技種目の特性等を踏まえた(　⑧　)の積極的な導入等により，(　②　)を適切に取りつつ，短時間で効果が得られる指導を行う。

【語群】

ア　競技力　　イ　水分
ウ　科学的トレーニング　　エ　発達障害
オ　健全な成長　　カ　スポーツ障害・外傷
キ　連絡体制　　ク　休養
ケ　バーンアウト　　コ　食事
サ　コミュニケーション　　シ　スポーツ医・科学
ス　支援　　セ　生涯
ソ　体力・運動能力

(4) 当ガイドラインは，中学校段階の運動部活動を主な対象としているが，高等学校段階の運動部活動についてはどのような取り扱いとなっているか，次の文の(①)，(②)に適切な語句を書き入れなさい。

当ガイドラインを(①)として(②)する

(☆☆☆☆◎◎◎)

【6】健康に関する次の問いに答えなさい。

(1) 一般的に，健康には様々な捉え方があるが，世界保健機関(WHO)の健康の定義について述べた次の文中の(①)～(④)に適語を入れなさい。

健康とは，身体的・(①)・(②)に完全に良好な状態であり，たんに(③)がないこと，あるいは(④)でないことではない。

(2) ヘルスプロモーションとは，人々の健康の保持増進を図る上で重要な考え方であり，学習指導要領の保健領域・保健分野もこの考え方に基づいている。このヘルスプロモーションについて述べた次の文中の(①)～(④)に適語を入れなさい。

ヘルスプロモーションは，(①)年に(②)で開催されたWHOの国際会議で発表された考え方であり，「人々が自らの健康を(③)し，(④)できるようにするプロセス」とされている。

(☆☆☆◎◎◎)

【7】中学校学習指導要領「保健体育」(平成29年告示)及び解説について，次の各文の内容が正しいものには○，正しくないものには×を書きなさい。

① 「体つくり運動」では，従前に「体力を高める運動」として示していたものを，「体の動きを高める運動(第1学年及び第2学年)」，「実生活に生かす運動の計画(第3学年)」として新たに示している。

② 「水泳」では，全ての泳法について水中からのスタートを扱う。

③　「球技」では，「ゴール型」「ネット型」「ベースボール型」の3つの型を，第1学年及び第2学年において取り扱うが，このうち「ベースボール型」については，十分な広さの運動場の確保が難しい場合には取り扱わないことができる。

④　「武道」は，第3学年では必修ではなく，「ダンス」との選択となる。

⑤　「体育理論」は，各学年とも年間7単位時間以上配当することとしている。

⑥　「器械運動」は，「マット運動」「鉄棒運動」「平均台運動」「跳び箱運動」の4種目で構成されるが，第1学年及び第2学年においては，このうち「跳び箱運動」を含む2種目を選択して履修する。

⑦　「陸上競技」では，中学校においては投てき種目は取り扱わない。

⑧　保健分野では，「心身の機能の発達と心の健康」及び「傷害の防止」において，技能の内容を示している。

(☆☆☆☆◎◎◎◎)

【8】次の表は，「全国体力・運動能力，運動習慣等調査」における，福井県の中学校第2学年男子の結果(平均値)である。

種　目	（ ① ）	上体起こし	長座体前屈	（ ③ ）	持久走	５０m走	（ ⑥ ）	ハンドボール投げ
体力要素	筋力	筋力・筋持久力	（ ② ）	敏捷性	（ ④ ）	（ ⑤ ）	瞬発力	巧緻性・瞬発力
H２９年度	30.07kg	29.32回	46.13cm	54.37点	367.22秒	7.83秒	202.46cm	21.85m
H２０年度	30.32kg	28.55回	44.95cm	53.12点	373.75秒	7.93秒	202.44cm	22.30m

※２０mシャトルランは、持久走との選択となるため省略

(1)　表中の(　①　)～(　⑥　)に適語を入れなさい。

(2)　福井県は，平成20年度の全国調査開始以来，体力合計点で全国トップレベル(平成29年度調査においても，小学校第5学年男女，中学校第2学年男女，いずれも全国第1位)を維持してきているが，上の表から読み取ることができる福井県(中学校第2学年男子)の課題を1つ挙げなさい。また，その課題を解決するために，保健体育の授業をはじめとする学校教育活動に取り入れると効果的だと考えられる具体的な手だてを1つ書きなさい。

(☆☆☆◎◎◎◎)

解答・解説

【中高共通】

【1】(1) ① 運動部 ② 継続的 ③ 計画的 ④ 運動の指導 (2) ⑤ 均分 ⑥ 7～10 ⑦ 6 ⑧ 領域 ⑨ 習熟 (3) ⑩ 入学年次 (4) ⑪ 課題解決 ⑫ 競技会 ⑬ 学習ノート ⑭ 段階的 (5) ⑮ 肢体不自由 ⑯ 複数教員 ⑰ 個別指導 ⑱ 配慮

〈解説〉(1)は全体の指導計画を作成するに当たって配慮すべき事項，(2)は「体育」の指導計画を作成するに当たって配慮すべき事項，(3)は「保健」の標準単位数と履修学年を示したものとなっている。(4)，(5)は，いずれも「第4節 その他の総則に関連する事項」からの出題である。(4)は「5 言語活動の充実」，(5)は「6 障害のある生徒の指導における配慮事項」についてである。指導計画は，教科指導の計画はもちろん，学校の教育活動全般との兼ね合いを考慮して立てる必要がある。また，言語活動の充実，障害のある生徒の指導における配慮事項など，現場の指導において必要性の高い事柄についても，熟知しておきたい。なお，今後は，『高等学校学習指導要領解説　保健体育・体育編(平成30年7月)からの出題が予想されるため，改訂のポイント等を押さえておく必要がある。

【2】① 心 ② 体調 ③ 強度 ④ 補助 ⑤ 学習課題 ⑥ 助言 ⑦ 連帯感 ⑧ 体の調子 ⑨ 注意事項 ⑩ 飛び込み ⑪ 勝敗 ⑫ 尊重 ⑬ 健闘 ⑭ 公平性

〈解説〉「学びに向かう力，人間性等についての事項」は，今回の改訂で，育成を目指す資質・能力の3つの柱の1つとして挙げられている(あと2つは「知識及び技能」「思考力・判断力・表現力等」)。今後は，「知識及び技能」「思考力・判断力・表現力等」についても同様の出題が考えられるので，新学習指導要領，及び同解説を熟読して理解を深めておきたい。

【3】① 連携　② バット　③ 守備　④ 得意技　⑤ 抑えたり　⑥ 巧技系　⑦ 支持系　⑧ 切り返し系

〈解説〉各領域において，どのような技能の習得が求められているのか，その理解を問う問題である。今後は，『高等学校学習指導要領解説保健体育・体育編(平成30年7月)』からの出題が予想されるため，学習指導要領の比較対照表をチェックするなどして，理解を深めておきたい。

【4】① 見ること　② 多様　③ 生涯　④ 自己　⑤ パラリンピック　⑥ 世界平和　⑦ 国　⑧ 性

〈解説〉体育理論は，第1学年及び第2学年で「運動やスポーツの多様性」，第3学年で「文化としてのスポーツの意義」を学ぶ。「学習指導要領改訂の趣旨及び要点」では，オリンピック・パラリンピックの意義や価値等の理解についての改善を図ること，「する・みる・支える・知る」といった生涯にわたる豊かなスポーツライフを実現していく資質・能力の育成に向けて，運動やスポーツの価値，文化的意義等を学ぶ体育理論の学習の充実について言及されている。2020年の東京オリンピック・パラリンピックに向け，今後も同様の出題が予想される。体育理論の領域の学習は必須であり，キーワードをノートに書き出すなどして理解を深めておこう。

【5】(1) 解答略 (評価の観点) 曜日…月～金曜日で1日以上，土・日曜日で1日以上の休養日が設定されている　活動時間…上記を満たし，かつ月～金曜日は2時間程度，土・日曜日は3時間程度の活動時間を設定している　(2) 1つ目…年間の活動計画　2つ目…毎月の活動計画　3つ目…毎月の活動実績　(3) ① シ　② ク　③ カ　④ ソ　⑤ セ　⑥ サ　⑦ ケ　⑧ ウ
(4) ① 原則　② 適用

〈解説〉(1)「運動部活動の在り方に関する総合的なガイドライン」は，2018年3月に策定されたばかりだが，新聞・テレビ等のニュースでも取り上げられ，大きな話題となった。同ガイドラインでは，「学期中は，週当たり2日以上の休養日を設ける(平日は少なくとも1日，土曜日及び日曜日は少なくとも1日以上を休養日とする」こと，「1日の活動時間は，長くとも平日では2時間程度，学校の休業日は3時間程度とし，できるだけ短時間に，合理的でかつ効率的・効果的な活動を行う」ことが示されている。部活指導者としては，この内容を踏まえた上で，適切な知識と計画性を持っているかが問われる。学習指導要領だけでなく，このようなガイドラインや手引きにもよく目を通しておくことが必要である。 (2) 校長は，「学校の運動部活動に係る活動方針」の策定に当たっては，上記の基準を踏まえるとともに，学校の設置者が策定した方針に則り，各運動部の休養日及び活動時間等を設定し，公表する。また，各運動部の活動内容を把握し，適宜，指導・是正を行う等，その運用を徹底することが求められている。 (3) 設問文は，「(1)適切な指導の実施」のイに記載されている。指導者は，生徒自らが意欲をもって取り組む姿勢となるよう，雰囲気づくりや心理面での指導の工夫が望まれる。生徒のよいところを見つけて伸ばしていく肯定的な指導，叱ること等を場面に応じて適切に行っていくことが重要であり，指導者の感情によって指導内容や方法が左右されないよう，注意が必要となる。 (4) このガイドラインの基本的な考え方は，学校の種類や学校の設置者の違いに関わらず該当する。よって，高等学校段階の運動部活動についても本ガイドラインを原則として適用し，速やかに改革に取り組むことが求められる。その際，高等学校段階では，各学校において中学校教育の基礎の上に多様な教育が行われている点に留意する必要がある。

【6】(1) ① 精神的 ② 社会的 ③ 病気 ④ 虚弱
(2) ① 1986 ② カナダ ③ コントロール ④ 改善

〈解説〉「健康の定義」や「ヘルスプロモーション」については，高等学校の教科書でも取り上げられている。確実に解答できるようにしておきたい。　(1)　健康については，1946年の世界保健機関(WHO)憲章において定義された。これをもとに，日本WHO協会では，21世紀の市民社会にふさわしい日本語訳を作成している。わかりやすい表現になっているので，よく目を通して理解を深めてほしい。　(2)　ヘルスプロモーションは，1986年オタワ憲章において提唱された。ちなみに，我が国の「健康増進法(2003年)」「健康日本21(2000年)」「健康日本21(第二次，2013年)」は，このヘルスプロモーションの考え方を受け継いだものである。

【7】①　○　　②　○　　③　×　　④　×　　⑤　×　　⑥　×　　⑦　○　　⑧　○

〈解説〉「第1章　総説　2　保健体育科改訂の趣旨及び要点」などを参照し，今回の改訂での変更点等を確認しておくこと。　③　「取り扱わない」のではなく，「指導方法を工夫して行うこと」が示された。　④　「武道」は，第3学年では「ダンス」との選択ではなく，「球技」との選択である。なお，「武道」は，第1学年及び第2学年では必須となっている。　⑤　「体育理論」は，各学年とも「7単位以上」ではなく，「3単位以上」である。　⑥　「器械運動」は，第1学年及び第2学年においては，「跳び箱運動」ではなく，「マット運動を含む2種目を選択して履修する。

【8】(1)　①　握力　　②　柔軟性　　③　反復横とび　　④　全身持久力　　⑤　スピード　　⑥　立ち幅跳び　　(2)　課題…・握力が低下している　　・ハンドボール投げの記録が低下している　から1つ　手だて…・授業の準備運動で，グーパー体操の徹底を図る。　　・体つくり運動で，のぼり綱等を活用した運動を取り入れる。　　・球技のゴール型(ハンドボールなど)で，運動の苦手な生徒にもボールを投げる動きを楽しめるような活動を取り入れる　から1つ。

〈解説〉(1)　「全国体力・速度能力，運動習慣等調査(全国体力テスト)」

のそれぞれの体力要素は，「筋力」「筋力・筋持久力」「柔軟性」「敏捷性」「全身持久力」「スピード」「瞬発力」「巧緻性・瞬発力」である。

(2) 平成29年度の全国体力テストは，スポーツ庁が小学5年と中学2年の全員を対象に，2017年4～7月に実施した。この結果は，2018年2月に公表されたが，福井県公立校の小学5年男女，中学2年男女はいずれも実技合計点で昨年度を上回り，全国１位となった。対象学年の男女すべてが都道府県別でトップとなったのは，2015年度以来，4度目のこと。毎年，全国トップレベルを維持している福井県は，全国の自治体からも注目されている。ただ，平成20年度との比較では，握力が0.25kg，ハンドボール投げが0.45m低下している(いずれも平均値)。なお，「体力の高い学校」では，体力の向上への取組を学校のグランドデザインに明確に位置づけ，教職員がチームとして児童生徒の教育活動に取り入れていることが報告されている。

2018年度　実施問題

【中高共通】

【1】次の文は『高等学校学習指導要領解説保健体育編・体育編(平成21年12月)』の一部である。文中の(　①　)～(　⑦　)の中に適語を入れなさい。

○教科の目標

「(　①　)を一体としてとらえ，健康・安全や運動についての理解と運動の合理的，(　②　)な実践を通して，生涯にわたって豊かな(　③　)を継続する資質や能力を育てるとともに健康の(　④　)のための実践力の育成と体力の向上を図り，明るく豊かで活力ある生活を営む態度を育てる。」

○体育の目標

「運動の合理的，(　②　)な実践を通して，知識を深めるとともに技能を高め，運動の楽しさや(　⑤　)を深く味わうことができるようにし，自己の状況に応じて体力の向上を図る能力を育て，(　⑥　)，協力，(　⑦　)，参画などに対する意欲を高め，健康・安全を確保して，生涯にわたって豊かな(　③　)を継続する資質や能力を育てる。」

(☆☆☆◎◎◎◎◎)

【2】次の文は『高等学校学習指導要領解説保健体育編・体育編(平成21年12月)』の一部である。文中の(　①　)～(　⑨　)の中に適語を入れなさい。

体つくり運動は，(　①　)の運動と(　②　)を高める運動で構成され，
～中略～

中学校では，学校の教育活動全体や(　③　)で生かすことをねらいとして，第1学年及び第2学年は，「体を動かす楽しさや心地よさを味わい，体力を高め，目的に適した運動を身に付け，組み合わせること

ができるようにする」ことを，第3学年は，「体を動かす楽しさや心地よさを味わい，～中略～。

高等学校では，これまでの学習を踏まえて，地域などの(　④　)で生かすことができるようにすることが求められる。

したがって，体を動かす楽しさや心地よさを味わい，体つくり運動の学習に(　⑤　)に取り組み，体力などの違いに配慮し，(　⑥　)に貢献することなどに意欲をもち，健康や安全を確保するとともに，体力の構成要素や体つくり運動の(　③　)への取り入れ方などを理解し，(　⑦　)に応じた運動を継続するための取り組み方を工夫できるようにすることが大切である。

なお，中学校第3学年との(　⑧　)を踏まえ，入学年次においては，これまでの学習の定着を確実に図ることが求められることから，入学年次とその次の年次以降に分けて，学習のねらいを(　⑨　)に示している。

(☆☆☆☆◎◎◎◎◎)

【3】次の文は『中学校学習指導要領解説保健体育編(平成20年9月)』，『高等学校学習指導要領解説保健体育編・体育編(平成21年12月)』の「部活動の意義と留意点等」の一部である。文中の(　①　)～(　⑦　)に適語を入れなさい。

〈運動部の活動〉

運動部の活動は，スポーツに興味と関心をもつ同好の生徒が，より高い水準の技能や記録に挑戦する中で，スポーツの(　①　)や喜びを味わい，豊かな学校生活を経験する活動であるとともに，体力の向上や健康の増進にも極めて効果的な活動である。

したがって，生徒が運動部の活動に積極的に参加できるよう配慮することが大切である。また，生徒の能力等に応じた技能や(　②　)の向上を目指すとともに，互いに協力し合って友情を深めるなど好ましい(　③　)を育てるよう適切な指導を行う必要がある。

運動部の活動は，主として放課後に行われ，特に希望する同好の生徒によって行われる活動であることから，生徒の(　④　)を尊重する必要がある。また，生徒に任せすぎたり，(　⑤　)のみを目指したりした活動にならないよう留意する必要もある。このため，運動部の活動の意義が十分発揮されるよう，生徒の個性の尊重と柔軟な運営に留意したり，生徒の(　⑥　)のとれた生活や成長のためにも休養日や練習時間を適切に設定したりするなど，生徒の能力・(　⑦　)，興味・関心等に応じつつ，健康・安全に留意し適切な活動が行われるよう配慮して指導することが必要である。

(☆☆☆☆◎◎◎◎◎)

【4】次の文は『文部科学省 柔道指導の手引き(三訂版)平成25年3月』に示されている「大外刈り」における事故を防止するための指導のポイントである。文中の(　①　)～(　⑥　)の中に適語を入れなさい。

・受が防御で踏みとどまった場合は，それ以上(　①　)となって倒れ込むことを禁止する。

・右組の場合，取は受の(　②　)に十分崩して技をかけるよう(　③　)練習や(　④　)練習を繰り返して習熟を図る。

・受は無理な防御をしないで潔く(　⑤　)をとるよう指導する。

・受の(　⑥　)を刈り上げることを禁止する。

(☆☆☆☆◎◎◎◎)

【5】オリンピックについて，次の各問いに答えなさい。

(1)　オリンピック東京大会(第18回夏季大会)は，何年(西暦)に開催されたかを答えなさい。

(2)　オリンピックの開催年に同じ都市で開催される，肢体不自由・視覚障害・知的障害の障害者を対象とした，世界最高峰の国際競技大会とは何か答えなさい。

(3)　次の文はオリンピズムの理念について説明したものである。文中の①～②の中に適語を入れなさい。

「スポーツを通じて心身を向上させ，さらに相互理解と(　①　)の精神を養い，(　②　)でよりよい世界の実現に貢献する。」

(☆☆☆◎◎◎◎)

【6】次の文は『中学校学習指導要領解説保健体育編(平成20年9月)』，『高等学校学習指導要領解説保健体育編・体育編(平成21年12月)』に記載されている技能についての事項をもとにしたものである。文中の(　①　)～(　⑩　)に適語を入れなさい。

・【ダンス】「変化のあるひとまとまりの表現にして踊る」とは，表したい(　①　)を変化と起伏(盛り上がり)のある「(　②　)」のひとまとまりの構成で表現して踊ることである。

・【武道(剣道)】「相手の動きの変化に応じた基本動作」とは，相手の動きの変化に応じて行う(　③　)と体さばき，(　④　)の仕方と受け方のことである。

・【陸上競技】短距離走・リレーにおいて「滑らかな動き」とは，(　⑤　)と脚の動きを(　⑥　)させた全身の動きである。

・【球技】「状況に応じたボール操作」とは，コート上の(　⑦　)や味方と相手の動きを見ながら，防御をかわして相手ゴールを攻めたり，～中略～，味方や相手の動きを見ながらボールを(　⑧　)したりすることである。

・【武道(柔道)】「基本となる技」とは，(　⑨　)の基本となる技と(　⑩　)の基本となる技のことである。

(☆☆☆☆◎◎◎◎)

【7】中学校の保健分野について，以下の問いに答えなさい。

(1)　次の図は，「『生きる力』を育む中学校保健教育の手引き(平成26年3月：文部科学省)」における，保健学習の内容の系統性を示した図である。図中の(　①　)～(　④　)に入る適語を下の語群から選び，記号で答えなさい。

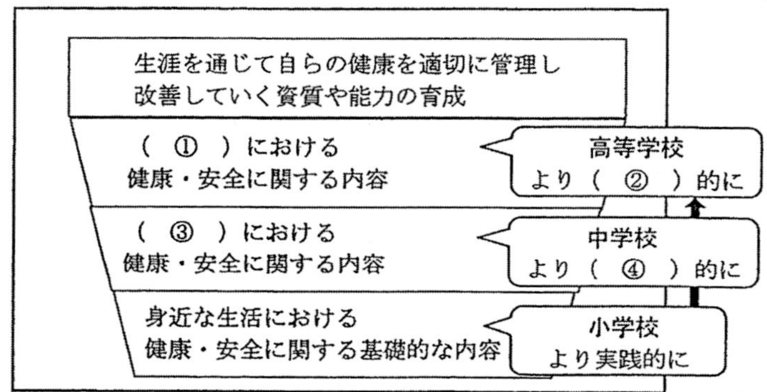

【語群】

ア	能動	イ	総合
ウ	自主	エ	社会
オ	科学	カ	一般
キ	分析	ク	一般的な生活
ケ	共同生活	コ	個人及び社会生活
サ	学校生活	シ	充実した生活
ス	個人生活	セ	学校及び共同生活
ソ	社会生活		

(2)　中学校の保健分野では，各学年で指導される内容のまとまりとして，第1，3学年はそれぞれ1つずつ，第2学年では2つが示されている。各学年で指導される内容のまとまりを，それぞれ正しく答えなさい。

(3)　中学校保健分野の授業時数は，3学年間で何単位時間程度を配当するように定められているか。数字で答えなさい。

(☆☆☆◎◎◎◎)

【8】「平成28年度全国体力・運動能力，運動習慣等調査報告書(スポーツ庁)」で，平成28年度の調査結果の特徴として記された内容について，以下の問いに答えなさい。

(1) 次の文中の(①)～(⑤)に入る適語を下の語群から選び，記号で答えなさい。※①～③は順不同とする

学校質問紙における「学校の体育・保健体育授業について」の項目と体力との関連を分析した。～中略～

学校の体育・保健体育授業に関する質問項目について，体力合計点の全国上位10％の学校の特徴を見ると，「(①)」「(②)」「(③)」などの項目で平均より高い値を示した。～中略～

授業改善の取組については，教員による日々の授業改善の視点だけでなく，(④)を踏まえた(⑤)なども全校的な取組となる重要な授業改善の方策の一つであると言える。

【語群】

ア 技術的な指導を充実させる
イ 生徒の実態
ウ 授業の冒頭で目標を児童生徒に示す
エ 授業中にICTを活用している
オ 学習カードを短時間で書ける内容にする
カ 単元配列等
キ 準備運動を工夫する
ク 授業での助け合い，役割を果たす活動を行う
ケ TTでの指導の充実
コ 体育科年間指導計画の見直し
サ 運動部活動との関連
シ 授業のはじめのランニング

(2) 生徒質問紙において，下記のA～Dの4項目をそれぞれ確実に実施することは，いずれも保健体育の授業の楽しさにつながると報告されている。平成28年度の調査で，本県の中学校第2学年の生徒が肯定的評価(行っている，時々行っている ※Aについては示されてい

る，時々示されている)の回答をした割合について，★に示す要領に従って答えなさい。

★A～Dの項目それぞれについて，男女とも全国平均を上回っている場合は◎，男女どちらか一方のみ全国平均を上回っている場合は△，男女とも全国平均を下回っている場合は×で答えなさい。

A：授業のはじめに授業の目標が示されている

B：授業の最後に振り返る活動を行っている

C：友達と助け合ったり，役割を果たしたりするような活動を行っている

D：友達同士やチームの中で話し合う活動を行っている

(☆☆☆☆◎◎◎)

【9】次の文は，スポーツ庁より平成29年1月6日に出された「平成28年度全国体力・運動能力，運動習慣等調査の結果の取扱い及び活用について(通知)」における「第2の2　運動部活動の適切な運営」の一部である。

(1) 文中の(　①　)～(　⑦　)に当てはまる語句や数値を答えなさい。

適切な休養を伴わない行き過ぎた活動は，教員，生徒ともに，様々な無理や弊害を生むという指摘もあること。このため，「運動部活動の在り方に関する調査研究報告書」(平成(　⑪　)年12月)も踏まえ，「中学校及び高等学校における運動部活動について」(平成(　②　)年1月20日付け文体体第297号文部省体育局長通知)をもって適切な(　③　)や休養日の設定についてお願いしてきたこと。

～中略～

学校の決まりとして設けている部活動の休養日の設定状況は，全国平均で週に(　④　)日の学校が54.2%，週に(　⑤　)日の学校が14.1%，週に(　⑥　)の学校が2.9%，(　⑦　)学校は22.4%であること。

(2) 上記「運動部活動の在り方に関する調査研究報告書」の「運動部における休養日等の設定例」について，下記の(　①　)～(　②　)

に当てはまる数値を答えなさい。

・中学校の運動部では，学期中は週当たり(　①　)日以上の休養日を設定。

・高等学校の運動部では，学期中は週当たり(　②　)日以上の休養日を設定。

(☆☆☆☆◎◎◎)

【10】中学校保健体育の「評価規準の作成，評価方法等の工夫改善のための参考資料(平成23年11月：国立教育政策研究所)」における「評価に関する事例」について，下記の問いに答えなさい。

(1)　体育分野「運動に関する領域」の体つくり運動以外の領域における評価の観点のうち，実際の指導後に一定の学習期間及び評価期間を設ける工夫をすることがある2つの評価の観点を，正しく答えなさい。

(2)　(1)のような工夫をする必要がある理由として，「その獲得等に一定の学習機会が必要となるため。」が挙げられるが，それ以外の理由を1つ，簡潔に書きなさい。

(☆☆☆☆☆◎◎◎)

解答・解説

【中高共通】

【1】①　心と体　②　計画的　③　スポーツライフ　④　保持増進　⑤　喜び　⑥　公正　⑦　責任

〈解説〉高等学校における保健体育の教科目標及び体育の目標に関する問題である。教科目標は，保健体育科の果たすべき役割を総括的に示すとともに，小学校，中学校及び高等学校の教科の一貫性を踏まえ，高等学校としての重点や基本的な指導の方向を示したものである。体育の目標は，保健体育科の目標を受け，これを「体育」としての立場から具体化したものである。小学校，中学校及び高等学校12年間の一貫性を踏まえるとともに，特に中学校第3学年との接続を重視し，高等学校における体育の学習指導の方向を示している。両方とも出題頻度の高い重要項目であるので，学習指導要領及び同解説を相互参照しながら全文を完璧に理解しておきたい。

【2】① 体ほぐし　② 体力　③ 実生活　④ 実社会
⑤ 主体的　⑥ 合意形成　⑦ 自己の課題　⑧ 接続
⑨ 段階的

〈解説〉「高等学校学習指導要領解説　保健体育編・体育編」(平成21年7月)における「第1部　保健体育　第2章　各科目　第1節　体育　3 内容　各領域(各領域に関する内容の取扱い含む)　A 体つくり運動」の解説文からの出題である。「体つくり運動」については，生徒の運動経験，能力，興味，関心等の多様化の現状を踏まえ，体を動かす楽しさや心地よさを味わわせるとともに，健康や体力の状況に応じて自ら体力を高める方法を身に付けさせ，地域などの実社会で生かせるよう指導内容を明確に示している。空欄に正しく語句を補充できるように，学習指導要領解説を熟読しておきたい。

【3】① 楽しさ　② 記録　③ 人間関係　④ 自主性
⑤ 勝つこと　⑥ バランス　⑦ 適性

〈解説〉「高等学校学習指導要領解説　保健体育編・体育編」における「第1部　保健体育　第3章　各科目にわたる指導計画の作成と内容の取扱い　第3節　部活動の意義と留意点等(第1章総則第5款の5(13))〈運動部の活動〉」及び，「中学校学習指導要領解説　保健体育編」における「第3 章 指導計画の作成と内容の取扱い　3 部活動の意義と留意点等(第1章総則第4の2(13))〈運動部の活動〉」からの出題である。運動部の活動については出題頻度が高いので，正しく理解しておくようにする。問題文の上の段落は中学校の解説文，下の段落は高等学校の解説文である。これらは次に示す(13)項の解説文であり，中学校・高等学校ともに次のように示されている。「(13)生徒の自主的，自発的な参加により行われる部活動については，スポーツや文化及び科学等に親しませ，学習意欲の向上や責任感，連帯感の涵養等に資するものであり，学校教育の一環として教育課程との関連が図られるように留意すること。その際，地域や学校の実態に応じ，地域の人々の協力，社会教育施設や社会教育関係団体等の各種団体との連携などの運営上の工夫を行うようにすること」。

【4】① 同体　② 右後ろ隅　③ かかり　④ 約束　⑤ 受け身　⑥ 両脚

〈解説〉学校教育実技指導資料第2集「柔道指導の手引(三訂版)」(平成25年3月，文部科学省)の「資料1　柔道の授業の安全な実施に向けて」における表「学習指導要領に例示されている投げ技と安全指導のポイント」の「大外刈り」の項から出題されている。大外刈りのほかに，体落とし，大腰，膝車，支え釣り込み足，小内刈りの投げ技における事故を防止するための指導のポイントも示されているので，必ず学習しておくようにする。

【5】(1) 1964年　(2) パラリンピック　(3) ① 友好　② 平和

〈解説〉2020年夏季オリンピック・パラリンピックが東京で開催されることを受けて，オリンピックに関連する問題の出題が目立ってきている。オリンピックに関する知識や情報に注目しておくことが大切である。

【6】① イメージ　② はじめ－なか－おわり　③ 構え　④ 基本打突　⑤ 腕振り　⑥ 調和　⑦ 空間　⑧ キープ　⑨ 投げ技　⑩ 固め技

〈解説〉【ダンス】の項は，「中学校学習指導要領解説　保健体育編」(平成20年7月)における「第2章　保健体育科の目標及び内容　第2節　各分野の目標及び内容　Gダンス　[第1学年及び第2学年]　1　技能　(1)創作ダンス」の解説文からの出題である。　【武道(剣道)】の項は，同解説同章同節の「F 武道　[第3学年]　1 技能　(2)剣道」の解説文からの出題である。　【陸上競技】の項は，同解説同章同節の「C 陸上競技　[第1学年及び第2学年]　1　技能　(1)短距離走・リレー」の解説文からの出題である。　【球技】の項は，「高等学校学習指導要領解説　保健体育編・体育編」(平成21年7月)の「第1部　保健体育　第2章　各科目　第1節　体育　3 内容　各領域(各領域に関する内容の取扱い含む)　E球技　1技能　ア　ゴール型」における「その次の年次以降」の「ボール操作」の項からの出題である。　【武道(柔道)】の項は，「中学校学習指導要領解説　保健体育編」における「第2章　保健体育科の目標及び内容　第2節　各分野の目標及び内容　F武道 [第1学年及び第2 学年] 1 技能　(1)柔道」の解説文からの出題である。

【7】(1)　①　コ　　②　イ　　③　ス　　④　オ　　(2)　第1学年…心身の機能の発達と心の健康　第3学年…健康な生活と疾病の予防　第2学年…・健康と環境　　・傷害の防止　　(3)　48単位時間程度

〈解説〉中学校の保健体育科保健分野の目標は，「個人生活における健康・安全に関する理解を通して，生涯を通じて自らの健康を適切に管理し，改善していく資質や能力を育てる」と設定されている。また，中学校の特徴として「個人生活」及び「科学的に理解する」ことが挙げられる。各学年で指導される内容のまとまりは，「第1学年：(1)心身の機能の発達と心の健康」「第2学年：(2)健康と環境，(3)障害の防止」「第3学年：(4)健康な生活と疾病の予防」である。なお，高等学校保健体育科科目「保健」の目標は，「個人及び社会生活における健康・安全について理解を深めるようにし，生涯を通じて自らの健康を適切に管理し，改善していく資質や能力を育てる」と設定されている。また，高等学校の特徴として「個人及び社会生活」及び「総合的に理解する」が挙げられる。保健体育科目「保健」は，原則として入学年次及びその次の年次の2か年にわたる履修となっているが，内容のまとまりは，

「(1)現代社会と健康，(2)生涯を通じる健康，(3)社会生活と健康」である。

【8】(1) ① ウ ② ク ③ エ ④ カ ⑤ コ
(2) A × B × C × D ×

〈解説〉(1) 本問は，「平成28年度全国体力・運動能力，運動習慣等調査報告(スポーツ庁)」の「第2章　分析結果と取組事例　テーマ1　授業改善で子供の体力や意識の向上において成果が見られた児童生徒の特徴・学校の取組」の分析結果のまとめから出題されている。報告書には必ず目を通しておくこと。 (2) 福井県においてはA～Dのすべてにおいて全国平均を下回る結果が出た。

【9】(1) ① 9 ② 10 ③ 練習時間 ④ 1 ⑤ 2
⑥ 3日以上 ⑦ 設けていない (2) ① 2 ② 1

〈解説〉スポーツ庁より出された「平成28年度全国体力・運動能力，運動習慣等調査の結果の取扱い及び活用について(通知)」(平成29年1月6日)から出題されている。通知文に記載されている文言や数値は正しく覚えておきたい。また，問題文中の「運動部活動の在り方に関する調査研究報告書」(平成9年12月)にも目を通しておきたい。運動部活動の意義の実現ということを考えれば，少ない活動日数・活動時間数が望ましいとも言えないものの，スポーツ障害やバーンアウトの予防の観点，行き過ぎた活動は望ましくなく，適切な休養日等が確保されることは必要なことである。

【10】(1) ・運動への関心・意欲・態度 ・運動の技能 (2) 主に観察評価によって評価を行うため。

〈解説〉「運動への関心・意欲・態度」は，学習指導要領解説に愛好的態度，公正，協力，責任，参画，健康・安全に対する体育固有の指導内容が示されているので，まず，これらの意欲を育むための知識について理解させることが大切である。「運動の技能」は，身体表現や瞬時の判断を含む動きとして，評価規準を設定することが大切である。この2つの観点における評価は，態度の育成や技能の獲得等に一定の学習機会が必要となること，主に，観察評価によって評価を行うことから，事例では，指導後に一定の学習期間及び評価期間を設ける工夫をしている。

2017年度　実施問題

【中高共通】

【1】次の文は『高等学校学習指導要領解説保健体育編・体育編(平成21年12月)』の一部である。文中の(　①　)～(　⑳　)の中に適語を入れなさい。※①～④，⑨～⑪，⑭～⑯は順不同とする

B　器械運動は，(　①　)運動，(　②　)運動，(　③　)運動，(　④　)運動で構成され，器械の特性に応じて多くの「技」がある。中学校では，技がよりよくできることや(　⑤　)で演技することをねらいとして学習している。高等学校では，これまでの学習を踏まえて，「(　⑤　)を高めて，演技すること」ができるようにすることが求められる。したがって，技がよりよくできる楽しさや喜びを深く味わい，器械運動の学習に主体的に取り組み，(　⑥　)を積極的に引き受け自己の責任を果たすことなどに意欲をもち，(　⑦　)や安全を確保するとともに，新たに挑戦する技の(　⑧　)や行い方，課題解決の方法などを理解し，自己や仲間の課題に応じた運動を継続するための取り組み方を工夫できるようにすることが大切である。

C　陸上競技は，「(　⑨　)」「(　⑩　)」「(　⑪　)」などの運動で構成され，(　⑫　)に挑戦したり，相手と競争したりする楽しさや喜びを味わうことのできる運動である。中学校では，陸上競技に求められる基本的な動きや効率のよい動きを発展させて，(　⑬　)を身につけることができるようにすることをねらいとして学習している。高等学校では，これまでの学習を踏まえて，「(　⑬　)を高めること」ができるようにすることが求められる。

G　ダンスは，「(　⑭　)」「(　⑮　)」「(　⑯　)」で構成され，イメージをとらえた表現や踊りを通した交流を通して仲間との(　⑰　)を豊かにすることを重視する運動で，仲間とともに感じを込めて踊ったり，イメージをとらえて自己を表現したりすることに楽しさや喜

びを味わうことのできる運動である。中学校では，イメージをとらえたり深めたりする表現，(　⑱　)されてきた踊り，リズムに乗って全身で踊ることや，これらの踊りを通した交流や発表ができるようにすることをねらいとして学習している。高等学校では，これまでの学習を踏まえて，「感じを込めて踊ったり，仲間と(　⑲　)に踊ったりする楽しさや喜びを味わい，それぞれ(　⑳　)の表現や踊りを高めて交流や発表ができるようにする」ことが求められる。

(☆☆☆☆◎◎◎◎◎)

【2】次の文は，『中学校学習指導要領解説保健体育編(平成20年9月)』の各領域における第3学年の技能および思考・判断の例示について記載されている事項をもとにしたものである。下線部の内容が正しければ○を，間違いがあればその部分を正しく修正し，書きなさい。

(1)　体つくり運動の思考・判断について

ねらいや体力の程度に応じて強度，①時間，回数，②休息を設定していること。仲間と学習する場面で，体力の違いに配慮した③指示の仕方などを見付けること。実生活で継続しやすい④運動例を選ぶこと。

(2)　球技の技能について

ゴール型：守備者とボールの間に自分の⑤足を入れてボールをキープすること。ゴール前に広い空間を作り出すために，守備者を引きつけて⑥ゴールに近づくこと。ゴールと⑦ボール保持者を結んだ直線上で守ること。

ネット型：攻撃につなげるための次のプレイをしやすい⑧速さと位置にボールを上げること。ラリーの中で，味方の動きに合わせてコート上の空いている場所を⑨サポートすること。

ベースボール型：味方からの送球を受けるために，走者の⑩進む後の塁に動くこと。打球や走者の位置に応じて⑪中継プレイに備える動きをすること。⑫打球に応じて，ダブルプレイに備える動きをすること。

(3) 柔道の技能について

投げ技：取は前回りさばきから⑬一本背負いをかけて投げ，受は前回り受け身をとること。

固め技の連絡：取は相手の動きの変化に応じながら，⑭けさ固め，⑮横固め，⑯上片方固めの連絡を行うこと。

(☆☆☆☆◎◎◎◎◎)

【3】球技について，次の(1)～(6)の問いに答えなさい。

(1) バスケットボールにおいて，ゴール下に切り込むように走り，パスを受けてシュートするプレイの名称を答えなさい。

(2) ハンドボールにおいて，相手チームの防御者がポジションについて守っているとき，パスを回しながら攻める攻撃法の名称を答えなさい。

(3) サッカーにおける，3－5－2システムでの戦術の特徴について，以下の(　　)内に適当な語句を書きなさい。

(　①　)を厚くし，その中に2人の中心プレイヤー(　②　)を置き，(　③　)で優位に立とうとするシステム。

(4) 卓球における，サービスと3球目攻撃の約束練習について，以下の(　　)内に適当な語句を書きなさい。

サービスと(　①　)のコースを決めておき，3球目をスマッシュする約束練習で，例えばバックハンドの横回転サービスで，(　②　)ボールを(　③　)側に浮かせて，飛びついてスマッシュする。

(5) バドミントンにおける，オーバーヘッドストロークでシャトルが遠くに飛ばない生徒に対するアドバイスの例について，以下の(　　)内に適当な語句を書きなさい。

(　①　)が前過ぎる場合は，シャトルやタオルをつるし，(　②　)を確かめながら(　③　)をしてみよう。

(6) ソフトボールにおいて，走者が3塁にいて確実に1点が欲しいとき，バントで3塁走者をホームインさせるプレイの名称を答えなさい。また，それに対応する守備の動きについて，以下の(　　)内に適当な語句を書きなさい。

投手と(　　　)塁手は前進してバックホーム。2塁手は1塁を，(　　　)手は3塁をベースカバーする。

(☆☆☆☆◎◎◎◎◎)

【4】次の文は，環境省『熱中症環境保健マニュアル2014』の記載事項をもとにしたものである。運動時の熱中症を予防するための指導について，次の(　　)内に適当な語句を書きなさい。

日本体育協会では，熱中症予防のための目安として運動指針を示している。WBGT(　①　)℃～(　②　)℃までは，厳重警戒とし，激運動(　③　)は避ける。積極的に休息をとり，(　④　)補給する。体力のない者，暑さに慣れていない者は運動中止。

(☆☆☆☆◎◎◎◎)

【5】次の文は，文部科学省「薬物乱用防止教育の充実について(通知)平成20年9月17日」の記載事項をもとにしたものである。青少年の薬物乱用防止に関するより一層の指導の徹底について，次の(　　)内に適当な語句を書きなさい。

すべての中学校及び高等学校において，年に(　①　)回は「(　②　)教室」を開催するとともに，地域の実情に応じて小学校においても「(　③　)教室」の開催に努め，(　④　)職員，麻薬取締官OB，学校(　⑤　)師等の協力を得つつ，その指導の一層の充実を図ること。

(☆☆☆☆◎◎◎◎◎)

【6】次のことに関連した内容について簡潔に説明した下の文中の(　　)に入る語句をあとの語群から選んで答えなさい。

(1)　ロコモティブシンドローム

(　①　)の(　②　)や障害によって，(　③　)になるリスクが

(④)状態のこと。

(2) エピペン

(①)があらわれたときに使用し，医師の治療を受けるまでの間，症状の(②)を一時的に(③)し，(④)を防ぐための補助治療剤 ((⑤)自己注射薬)。

(3) 薬害

薬害の原因には，(①)自体の問題と，薬の(②)の不適切さなどがある。近年も薬害(③)が問題化している

要保健，成長，緩和，飲み合わせ，障害，要介護，リスク，高まる，薬剤，低くなる，進行，一時的，継続的，運動器，アドレナリン，衰え，促進，循環器，ショック，ドーパミン，インスリン，組合せ，肝炎，肺炎，アナフィラキシー

(☆☆☆☆◎◎◎◎)

【7】学校体育実技指導資料 第4集「水泳指導の手引(三訂版)」に記載されている内容について，次の問いに答えなさい。

(1) 水泳系の学習は「水の中で運動する」という点で，陸上における各種の運動と違う点を理解することが重要であるため，水の物理的特性として「①浮力」「②抵抗」「③水圧」の3つが示されている。それぞれが，主に水中でどう影響するかを，下記のA～Eから一つずつ選び，記号で答えなさい。

A 主に水中で身体を進める力に関する運動に影響する。 B 主に水中での呼吸に影響する。 C 主に水中での持久力に関する運動に影響する。 D 主に水中で体内の脂肪の燃焼に影響する。 E 主に水中での身体バランスに関する運動に影響する。

(2) 次の文は，中学校第1学年及び第2学年における泳法についての例示の一部である。文中の①～④の下線部の語句が正しければ○を，間違いがあればその部分を正しく修正し，書きなさい。

【クロール】水中で肘を①60～90度程度に曲げて，S字を描くように水をかくこと。
【平泳ぎ】水中で手のひらが②胸より前で，両手で逆ハート型を描くように水をかくこと。
【背泳ぎ】呼吸は，③ローリングとキックの動作に合わせて行うこと。
【バタフライ】④ビート板を用いて，ドルフィンキックをすること。

(☆☆☆☆◎◎◎◎)

【8】「平成27年度全国体力・運動能力，運動習慣等調査報告書(スポーツ庁)」で，中学校の調査結果の特徴として記された内容について，以下の問いに答えなさい。

(1) 次の文中の①～③に入る適語を下の語群から選び，記号で答えなさい。※順不同とする

「保健体育の授業は楽しいですか」という質問に対して，中学校男子では「楽しい」と回答した生徒ほど，(　①　)，(　②　)，(　③　)と感じている割合が高く，学習している内容は将来に役に立つと思っている割合も高い。小学校男女，中学校女子でも同様の傾向であった。

【語群】

ア　ふだんの授業の始めに目標が示されている
イ　先生に認められている
ウ　友達に認められている
エ　授業の最後に学んだことを振り返る活動を行っている
オ　ゲーム形式の内容を十分に行っている
カ　基本的な動きの練習を繰り返し行っている
キ　友達と助け合ったり，話し合ったりするような活動を行っている

(2) 次の文は「『ボール投げ』を向上させるための学校の取組」についての記述である。文中の(　①　)～(　⑦　)に入る語句をあとの語群から選び，記号で答えなさい。※④～⑥は順不同とする

「ボール投げ」上位校では，(　①　)や投げる(　②　)など，投力との関係が強いと考えられる種目だけでなく，全ての実技種目においても，全国平均を上回っていることがわかった。また，「(　③　)が60分未満」の児童生徒の割合が少なく，「運動が好き」な児童生徒の割合が高いなどの特徴もみられた。～中略～

投力の向上には，ボールを使った運動だけでなく，日頃から様々な運動や動きの取組が重要であると考えられる。「ボール投げ」に必要な(　④　)や(　⑤　)，(　⑥　)などを総合的に身に付けるとともに，(　⑦　)体つくりが行われることで，投力，(　①　)，ひいては体力の向上につながるものと考えられる。

【語群】

ア　反復横跳び　　イ　回数
ウ　体の使い方　　エ　上体起こし
オ　1ヶ月の総運動時間　　カ　筋持久力
キ　50m走　　ク　瞬発力
ケ　強靱な　　コ　1週間の総運動時間
サ　全身持久力　　シ　習慣
ス　調整力　　セ　科学的な
ソ　握力　　タ　バランスの良い
チ　1日の総運動時間　　ツ　手段

(☆☆☆☆◎◎◎◎◎)

【9】「運動部活動での指導のガイドライン(平成25年5月：文部科学省)」において，次の(1)～(5)のうち，運動部活動での指導において想定されるものとして例示されているものには○を，体罰等の許されない指導と考えられるものとして例示されているものには×をつけなさい。

(1)　生徒が顧問の教員の指導に反抗して教員の足を蹴ったため，生徒の背後に回り，体をきつく押さえる。

(2)　練習中に，危険な行為を行い，当該生徒又は関係の生徒に危害が及ぶ可能性があることから，別の場所で指導するため，別の場所に移るように指導したが従わないため，生徒の腕を引っ張って移動させる。

(3)　長時間にわたっての無意味な正座・直立等特定の姿勢の保持や反復行為をさせる。

(4)　試合中に相手チームの選手とトラブルとなり，殴りかかろうとする生徒を押さえ付けて制止させる。

(5)　熱中症の発症が予見され得る状況下で水を飲ませずに長時間ランニングをさせる。

(☆☆☆☆◎◎◎◎◎)

【10】「体つくり運動」について，以下の問いに答えなさい。

(1)　「体つくり運動」は，中学校・高等学校いずれもすべての学年(年次)で学習することになっている。各学年(年次)で何単位時間配当することになっているか，中学校，高等学校それぞれについて書きなさい。

(2)　「体力を高める運動」として示されている運動は，「力強い動きを高める運動」の他に何があるか。現行の学習指導要領に記載されている言葉を用いて3つ答えなさい。※順不同とする

(3)　現行の「評価規準の作成，評価方法等の工夫改善のための参考資料(国立教育政策研究所)」では，「体つくり運動」の評価の観点は，「運動の技能」を除く3つの観点で設定されている。「運動の技能」の評価規準が設定されていない主な理由を，「体ほぐしの運動」と「体力を高める運動」の，それぞれについて書きなさい。

(☆☆☆☆◎◎◎◎◎)

解答・解説

【中高共通】

【1】① マット ② 鉄棒 ③ 平均台 ④ 跳び箱 ⑤ 自己に適した技 ⑥ 役割 ⑦ 健康 ⑧ 名称 ⑨ 走る ⑩ 跳ぶ ⑪ 投げる ⑫ 記録 ⑬ 各種目特有の技能 ⑭ 創作ダンス ⑮ フォークダンス ⑯ 現代的なリズムのダンス ⑰ コミュニケーション ⑱ 伝承 ⑲ 自由 ⑳ 特有

〈解説〉現行の学習指導要領(小・中学校平成20年3月告示，高等学校平成21年3月告示)では，小学校体育科，中学校保健体育科，高等学校保健体育科・体育科の指導の一貫性・継続性を重視しており，特に運動領域について，高等学校入学年次では中学校第3学年との接続を踏まえた指導によって，それまでの学習の定着を確実に図ることが求められる。このため，中学校保健体育科と高等学校保健体育科では指導項目名が共通しているものも多い。特定の校種の学習指導要領・同解説に焦点を当てて暗記するのではなく，全体の構成の中で体系的に理解しておきたい。

【2】① ○ ② 頻度 ③ 補助 ④ ○ ⑤ 体(身体) ⑥ ゴールから離れる ⑦ ○ ⑧ 高さ ⑨ カバー ⑩ 進む先 ⑪ ○ ⑫ ポジション ⑬ 背負い投げ ⑭ ○ ⑮ 横四方固め ⑯ 上四方固め

〈解説〉(1) 出題の解説では体つくり運動の思考・判断について取り上げたものの他，「体ほぐしのねらいを踏まえて，自己の課題に応じた活動を選ぶこと」，「自己の責任を果たす場面で，ねらいに応じた活動の仕方を見付けること」もあげられている。 (2) 第1学年及び第2学年における指導を踏まえ，第3学年の球技では仲間と連携することや，空間を有効に使うことがより重視される。 (3) ⑬について，出題の解説において下線部以外の記述が一致することから，「払い腰」も許容されると考えられる。ただし，同様に前後の記述が一致するものの第1学年及び第2学年の投げ技の例示である「大腰」は不可となる。

【3】(1)　カットインプレイ　(2)　セットオフェンス(遅攻)
(3)　①　ミッドフィールド(中盤)　②　ボランチ(守備的ミッドフィールダー)　③　ミッドフィールド(中盤)　(4)　①　レシーブ　②　レシーブ　③　フォア　(5)　①　打点　②　打点　③　素振り　(6)　名称…スクイズ　守備の動き…1・3，遊撃

〈解説〉(1)　カットインプレイは，スピードとフェイントで相手を切り離し，ゴール方向に切り込んで攻める攻撃である。　(2)　セットオフェンスでは，パスやドリブルをうまく組み合わせ，防御側のすきをついて攻撃する。　(3)　サッカーの戦略(システム)は，後方(味方ゴール側)からディフェンダー(DF)－ミッドフィルダー(MF)－フォワード(FW)の順にその配置される人数により呼称される。一般的に4－4－2が基本的なシステムとされるので，3－5－2システムはミッドフィルダーを厚くしていることがわかる。　(4)　問題文は，サービス後のリターンボールを待ち構え，攻撃をしかける戦法を約束練習で実践するものである。　(5)　オーバーヘッドストロークの練習で，ラケットでシャトルを打つタイミングを指導する方法を問うたものである。指導の細部については，フォアハンドかバックハンドかによっても異なってくるだろう。　(6)　アウトカウントが二死でなければ，当然3塁走者を本塁に生還させるためにスクイズ戦法を用いる。そのため守備側は，投手と1・3塁手は，3塁走者がホーム生還を阻止する動きをする。一方，1・3塁手が前進するため2塁手は1塁，遊撃手は3塁のベースカバーをする必要がある。

【4】①　28　②　31　③　持久走　④　水分

〈解説〉出題のマニュアルでは，WBGT31℃以上は原則運動中止，28℃～31℃は厳重警戒，25℃～28℃は警戒，21℃～25℃は注意で，21℃を下

回るとほぼ安全としている。厳重警戒の場合は，激しい運動や持久走など体温が上昇しやすい運動は避ける。運動をする場合には，頻繁に休息をとり水分・塩分の補給を行うこととしている。

【5】① 1　② 薬物乱用防止　③ 薬物乱用防止　④ 警察　⑤ 薬剤

〈解説〉出題の通知は，「薬物乱用防止五か年戦略(平成10年5月26日薬物乱用対策推進本部決定)及び薬物乱用防止新五か年戦略(平成15年7月29日薬物乱用対策推進本部決定)を踏まえ，青少年の覚せい剤等の薬物乱用防止に関する指導のより一層の徹底を図る」ことを目的としている。また，薬物乱用防止教育は，体育科や保健体育科を含む健康に関する指導を行う教科等をはじめとして「学校の教育活動全体を通じて指導すること」が示されている。薬物乱用防止教育に関しては，最新の「第四次薬物乱用防止五か年戦略(平成25年8月7日薬物乱用対策推進会議決定)」にも合わせて目を通しておきたい。

【6】(1) ① 運動器　② 衰え　③ 要介護　④ 高まる　(2) ① アナフィラキシー　② 進行　③ 緩和　④ ショック　⑤ アドレナリン　(3) ① 薬剤　② 飲み合わせ　③ 肝炎

〈解説〉(1) 運動器が衰え，暮らしの中の自立度が低下した状態から，やがて運動器が十分に機能しなくなるなどの障害から要介護になるリスクが高まる。　(2) 薬物の注射は法的には医師のみに認められる医行為にあたるが，アナフィラキシーが進行し自ら注射できない状況にある児童生徒自身に代わって教職員がエピペンを注射することは，人命救助のための行為であり反復継続する意図がないものと認められるため，医師法違反にはならないと考えられる。　(3) 薬害肝炎は，特定フィブリノゲン製剤および特定血液凝固第Ⅸ因子製剤の投与を受けたことによりC型肝炎ウイルスへの感染が発生したことである。薬害エイズと同じく非加熱製剤が原因であり，薬剤自体の問題から生じた薬害である。

【7】(1)　①　E　②　A　③　B　(2)　①　○　②　肩
③　プル　④　○

〈解説〉(1)　①　出題の手引きによると，浮力は「体を浮かせることや沈むことの力学的知識(中略)の位置関係が重要」とされる。　②　出題の手引きによると，抵抗は「推進力を生み出すために必要な体の姿勢の維持，特に抵抗を少なくした流線型の姿勢(中略)について理解することが重要」とされる。　③　出題の手引きによると，水圧は「水中での呼吸は僅かでも水圧の影響を受けるので，腹式呼吸法による正確な息継ぎを習得することが重要」とされる。　(2)　いずれの記述も『中学校学習指導要領解説保健体育編(平成20年9月)』における第1学年及び第2学年の各泳法の例示の一部である。第1学年及び第2学年での学習を踏まえ，第3学年では記録の向上を図っていく。

【8】(1)　①　ア　②　エ　③　キ　(2)　①　ソ　②　シ
③　コ　④　ク　⑤　ス　⑥　ウ　⑦　タ

〈解説〉(1)「保健体育の授業は楽しい」と感じている児童生徒ほど，保健体育の授業への積極的姿勢が見られる。　(2)　小・中学校の男女では握力およびハンドボール投げ(小学校においてはソフトボール投げ)の値が平成20年度の調査開始以降低下傾向が続いており，今後の課題として見出される。

【9】(1)　○　(2)　○　(3)　×　(4)　○　(5)　×

〈解説〉出題のガイドラインは公表以来出題頻度の非常に高い資料なので，確認しておくことが望ましい。この中に「運動部活動での指導の充実のために必要と考えられる7つの事項」があり，「肉体的，精神的な負荷や厳しい指導と体罰等の許されない指導とをしっかり区別しましょう」という項目で「指導者は，具体的な許されない発言や行為についての共通認識をもつことが必要です」と指摘した上でその例を示している。

【10】(1)　中学校…各学年で7単位時間以上　　高等学校…各年次で7～10単位時間程度　　(2)　・体の柔らかさを高めるための運動　　・巧みな動きを高めるための運動　　・動きを持続する能力を高めるための運動　　(3)　・体ほぐしの運動は，技能の習得・向上を直接のねらいとするものではないため。　　・体力を高める運動は，運動の計画を立てることが主な目的となるため。

〈解説〉(1)　両校種で配当授業時数が定められている理由について，両校種の学習指導要領解説では，「指導内容の定着がより一層図られる」ためとしている。　(2)　『中学校学習指導要領(平成20年3月)』には「イ　体力を高める運動では，ねらいに応じて，体の柔らかさ，巧みな動き，力強い動き，動きを持続する能力を高めるための運動を行うとともに，それらを組み合わせて運動の計画に取り組むこと」と記されている。　(3)　両校種の学習指導要領解説では，「体つくり運動」の領域は他の運動領域のように「系統的な技能や動きを例示することが適さないため」(中学校学習指導要領解説保健体育編)，あるいは「それぞれが特定の技能を示すものではないこと」(高等学校学習指導要領解説保健体育編・体育編)から，「技能」ではなく「運動」として示すとしている。そして，系統的な技能や動きの例示の代わりに，「体つくり運動のねらいに基づいた「行い方の例」や「運動の計画と実践の例」」を示している。出題の資料における評価規準の設定理由もこれらの記述に準じたものとなっている。

2016年度　実施問題

【中高共通】

【1】次の文は『高等学校学習指導要領解説保健体育編・体育編(平成21年12月)』の一部である。文中の(　①　)～(　⑳　)の中に適語を入れなさい。

E　球技は，(　①　)型，(　②　)型及び(　③　)型などから構成され，個人やチームの能力に応じた(　④　)を立て，集団対集団，個人対個人で(　⑤　)を競うことに楽しさや喜びを味わうことができる運動である。高等学校では，これまでの学習を踏まえて，「(　④　)や状況に応じた技能や仲間と連携した動きを高めてゲームが展開できるようにする」ことが求められる。したがって，(　⑤　)を競う楽しさや喜びを深く味わうとともに，球技の学習に主体的に取り組み，(　⑥　)なプレイを大切にすることや仲間を尊重し，(　⑦　)に貢献することなどに意欲をもち，健康や(　⑧　)を確保するとともに，技術などの(　⑨　)や行い方，(　⑩　)の方法などを理解し，チームや自己の課題に応じた運動を継続するための取り組み方を工夫できるようにすることが大切である。

F　武道は，武技，(　⑪　)などから発生した我が国(　⑫　)であり，相手の動きに応じて，基本動作や基本となる技を身に付け，相手を(　⑬　)したり相手の技を(　⑭　)したりすることによって，(　⑤　)を競い合う楽しさや喜びを味わうことのできる運動である。高等学校では，これまでの学習を踏まえて，「(　⑮　)を用いた攻防が展開できるようにする」ことが求められる。

H　体育理論の内容は，高等学校期における運動やスポーツの合理的，計画的な実践や生涯にわたる豊かなスポーツライフを送る上で必要となるスポーツに関する(　⑯　)等を中心に，スポーツの(　⑰　)，(　⑱　)特性や現代のスポーツの特徴，運動やスポーツの効果的な学習の仕方，豊かなスポーツライフの(　⑲　)の仕方で構成されている。なお，運動に関する領域との関連で指導することが効果的な内容については，各運動に関する領域の「(3)知識，(　⑳　)」で扱うこととしている。

(☆☆☆◎◎◎◎◎)

【2】高等学校入学年次の「体つくり運動」の評価規準の3つの観点の設定について，下の(　　)内に適当な語句を書きなさい。

ア「関心・意欲・態度」，イ「思考・判断」，ウ「知識・理解」

ア　体力の違いに配慮しようとしている。自己の(　①　)を果たそうとしている。互いに助け合い(　②　)としている。

イ　ねらいや体力の程度に応じて，適切な運動の種類，(　③　)，量，(　④　)を設定している。仲間と学習する場面で，体力の違いに配慮した(　⑤　)の仕方などを見付けている。

ウ　運動を安全に行う上で必要となる体の(　⑥　)について，理解したことを言ったり書き出したりしている。運動の(　⑦　)があることについて，理解したことを言ったり書き出したりしている。

(☆☆☆☆◎◎◎◎)

【3】次の文は，文部科学省『器械運動指導の手引　平成27年3月』の技の指導の要点についての記載事項をもとにしたものである。それぞれの内容が正しければ○印を，間違いがあればその部分を正しく修正しなさい。

(1)　跳び箱運動での開脚跳びについて

・手，腕の操作は初期の「支えて体を①前移動」から，次第に「突き放し，切り返し」が行えるように指導することが大切です。

・開脚跳びで②近くへ着地したり，③第一空中局面(着手してから着地までの空中局面)で一定の高さのゴムひもを越えるなど，手の突き放しが現れるような課題を設定します。

・着手位置を④少し遠くにしたり，少し腰の位置を高くして着手しても，上体を⑤起こすようにして，切り返しを伴う手の突き放しを身に付けるようにします。

・足で強く踏み切って，手で強く突き放して明確に切り返す「⑥小さな開脚跳び」を行います。

(2) 鉄棒運動での後方支持回転について

・後方支持回転で回転の勢いを得るためには，①前振り跳び上がりでの振動が有効です。高く・②近くに着地するように後方に目標物を置く等の工夫がほしいものです。

・また，振動で③腰が鉄棒の前にくるまで支持の姿勢を維持すること，回転中は常にあごを④上げるようにしておくことが大切になります。

・初歩の段階では，仲間の補助や補助具(チューブや帯等)で⑤足が鉄棒から離れないように固定することにより，⑥回転に慣れていくことも大切です。

(☆☆☆☆◎◎◎)

【4】次の文は，文部科学省『水泳指導の手引(三訂版)　平成26年3月』の記載事項をもとにしたものである。水泳時にどのような原因でどのような事故が想定されるか，またその事故を防止するための指導について(　　)内に適当な語句を書きなさい。

(1) スタートの指導での留意点について

水泳プールの事故には，スタート時に，(　①　)に(　②　)く入水し，水底に頭部を打ち付けて死亡等の事故が起きています。スタートの指導は個人の能力に応じた段階的な取扱いを重視し，指導者の指示に従って実施すること，(　③　)や水底の安全を確かめ入水(　④　)に注意することなど，安全に配慮した指導が大切です。なお，小・中学校では，水中からのスタートのみを指導し，授業での(　⑤　)によるスタート指導は行いません。

(2) 意識喪失について

潜水(素潜り)時の事故の原因の一つ。血液が高度の(　①　)なのに，息苦しさを感じることなく意識を失ってしまう状態。潜水前に(②)を必要以上に繰り返すことにより，血液中の(③)が減少し過ぎて起こる。

(☆☆☆☆◎◎◎◎)

【5】次の文は，文部科学省『「生きる力」を育む中学校保健教育の手引き　平成26年3月』の性に関する指導の留意点についての記載事項をもとにしたものである。どのような事項に配慮するべきか，(　　)内に適当な語句を書きなさい。

体育科，保健体育科などの関連する教科，特別活動等において，発達の段階を踏まえ，(①)の発育・発達と健康，(②)等の予防などに関する知識を確実に身に付けること，(③)の尊重や自己及び他者の個性を尊重するとともに，相手を(④)，望ましい人間関係を構築することなどを重視し，相互に関連づけて指導することが重要である。

(☆☆☆☆◎◎◎)

【6】次のことについて簡潔に説明した文中の(　　)に入る語句をあとの語群から選んで答えなさい。

(1) オリンピックムーブメント

オリンピックの創始者(①)がスポーツによる青少年の健全育成と(②)の実現をオリンピズムとして掲げ，(③)が中心となってスポーツの普及活動や(④)運動などを行っている。

(2) 超回復

体に難度や強度の高い運動を行うと，最初は(①)によって(②)に体の機能が(③)しますが，(④)をとることによって，前よりも高いレベルまでに回復する性質がある。

(3) VDT障害

(①)を長時間，(②)で操作することによって(③)，(④)，頭痛などの症状があらわれること。

目の疲れ，国連，アンチドーピング，エイズ対策，疲労，
スポーツライフ，拠点，地域住民，エイズ，スポーツ活動，IOC，
良い指導者，首や肩の痛み，合同計画，様々な年齢層，
クーベルタン，公共施設，複数の種目，世界平和，コンピュータ，
低下，不適切な姿勢，最初，一時的，調整機関，適度な休養

(☆☆☆◎◎◎)

【7】トレーニングについて，次の各問いに答えなさい。

(1)　次のトレーニングを行うことによって特に高めることが可能な体力要素の名称をそれぞれ書きなさい。

①　合図に応じて走る方向を素早く切りかえる練習をしたり，平均台運動や閉眼片足立ちを行ったりすることで高まる体力要素。

②　エアロビックダンスやジョギングを行うことで高まる体力要素。

③　ウエイトリフティングやベンチプレスを行うことによって高まる体力要素。

(2)　「トレーニングの7原則」のひとつである，「過負荷の原則(原理)」とは何か，簡潔に説明しなさい。

(3)　次のトレーニングの方法について，それぞれの名称を答えなさい。

①　「筋の等尺性収縮」を利用したトレーニングの方法。

②　「筋の等張性収縮」を利用したトレーニングの方法。

(☆☆☆◎◎◎◎◎)

【8】「平成25年度全国体力・運動能力，運動習慣等調査報告書」で，中学校の調査結果の特徴として記された内容について，以下の問いに答えなさい。

(1)　次の文中の(　①　)～(　④　)に入る適語をあとの語群から選び，記号で答えなさい。

「保健体育の授業が楽しくない」から「楽しい」に変化した生徒は，他の保健体育の授業に対する質問項目への回答がどのように変

化したかをみると，男女それぞれ以下の項目で「思わない」から「思う」に変化した場合が上位にあげられた。

組み合わせでみると，男女ともに「(　①　)」「(　②　)」「(　③　)」の3項目全てに「思うようになった」生徒が，「保健体育の授業は楽しい」と変化した者が最も多かった。

中学校女子に特徴的にみられたのは，「(　④　)」であった。

※①～③は順不同とする

【語群】

ア　協力して学習する

イ　好きな種目を見つけられる

ウ　友達に認めてもらえる

エ　めあてに向けて練習の場を選ぶ

オ　先生に丁寧に教えてもらえる

カ　授業以外で生かしている

キ　できなかったことができるようになる

ク　保健体育は自分にとって大切

ケ　先生にほめてもらえる

(2)　(1)の「　④　」の結果を受けて，中学校女子が保健体育の授業に対して好意的な意識を高められるようにするための工夫として挙げられる文を，下記のA～Eから一つ選び，記号で答えなさい。

A　授業で「できるようになる」実感をもたせる指導の工夫

B　仲間とかかわり合いながら進める学習を充実させたり，仲間からの称賛やはげましを意図的に増やしたりする工夫

C　より多くの種目のもつ楽しさに触れさせることができるような指導の工夫

D　生涯にわたるスポーツ実践や健康の保持増進，体力の向上などが自分にとって重要なことであることが理解できるようにする指導の工夫

E　運動やスポーツを日常的に取り組みやすくするための工夫

(☆☆☆◎◎◎)

【9】中学校第1学年及び第2学年の「体育理論」の学習について，次の問いに答えなさい。

(1) 現行の中学校学習指導要領解説保健体育編に示されている次の文中の①～③に当てはまる語句を書きなさい。

体育理論の内容は，中学校期における運動やスポーツの(　①　)や生涯にわたる豊かなスポーツライフを送る上で必要となる運動やスポーツに関する(　②　)等を中心に，運動やスポーツの多様性，運動やスポーツが心身の発達に与える効果と安全，(　③　)としてのスポーツの意義で構成されている。

(2) 体育理論の学習の中で，運動やスポーツへの多様な関わり方として，「スポーツを行うこと」以外にどのようなかかわり方があることを理解させるか，2つ書きなさい。※順不同とする

(☆☆☆◎◎◎◎◎)

【10】「運動部活動での指導のガイドライン(平成25年5月：文部科学省)」について，次の[　①　]～[　④　]に該当する文を，下の____に当てはまる言葉を入れて完成させなさい。

運動部活動中，顧問の教員は生徒の活動に立ち会い，直接指導することが原則ですが，やむを得ず直接練習に立ち会えない場合には，[　①　]，[　②　]，[　③　]等が必要です。このためにも，[　④　]が望まれます。

① 他の顧問の教員と，__A__，__B__したり

② あらかじめ顧問の教員と生徒との間で約束された__C__内容や方法で活動すること

③ __D__等により__E__を把握すること

④ 日頃から生徒が__F__や__G__，__H__のための取組を考えたり，理解しておくこと

(☆☆☆☆◎◎◎◎)

【11】次の文は，各運動種目における用語や現行のルールについて記したものです。それぞれの問いに答えなさい。

(1) 剣道の足さばきについて，「送り足(踏み込み足)」，「歩み足」以外の足さばきを2つ書きなさい。※順不同とする

(2) ラグビーフットボールで，スローフォワードやノックオン等の軽い反則で試合が中断した場合の，試合再開の方法を書きなさい。

(3) 水泳競技の背泳ぎにおいて，スタートや折り返し後に頭を水面上に出すのは，壁から何メートルの地点までに行わねばならないか書きなさい。

(4) バレーボールにおいて，セッターの後ろ0.6～1mくらいの距離で，セッターのバックトスがネット上に出たところを狙って打つ攻撃の方法を何と言うか書きなさい。

(5) 柔道(国際ルール)において，審判の「抑え込み」の宣告から「一本」となるまでには，相手を何秒間抑え込むことが必要か，書きなさい。

(6) バスケットボールのパーソナルファウルの中で，相手を押さえる違反は「ホールディング」であるが，相手の進行を妨げる違反は何と言うか，書きなさい。

(7) 陸上競技のリレー種目において，バトンパスが行われるときに必ずバトンがなければならない場所のことを何と言うか，書きなさい。

(☆☆☆◎◎◎◎)

解答・解説

【中高共通】

【1】① ゴール ② ネット ③ ベースボール (①②③順不同可) ④ 作戦 ⑤ 勝敗 ⑥ フェア ⑦ 合意形成 ⑧ 安全 ⑨ 名称 ⑩ 課題解決 ⑪ 武術 ⑫ 固有の

文化　⑬　攻撃　⑭　防御　⑮　得意技　⑯　科学的知識　⑰　歴史　⑱　文化的　⑲　設計　⑳　思考・判断

〈解説〉高等学校学習指導要領(平成21年3月告示)第2章　第6節　保健体育　第2款　各科目　第1　体育　2　内容に記されている「体育」の運動に関する8領域について，具体的な運動種目や指導内容など，解答の語群が示されていなくても正しい語句を答えられるように学習しておくことが大切である。

【2】①　責任　②　教え合おう　③　強度　④　頻度　⑤　補助　⑥　構造　⑦　原則

〈解説〉高等学校学習指導要領(平成21年3月告示)第2章　第6節　保健体育　第2款　各科目　第1　体育　2　内容において，「体つくり運動」の体ほぐしの運動は，技能の習得・向上を直接のねらいとするものではないこと，体力を高める運動は，運動の学習計画を立てることが主な目的となることから，指導内容の「技能」は設定せず「運動」としていることに留意する。評価規準やその観点については，国立教育政策研究所教育課程研究センター『評価規準の作成，評価方法等の工夫改善のための参考資料(高等学校　保健体育)』(平成24年7月)などを参照し，運動種目ごとの観点をおさえておこう。

【3】(1)　①　○　②　遠く　③　第二空中局面　④　少し手前　⑤　○　⑥　大きな　(2)　①　後ろ振り跳び下り　②　遠く　③　足　④　胸に付ける　または　引く　⑤　腰　⑥　○

〈解説〉文部科学省『器械運動指導の手引　平成27年3月』は2015年現在，学校体育実技指導資料のうち最も新しいものなので，器械運動に関する出題はこの資料を中心として今後も出題されることが予想される。中学校学習指導要領(平成20年3月告示)第2章　第7節　保健体育，高等学校学習指導要領(平成21年3月告示)第2章　第6節　保健体育と合わせて内容を確認し，器械運動の指導に関する理解を深めておきたい。

【4】(1) ① 逆さま ② 深 ③ 水深 ④ 角度 ⑤ 跳び込み (2) ① 酸素不足 ② 深呼吸 ③ 二酸化炭素

〈解説〉(1) 各校種の現行の学習指導要領解説では，スタートの指導について次のように明記している。小学校…水中からのスタートを指導するものとする。中学校…泳法との関連において水中からのスタート及びターンを取り上げる。高等学校…スタートの指導については，段階的な指導を行うとともに安全を十分に確保する。 (2) 潜水などにより血液中の酸素濃度が低下することによって意識が喪失し，意識喪失において生じる呼吸の反射によって気管内に水を吸引し，溺水に至る危険性を起こす状態をノーパニック症候群という。このような状態に陥るのを防ぐためにも，潜水前の指導が重要となってくる。

【5】① 心身 ② 性感染症 ③ 生命 ④ 思いやり

〈解説〉もとは中央教育審議会『幼稚園，小学校，中学校，高等学校及び特別支援学校の学習指導要領等の改善について(答申)』(平成20年1月)で，心身の成長発達についての正しい理解に関する記述として示されたものである。同答申では，学校での性に関する指導においては，何よりも子供たちの心身の調和的発達を重視すること，そのために子供たちが心身の成長発達について正しく理解することの必要性を示している。

【6】(1) ① クーベルタン ② 世界平和 ③ IOC ④ アンチドーピング (2) ① 疲労 ② 一時的 ③ 低下 ④ 適度な休養 (3) ① コンピュータ ② 不適切な姿勢 ③ 目の疲れ ④ 首や肩の痛み

〈解説〉(1) 近年，オリンピックと国際理解に関する出題が増えている。オリンピズムやオリンピックムーブメントについては簡潔に説明できるようにしておこう。 (2) 技能と体力に関連して，練習やトレーニングの原理と原則からの出題頻度が高いので学習しておこう。

(3)　VDT障害とは，パソコンのディスプレイなどの視覚表示端末(Visual Display Terminal)を見ながら作業することによって，目の疲れ，首や肩の痛み，頭痛などの症状があらわれることをいう。予防のためには，連続する作業の時間を区切ったり，次の作業までの間に10～15分の休憩時間を設けたりすることが有効とされる。

【7】(1)　①　調整力　　②　全身持久力　　③　筋力(瞬発力)

(2)　トレーニング効果を得るには，すでに持っている能力を刺激する負荷(過負荷)が必要であること。　(3)　①　アイソメトリック・トレーニング　　②　アイソトニック・トレーニング

〈解説〉(1)　文部科学省『子どもの体力向上のための取組ハンドブック』(平成24年3月)第4章　「新体力テスト」のよりよい活用のために　によると，体力要素(体力要因)には，スピード，全身持久力，瞬発力，巧緻性，筋力，筋持久力，柔軟性，敏捷性の8つがある。　(2)　練習やトレーニングによって技能や体力を向上させるためには，それまでに行っていた運動より難度や強度が高い運動を行う必要がある。これを「過負荷(オーバーロード)の原則(原理)」という。また，得られる効果は，行った内容によって異なるので，この種目に合ったトレーニングを行う必要がある。これを「特異性の原理」という。　(3)　アイソメトリックトレーニングは，特別な器具を使用せず，筋の長さを変えないようにして，動きのない状態で力を発揮する静的トレーニング。筋の等尺性収縮を利用する。アイソトニックトレーニングは，重量物(ウエイト)を用いて，筋の長さを変えて動きをともないながら力を発揮する動的トレーニング。筋の等張性収縮を利用する。この他，アイソキネティックトレーニングは，油圧式のトレーニング機器を用いて，筋が同じ速度で収縮する状態で力を発揮するトレーニング。筋の等速性収縮を利用する。

【8】(1)　①　ク　　②　キ　　③　イ　　④　ウ　　(2)　B

〈解説〉(1)「平成25年度全国体力・運動能力，運動習慣等調査報告書」

では，調査結果の特徴を小・中学校別に,「1週間の総運動時間の分布」,「もっと運動やスポーツをするようになるには」,「「得意・苦手」「好き・きらい」の推移」,「「体育の授業が楽しくなった」児童と，体育の授業についての意識との関連」について示している。近年の児童生徒の体力・運動能力，運動習慣等の分析には欠かせない統計なので，ひととおり目を通しておくとよい。 (2)「友達に認めてもらえる」と「思うようになった」生徒の割合は，中学校男子では26.2%で回答が多い順の5番目であったが，女子では29.1%で3番目であった。

【9】(1) ① 合理的な実践 ② 科学的知識 ③ 文化
(2) スポーツを見ること，スポーツを支えること

〈解説〉(1) 中学校学習指導要領(平成20年3月告示)第2章 第7節 保健体育 第2 各分野の目標及び内容〔体育分野〕の「H体育理論」においては，第1学年で運動やスポーツの多様性，第2学年で運動やスポーツが心身の発達に与える効果と安全，第3学年で文化としてのスポーツの意義を取り上げる。 (2) 運動やスポーツには，直接「行うこと」，テレビなどのメディアや競技場での観戦を通してこれらを「見ること」，また，地域のスポーツクラブで指導したり，ボランティアとして大会の運営や障害者の支援を行ったりするなどの「支えること」など，多様なかかわり方がある。また，運動やスポーツの歴史・記録などを書物やインターネットなどを通して調べるかかわり方もある。

【10】A 連携 B 協力 C 安全面に十分留意した D 部活動日誌 E 活動内容 F 練習内容 G 方法 H 安全確保

〈解説〉文部科学省においては，大阪市立高校での体罰事案を受けて運動部活動における体罰が問題となっていること，また，教育再生実行会議の第一次提言において，運動部活動指導のガイドラインを作成することが提言されていることを受け，平成25年5月に「運動部活動での指導のガイドライン」を含めた調査報告書を取りまとめた。本ガイドラインでは，今後，各学校の運動部活動において適切かつ効果的な指

導が展開され，各活動が充実したものとなるよう，指導において望まれる基本的な考え方，留意点を示している。

【11】(1)　開き足，継ぎ足　(2)　スクラム　(3)　15〔メートル〕
(4)　Cクイック　(5)　20〔秒間〕　(6)　ブロッキング
(7)　テークオーバーゾーン

〈解説〉各運動競技種目の基本技術や競技用語，ゲームの進め方とルール，規則違反と罰則規定，ゲームの運営と審判法等については，最新の競技規則やルールブックなどで学習しておくようにする。　(1)　足さばきは，相手の動きに応じて攻撃や防御の間を保つための基本動作である。それぞれの足のさばき方についても習得しておこう。　(2)　スクラムについて，19歳未満の選手によるプレーでは，スクラムが45度以上まわった場合にはスクラムを組み直し，ボールを投入した側が再び投入する，スクラムを1.5m以上押すと反則となりフリーキックが課せられるなどのルールがあるため注意する。　(3)　背泳ぎのルールでは，壁から15m以上離れたところでは，体の一部が水面上に出ていなければならない。　(4)　オープントスからスパイク攻撃するもの(Aクイック，Bクイック)と，バックトスからスパイク攻撃するもの(Cクイック，Dクイック)の違いを理解しておこう。　(5)　試合者の一方が抑え込みの姿勢に入ったとき，審判は「抑え込み」を宣告する。抑え込まれた相手が10秒以上15秒未満逃げられなかったときは「有効」，15秒以上20秒未満逃げられなかったときは「技あり」となり，20秒間逃げられなかったときに「一本」となる。　(6)　自分の守っている位置に相手が無理に突っ込んできた結果進行を妨げることになってしまった場合は，ブロッキングではなく，相手の「チャージング」という違反になる。　(7)　テークオーバーゾーンは長さ20mの区域で，これ以外の場所での受け渡しは失格となる。

2015年度　実施問題

【中高共通】

【1】次の文は『中学校学習指導要領解説保健体育編(平成20年9月)』の一部である。文中の(　①　)～(　⑮　)の中に適語を入れなさい。

「A体つくり運動」の体ほぐしの運動については，「B(　①　)」から「G(　②　)」までにおいても関連を図って指導することができるとともに，(　③　)など保健分野との関連を図ること。また，「A体つくり運動」の体力を高める運動については，第1学年及び第2学年においては，(　④　)を高めるための運動に重点を置いて指導することができるが，(　⑤　)を高めることに留意すること。第3学年においては，(　⑥　)運動例を取り上げるなど指導方法の工夫を図ること。

「D水泳」については，第1学年及び第2学年においては，クロール，平泳ぎ，背泳ぎ，バタフライまでの中から(　⑦　)のいずれかを含む(　⑧　)を選択して履修できるようにすること。第3学年においては，クロール，平泳ぎ，背泳ぎ，バタフライ，複数の泳法で泳ぐ又はリレーまでの中から選択して履修できるようにすること。また，(　⑨　)との関連において(　⑩　)及びターンを取り上げること。なお，水泳の指導については，適切な(　⑪　)の確保が困難な場合にはこれを扱わないことができるが，(　⑫　)に関する心得については，必ず取り上げること。また，保健分野の(　⑬　)との関連を図ること。

「F武道」については，(　⑭　)の中なら一を選択して履修できるようにすること。なお，地域や学校の実態に応じて，(　⑮　)などのその他の武道についても履修させることができること。

(☆☆☆◎◎◎)

【2】高等学校入学年次の「ダンス」の評価規準に盛り込むべき事項について，文中の(　①　)～(　⑩　)に適語を入れなさい。

ア　「関心・意欲・態度」

ダンスの楽しさや(　①　)を味わうことができるよう，互いの(　②　)や良さを認め合おうとすること，自己の(　③　)を果たそうとすることなどや，健康・(　④　)を確保して，学習に(　⑤　)に取り組もうとしている。

イ　「思考・判断」

生涯にわたってダンスを(　⑥　)に実践するための自己の(　⑦　)に応じた運動の取り組み方を工夫している。

ウ　「技能」

ダンスの特性に応じて，交流や発表ができるよう，イメージを深めた(　⑧　)や踊りをするための動きを身に付けている。

エ　「知識・理解」

ダンスの(　⑨　)や用語，踊りの特徴と表現の仕方，(　⑩　)の高め方，交流や発表の仕方などを理解している。

(☆☆☆◎◎◎)

【3】次の文は，文部科学省『水泳指導の手引き(三訂版)平成26年3月』の技能指導の要点の記載事項をもとにしたものである。それぞれ内容に間違いがなければ○印を，間違いがあればその部分を正しく修正しなさい。

(1)　クロールのキックの練習法について

ア　腰掛けキックは，①飛び込み台に腰かけて行い，②膝の幅や動きを確かめるとともに③脱力をする。

イ　壁キックでのばた足の補助の仕方は，①脚を曲げて足首の力を抜いた状態をとらせ，②膝の部分を支えて上下に動かすなど適切な補助によって，③膝から下の動きを覚えさせる。

ウ　補助をつけたキックでは，補助者(①はやく走りながら)に②手を支えてもらいながら行ったり，顔をつけて行うビート板キックや③不規則なリズムで顔を上げて行うビート板キックがある。

(2)　平泳ぎの脚の動作の要点について

ア　両足先を①そろえず曲げた状態から，両膝を引き寄せながら

②両腕を横に広げた幅に開き，同時に足の裏を③横向きにして踵を尻の方へ引き寄せる。

イ　けり始めは，①親指を下向きにし，土踏まずを中心とした②足の甲で水を左右後方に押し出し，③膝が伸びきらせて両脚で水を押し挟み，最後は両脚をそろえてける。

(☆☆☆◎◎◎)

【4】次の(1)～(3)は，現行の中学校学習指導要領に例示されている柔道の投げ技について，それぞれにどのような事故が想定されるか，またその事故を防止するための指導のポイントはどのようなことかを，それぞれ一つずつ受と取の動きを解説したものである。文中の(　①　)～(　⑩　)に適語を入れなさい。なお，①，⑤，⑧は短文で書くものとする。

(1)　膝車

想定　・取が右組のまま右足で膝車をかけると受けは，(　　　①　　　)。

指導　・初心者の段階では，右組のまま(　②　)で膝車をかけることを(　③　)し，必ず(　④　)の方向に投げるように指導する。

(2)　体落とし

想定　・右組の場合，取が右膝をつく低い状態で技をかけると受は，(　　　⑤　　　)。

指導　・膝をつく低い姿勢で技をかけることは(　③　)する。

・右組の場合，取は受を(　⑥　)隅に崩して技をかけるよう(　⑦　)稽古や約束練習を繰り返して習熟を図る。

(3)　大腰

想定　・取が腰を曲げて頭部を低くした状態で技をかけると，受ではなく，取が(　　　⑧　　　)。

指導　・頭部を低くした状態で技をかけることを(　③　)し，自分のバランスを崩して低い姿勢になった場合は，持っている受の襟や(　⑨　)を放し，自ら(　⑩　)を取るように指導する。

(☆☆☆◎◎◎)

【5】次の集団行動について答えなさい。

(1)　24人の生徒が前列の右側の生徒を基準として身長の高い生徒から順に指導者(あなた)の方に向いて2列横隊で整列しています。次のように列を増やして整列する場合の号令を順を追って書きなさい。ただし，番号は基準の生徒からかけ始めるものとする。

①　2列横隊　→　4列縦隊(身長の低い生徒を先頭とする)

②　2列横隊　→　3列縦隊(身長の高い生徒を先頭とする)

(2)　後ろへの方向転換(合図「回れ・・・右」)の動きを第1動作，第2動作，第3動作に分解して解答例(合図「右向け右」)に従って図示しなさい。

解答例

第1動作

第2動作

(☆☆☆◎◎◎)

【6】次のことについて以下の語句を使って簡潔に説明しなさい。

(1)　セカンドインパクトシンドローム

(2)　エコマーク

(3)　RICE

(4)　たばこ規制枠組条約

(5)　1エクササイズ(メッツを用いて説明する)

身体活動量，	脳，	外傷，	保健分野，
二度，	症状，	軽微，	WHO，
重篤，	捻挫，	1，	2，
3，	製造，	使用，	エクササイズ，

廃棄,	製品,	普通歩行,	購入の際,
国際条約,	商品選択,	打撲,	表示,
冷却,	流通,	圧迫,	挙上,
身体活動の強さ(メッツ),		健康被害,	環境の負荷,
協調,	安静,	規制,	初めて,
多数国条約,	パッケージ,	広告,	単位,
実施時間(時),	20分歩けば,	20分走れば	

(☆☆☆◎◎◎)

【7】次のA，B2つの条件をふまえ，あなたが考える授業づくりについて，以下の問いに答えなさい。

条件A：中学校に入学したばかりの新1年生(男女共習，30名のクラス)を対象とする。4月の保健体育で「体つくり運動」領域「体力を高める運動」の授業を行う。「動きを持続する能力」を高めることをねらいとする。

条件B：平成25年度全国体力・運動能力，運動習慣等調査において，本県の中学2年生は，体力合計点が男女とも全国第2位と，トップクラスの成績であった。しかし質問紙調査では，「保健体育が楽しい」と答える生徒の割合が，全国と比較してかなり低いという課題が浮き彫りになった。そこで，新1年生が保健体育の授業に対し，「楽しい」と感じられるような授業づくりを目指す。

(1) この「体つくり運動(体力を高める運動)」の単元の進め方(3時間程度とするが，全体を通した構想でよい)を，生徒の学習活動に主眼を置いて簡潔に書きなさい。ただし，条件AおよびBの両方を念頭に置いた計画であること。

(2) なぜそのような指導がよいと考えたのか，理由を具体的に書きなさい。

(☆☆☆◎◎◎)

【８】次の問いに答えなさい。

(1)　共に健康に生きる社会を目指し，今日では「バリアフリー」や「ユニバーサルデザイン」の町づくりが進められてきている。この①「バリアフリー」と②「ユニバーサルデザイン」について，相違点を明確にしながら，それぞれについて簡潔に説明しなさい。

(2)　学校教育においても「ユニバーサルデザイン」の視点を取り入れた授業づくりが進められてきている。下記のような生徒を対象に「器械運動」領域「跳び箱運動」の授業を行うことを想定して，次の問いに答えなさい。

【対象】中学2年生(男女共習，30名のクラス)。跳び箱が得意な生徒も多いが，小学校の頃から苦手で，開脚跳びが跳べない生徒も7名いる。器械運動に限らず，実態としては体力的に二極化しているといえる。

【本時で学習する技】切り返し系の技(開脚跳び および かかえ込み跳び)

①　本時の中で，「ユニバーサルデザイン」の視点を取り入れた手立てを考え，具体的に書きなさい。ただし，どの技に特化した手立てなのか，または2つの技に共通した手立てなのかを明記すること。

②　その手立てと，「ユニバーサルデザイン」の考え方との関連を簡潔に説明しなさい。

(☆☆☆◎◎◎)

【９】高校2年生の走り高跳びの授業において，次の問いに答えなさい。ただし，跳び方は「はさみ跳び」を指導するものとする。

(1)　より高いバーを越えるために，生徒に指導するポイントをそれぞれの局面について具体的に答えなさい。

①　助走

②　踏み切り

③　空中動作

④　着地

(2)　次の表は，ある記録会における8人の選手(選手A～H)の結果である。A～Hの順位をつけなさい。ただし，無効試技数の数え方は，国内ルールによるものとする。

選手＼試技回	1.45m	1.50m	1.55m	1.60m	1.64m	1.68m	無効試技数	順位
A	×○	××○	×○	××○	××○	×××		A
B	×○	××○	××○	×××	／	×××		B
C	－	×－	○	××○	×○	×××		C
D	○	×○	×○	××○	××○	×××		D
E	－	×－	×○	×××	／	×××		E
F	○	×○	×○	××○	××○	×××		F
G	－	○	×○	××○	××○	×××		G
H	××○	○	○	×××	／	×××		H

○は成功　　×は無効試技(失敗)　　－はパス

(☆☆☆◎◎◎)

解答・解説

【中高共通】

【1】①　器械体操　②　ダンス　③　心の健康　④　動きを持続する能力　⑤　調和のとれた体力　⑥　日常的に取り組める　⑦　クロールまたは平泳ぎ　⑧　二つ　⑨　泳法　⑩　水中からのスタート　⑪　水泳場　⑫　水泳の事故防止　⑬　応急手当　⑭　柔道・剣道・相撲　⑮　なぎなた

〈解説〉学習指導要領の内容は，各目標や内容の構成，年間授業数についても十分に確認し，理解しておくこと。中学校保健体育科の目標では，「生涯にわたって運動に親しむ資質や能力の育成」，「健康の保持増進のための実践力の育成」及び「体力の向上」の3つの大きな目標が相互に密接に関連していることもおさえておきたい。本問の「A体つくり運動」に関しては，学校の教育活動全体や実生活で活かすことができるような指導や，他の領域においても結果として体力の向上が図れるような指導が求められる。また，今回の学習指導要領の改訂で，授業時数についても，各学年で7時間単位時間以上を配当することが示されるようになった。「D水泳」に関しては，今回の改訂で，第1学年及び第2学年において，「クロール」または「平泳ぎ」を含む2つの泳法を選択して履修できるようにすることを示しているのが特徴である。また，保健分野「応急手当」との関連を図りながら指導することも重要である。「F武道」に関しては，今回の改訂で，第1学年及び第2学年においてすべての生徒に履修させることとなった。

【2】① 喜び　② 違い　③ 責任　④ 安全　⑤ 自主的
⑥ 豊か　⑦ 課題　⑧ 表現　⑨ 名称　⑩ 体力

〈解説〉高等学校の「ダンス」は，「創作ダンス」，「フォークダンス」，「現代的なリズムのダンス」で構成されており，仲間とのコミュニケーションを豊かにすることを重視し，イメージをとらえて自己を表現することなどに喜びや楽しさをみつけることができる運動である。このような運動の特性を理解して，評価規準の観点を設けている。国立教育政策研究所教育課程研究センター『評価規準の作成，評価方法等の工夫改善のための参考資料(高等学校保健体育) 平成24年7月』を参考に学習しておくこと。特に，ダンスの「運動の技能」については，「創作ダンス」，「フォークダンス」，「現代的なリズムのダンス」それぞれの領域で異なる評価規準の設定例が示されているため，確認しておくこと。

【3】(1)　ア　① プールサイド　② 足先　③ ○
イ　① 脚を伸ばして　② ももの部分　③ 太ももからの
ウ　① ゆっくり歩き　② ○　③ 一定のリズム
(2)　ア　① そろえて伸ばした　② 肩の幅　③ 上向き
イ　① 親指を外向き　② 足の裏で　③ 膝が伸びきらないうちに

〈解説〉(1)　クロールにおける脚の動作の技術ポイントとしては，「ダウンキック」で，太ももからむち打つようにけり下ろし，「アップキック」で，脚うら全体でけり上げるようにする。この技術を習得させるためにも，バディでの練習や補助の仕方について知っておきたい。ア　腰掛けキックは足先のみが水中に浸かる状態をつくり，水中での足先の感覚を確かめるために行う。　(2)　平泳ぎにおける脚の動作の技術ポイントとしては，「グライド(両足をそろえて水中を伸び進む動作)」「引きつけ(かかとをお尻に引き寄せる動作)」「けり出し(両足の親指を左右に向けてけり出す動作)」「キック(ひざを中心にして，外側をはくように，両足がそろうまで水をけりはさむ動作)」があげられる。

【4】①　左手を思わずついて手首や肘を痛めるおそれがある　②　右足　③　禁止　④　引き手　⑤　真下に落ちやすく肩や肘を痛めることがある　⑥　右前　⑦　かかり　⑧　頭部から突っ込み頸部を痛めるおそれがある　⑨　袖　⑩　受け身

〈解説〉柔道では，取が無理やり技をかけると，受も受け身を取りづらく，技もかかりにくいため，怪我につながりやすい。そのため，取がしっかりと相手を崩してから技をかけるように指導する必要がある。また，投げ技に入るまでに，受け身の指導を十分に行う必要がある。重大な事故につながる危険性が高いことを理解し，ルールを守って活動できるようにする。本問であげられた以外には，次のような事故が想定される。　(1)「膝車」は，取の上体が崩れ，倒れながらも無理に技をかけると，受は肩から落ち，肩，肘を痛めることがある。防止するための指導ポイントとしては，上体が崩れた場合は技をかけないで自らが後ろ受け身をとるよう指導することがあげられる。　(2)「体落とし」は，取が右組のまま左の体落としをかけると，受は左手を思わずついて手首や肘を痛める原因となる。防止するための指導のポイントとしては，初心者の段階では右組のまま左の体落としをかけることを禁止し，必ず引き手の方向に投げるよう指導する。　(3)「大腰」は，取の目線が下になることで，取が頭を突っ込み打撲するおそれがある。

防止するための指導のポイントとしては，正面や壁を見るように指導する。

【5】(1)　①　前列，番号　始め→4列，左向け　左　　②　前列，3の番号　始め→3列，右向け　右

(2)

第1動作　　　　第2動作　　　　第3動作

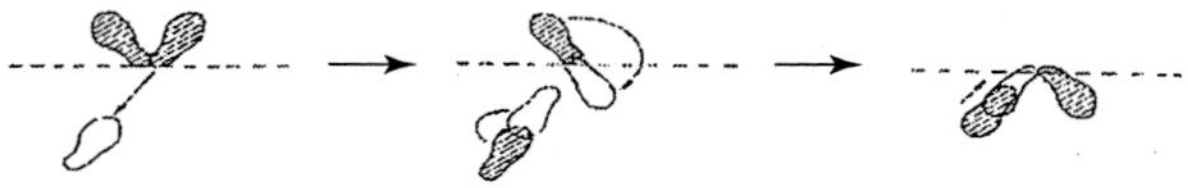

〈解説〉集団行動は，学校体育における，集合，整頓，列の増減，方向転換などの行動の仕方を身に付け，能率的で安全な集団としての行動ができるようにするためのものである。その指導については，学習指導要領に示されている「A体つくり運動」から「Gダンス」までの領域において適切に行うものとされている。なお，集団行動の指導の効果を上げるためには，保健体育科だけでなく，学校の教育活動全体において指導するよう配慮する必要がある。　(1)　列数を変える場合には，まず番号をかけて自分の番号を確認させる。2列横隊から4列縦隊の際は，偶数番号者が左足を右斜め前に1歩踏み出し，左足を右足に引き付けて整とんする。2列横隊から3列縦隊の際は「1・2・3・1・2・3・…」と番号をかけ，前列2番の者は，右足を斜め右前に一歩踏み出し，左足を右足に引き付けて整とんし，後列2番の者はこの動きと逆の動きで整とんする。　(2)「回れ…右」の際は，気をつけの姿勢から，右足を約二足長斜め後ろに引き，左足のかかとと右足のつま先を軸にして180度右へ回り，右足を左足に引き付ける。

【6】(1)　脳に同じような外傷が二度加わった場合，一度目の外傷による症状は軽微であっても，二度目の外傷による症状は，はるかに重篤になることがある　　(2)　製造から流通・使用・廃棄までの製品のライフサイクル全体にわたる環境の負荷の少ないものが認定され，購入

の際に参考となる情報として商品選択に生かされている　(3)　捻挫や打撲の手当は，安静，冷却，圧迫，挙上を基本に進める　(4)　タバコの健康被害を防止するために各国が協調して規制を行うことを求めた国際条約でWHOのもとでつくられた保健分野における初めての多数国条約。パッケージの表示や広告の規制などについて定めている　(5)　エクササイズとは，身体活動量の単位で「身体活動の強さ(メッツ)×実施時間(時)」。普通歩行は3メッツなので，20分歩けば1エクササイズ

〈解説〉(1)　セカンドインパクトシンドロームは脳しんとうに際して起こりやすく，加速損傷とともに柔道における事故でよく見られる。　(2)　環境への負荷の少なさを基準に製品を選択し，購入することは，すぐに取り組むことができる環境対策の1つである。このような購買行為を「グリーン購入」という。　(3)　冷却の際に，冷蔵庫から出した保冷剤を直接皮膚に接触させないことや，圧迫の際は，神経や血管の障害を起こすことが考えられるので強く圧迫し過ぎないことなどが注意点としてある。また，挙上を行うことにより，静脈流の還流を促進させ，患部に流れる血液量を減少させ，腫れを抑えることができる。(4)　この条約について，日本は2004年に署名し，2005年に発効している。また，現在の締約国は170か国以上となっている。パッケージの表示や広告の規制以外に，受動喫煙から非喫煙者を保護する措置を講じることも定めている。　(5)　運動所要量・運動指針の策定検討会『健康づくりのための運動指針2006平成18年7月』では，生活習慣病予防を主眼とし，健康づくりのための身体活動量の目標として，具体的に「週に23エクササイズ以上の活発な身体活動(運動・生活活動)を行い，そのうち4エクササイズ以上の活発な運動を行うこと」としている。また，最新の厚生労働省『健康づくりのための身体活動基準2013平成25年3月』では生活習慣病の予防のために必要な身体活動量の基準について，18～64歳では強度が3メッツ以上の身体活動を23メッツ・時/週行うこととしている。

【7】(1)　走やなわ跳びなどを，一定の時間や回数，または，自己で決めた時間や回数を持続して行う。動きを持続するねらいをもった複数の異なる運動例を組み合わせてサーキットコースをつくり，時間や回数を決めて持続して行う。記録を競い合うことよりも，体を動かすこと自体の楽しさや心地よさを味わえるよう，自分の体力の課題に応じた運動の取り組み方ができるよう工夫する。　など　(2)　対象が，入学間もない1年生であることを考えると，強度が強く，競争色の強い運動を行うのではなく，心拍数や疲労感などを手がかりにして，無理のない運動強度と時間を選び，生徒それぞれのペースで楽しく行えるよう工夫することが大切であるから。

〈解説〉体つくり運動は「体ほぐしの運動」,「体力を高める運動」に分類される。本問は,「体力を高める運動」の中の,「動きを持続する能力を高めるための運動」からの出題である。『中学校学習指導要領解説保健体育編(平成20年9月)』第2章　第2節　〔体育分野〕　2　A　[第1学年及び第2学年]　1　(2)をもとに「動きを持続する能力を高めるための運動」の留意点をまとめると,「心拍数や疲労感を手がかりにすること」,「無理のない時間と運動の強さを選ぶこと」,「楽しく続けられるように工夫すること」の3つがあげられる。これらを踏まえて「軽快な音楽を利用する」,「仲間と一緒に行う」といった工夫をした計画を作成すること。

【8】(1)　①　障がい者や高齢者等に配慮し，誰もが不自由なく生活できるように，生活上の障壁(バリア)を取り除くこと。　②　障がいの有無，年齢，国籍などにかかわらず，できるだけ多くの人が気持ちよく使えるように，製品，建物，空間などをデザインすること。

(2)　①　共通：ICT機器を利用して跳んでいるフォームを見せながら練習する(視覚化)。良くない跳び方の例を示し，問題点を確認する(共有化)。生徒の声をもとに，無理なくシンプルな共通課題を提示する(焦点化)。　など　②　運動の苦手な生徒だけでなく，すべての生徒が理解し，取り組みやすい手立てを取り入れていること。新たな問

題点を見つけ，改良しながらより良い方法を考え出そうとするプロセスがあること。　など

〈解説〉(1)　住宅を例にあげて説明すると，玄関前に段差があった場合，設計時点からスロープを計画し作りあげるのはユニバーサルデザインの考え方，後からスロープを設けて危険をなくすのはバリアフリーの考え方である。バリアフリーやユニバーサルデザインは，高齢者も若者も，障がいがある人もそうでない人も，すべて人間として普通(ノーマル)の生活を送るために，地域社会の中でともに暮らし，ともに生きている社会こそノーマルであり，そうした社会の実現のために，できるだけ社会を改善していくという意味の言葉である「ノーマライゼーション」の考え方に基づく言葉である。　(2)「ユニバーサルデザイン」には次のような7つの原則がある。①誰にでも公平に使用できること，②使う上での自由度が高いこと，③簡単で直感的にわかる使用方法となっていること，④必要な情報がすぐ理解できること，⑤危険につながらないデザインであること，⑥無理な姿勢や強い力なしで楽に使用できること，⑦使いやすい寸法・空間となっていること。この7原則を参考に記述すること。

【9】(1)　①　上体を前傾させ，ゆっくりスタート。徐々に歩幅を広げ，スピードを上げる。跳ねずに少し腰を落とすように走る。7歩～11歩が理想的。　②　踏み切りのタイミングに合わせて腕を振り込む。バーから遠い方の足で力強く踏み切り，上体を起こす。

③　振り上げ足を大きく振り上げ，大きなはさみ動作で跳ぶ。抜き足の膝を引きつけるようにバーをクリアする。　④　足から安全に着地する。　(2)　A　5　B　8　C　1　D　3　E　7　F　3　G　2　H　6

〈解説〉(1)　走り高跳びにおいて，助走により得られた直線的な力を，強い踏み切り動作で高い上昇力に変化させることが重要となる。そのためにも，両腕の振り上げや振り上げ足の動きが大切になる。

(2)　走り高跳びは3回続けて失敗したら競技は終了となる。無効試技

となる場合は，①バーを落とす，②跳びこす前にバーの垂直面から先に足が出る，③両足で踏み切る，の3つがある。同じ高さには最大3回挑戦できるものの，必ずしも同じ高さに3回挑戦する必要はない。例えば，1.60 mに3回挑戦することもできるし，1.60 mを1回目に挑戦して失敗，1.64 mを2回目に挑戦して失敗，3回目に1.68mに挑戦するということもありえる。順位をつける場合は，最も高く跳んだ選手が優勝となるが，同じ高さを跳んだ選手が複数いた場合は，その高さの失敗が少ない選手の順位が上になる。それでも順位が決まらない場合は，その高さまでの全体で失敗試技の少ない選手が勝者となる。それでも決まらない場合は，第1位を決めるには優勝決定戦が行われ，それ以外は同順位となる。

2014年度　実施問題

【中高共通】

【1】次の文は『中学校学習指導要領解説保健体育編(平成20年9月)』および『高等学校学習指導要領解説保健体育編・体育編(平成21年12月)』の一部である。文中の(　①　)～(　⑩　)の中に適語を入れなさい。

運動やスポーツには，直接「(　①　)こと」，テレビなどのメディアや競技場での観戦を通して，これらを「(　②　)こと」，また，地域のスポーツクラブで指導したり，ボランティアとして大会の運営や障がい者の支援を行ったりするなどの「(　③　)こと」など，多様なかかわり方があることを理解できるようにする。

また，運動やスポーツの歴史・記録などを書物やインターネットなどを通して調べるかかわり方があることについても触れるようにする。

エイズ及び性感染症の増加傾向とその(　④　)化が社会問題になっていることから，その疾病概念や感染経路について理解できるようにする。また，予防方法を身につける必要があることを理解できるようにする。例えば，エイズの病原体は(　⑤　)であり，その主な感染経路は性的接触であることから，感染を予防するには性的接触をしないこと，(　⑥　)を使うことなどが有効であることにも触れるようにする。

なお，指導に当たっては，発達の段階を踏まえること，学校全体で共通理解を図ること，(　⑦　)の理解を得ることなどに配慮することが大切である。

運動の(　⑧　)，計画的な実践を通して，知識を高めるとともに技能を高め，運動の楽しさや喜びを深く味わうことができるようにし，自己の状況に応じて体力の向上を図る能力を育て，(　⑨　)，協力，(　⑩　)，参画などに対する意欲を高め，健康・安全を確保して，生涯にわたって豊かなスポーツライフを継続する資質や能力を育てる。

(☆☆☆☆◎◎◎◎◎)

【2】器械運動の学習を4つの観点で評価する場合，次のア「関心・意欲・態度」，イ「思考・判断」，ウ「技能」，エ「知識・理解」のどれにあてはまるのか，それぞれ記号で答えなさい。

①　練習や発表会に意欲的に取り組み，技ができる楽しさを味わうことができた。

②　練習を工夫して，条件を変えた技や，発展技を身につけることができた。

③　技の名称や分類を知り，技のポイントを理解することができた。

④　用具の準備や片づけなど，分担した役割に責任を持って取り組めた。

⑤　自分の課題に応じて，練習方法を工夫して行うことができた。

(☆☆◎◎◎)

【3】次の問いに答えなさい。

(1)　剣道の授業において，下記のルールで，基本となる技を用いた判定試合を行う場合，試合をする生徒および審判をする生徒にその勝敗を判定する基準について指導するポイントを3つ書きなさい。

【判定試合のルール】1チーム3人(試合者2人，審判1人)。基本となる技を打つ人と元立ちを決め，面，小手，胴を1人2本ずつ打ち判定する。

(2)　マット運動で開脚前転を苦手とする生徒に指導する場合，学習の場の工夫としてマットをどのように工夫して使えば開脚前転がスムーズに行えるのか，またその工夫の目的は何か書きなさい。

(3)　バレーボールでスパイクのジャンプのタイミングがつかみきれない生徒に対して，どのような練習方法でそのタイミングを身につけさせるのが良いか，その練習方法を具体的に書きなさい。

(4)　水泳の学習を行う際に，生徒にマナーや安全を意識させるために指導することを，プールに入る前の指導内容とプールから出た後の指導内容に分けて，それぞれ3つずつ書きなさい。

(☆☆☆☆◎◎◎◎)

【4】次のことについて簡潔に説明しなさい。

(1)　医薬分業とは

(2)　再興感染症とは

(3)　熱中症に対する応急手当の仕方

(☆☆☆☆◎◎◎◎◎)

【5】生活習慣病について，次の問いに答えなさい。

(1)　生活習慣病が発症する要因とされる，関わりの深い生活の例を3つ挙げなさい。

(2)　生活習慣病を予防するために，①個人が意識的に取り組むことと，②個人の取り組みを支援する社会的環境の整備についての代表的な例をそれぞれ2つずつ挙げなさい。

(☆☆☆◎◎◎◎)

【6】次の表は文部科学省の新体力テストの項目別得点表および総合評価基準表(中学生女子・高校生女子)である。これらの表を活用して，下の問いに答えなさい。

項目別得点表

女子

得点	握　力	上体起こし	長座体前屈	反復横とび	持久走	20m シャトルラン	50m 走	立ち幅とび	ハンドボール投げ
10	36kg 以上	29 回以上	63cm 以上	53 点以上	3' 49"以下	88 回以上	7.7 秒以下	210cm 以上	23m 以上
9	33～35	26～28	58～62	50～52	3' 50"～4' 02"	76～87	7.8～8.0	200～209	20～22
8	30～32	23～25	54～57	48～49	4' 03"～4' 19"	64～75	8.1～8.3	190～199	18～19
7	28～29	20～22	50～53	45～47	4' 20"～4' 37"	54～63	8.4～8.6	179～189	16～17
6	25～27	18～19	45～49	42～44	4' 38"～4' 56"	44～53	8.7～8.9	168～178	14～15
5	23～24	15～17	40～44	39～41	4' 57"～5' 18"	35～43	9.0～9.3	157～167	12～13
4	20～22	13～14	35～39	36～38	5' 19"～5' 42"	27～34	9.4～9.8	145～156	11
3	17～19	11～12	30～34	32～35	5' 43"～6' 14"	21～26	9.9～10.3	132～144	10
2	14～16	8～10	23～29	27～31	6' 15"～6' 57"	15～20	10.4～11.2	118～131	8～9
1	13kg 以下	7 回以下	22cm 以下	26 点以下	6' 58"以上	14 回以下	11.3 秒以上	117cm 以下	7m 以下

＊持久走と２０mシャトルランはどちらかを選択

総合評価基準表（単位：点）

段階	１２歳	１３歳	１４歳	１５歳	１６歳	１７歳	１８歳	１９歳
A	５１以上	５７以上	６０以上	６１以上	６３以上	６５以上	６５以上	６５以上
B	４１～５０	４７～５６	５１～５９	５２～６０	５３～６２	５４～６４	５４～６４	５４～６４
C	３２～４０	３７～４６	４１～５０	４１～５１	４２～５２	４３～５３	４３～５３	４３～５３
D	２２～３１	２７～３６	３１～４０	３１～４０	３１～４１	３１～４２	３１～４２	３１～４２
E	２１以下	２６以下	３０以下	３０以下	３０以下	３０以下	３０以下	３０以下

中学２年生　女子　Aさんの記録

種　目		記　録		得　点
握力	右	１回目　２９　kg	２回目　２６　kg	
	左	１回目　２４　kg	２回目　２７　kg	
上体起こし		１９　回		
長座体前屈		１回目　３７　cm	２回目　３３　cm	
反復横跳び		１回目　４８　点（回）	２回目　５０　点（回）	
持久走		４　分　５７　秒		
５０m走		８秒０		
立ち幅跳び		１回目　２１３　cm	２回目　２０１　cm	
ハンドボール投げ		１回目　１５　m	２回目　１６　m	
得点合計				①
総合評価		A　B　C　D　E		②

(1)　Aさんの①総合得点と②総合評価を上の表から算出しなさい。

(2)　Aさんの各種目の得点を次のグラフに記入して線で結びなさい。

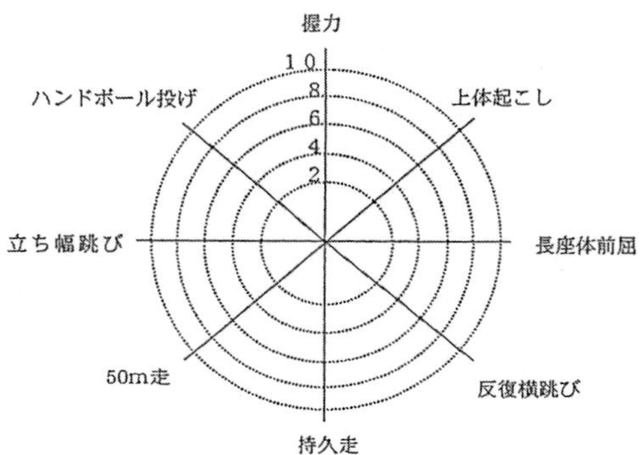

(3) Aさんの結果について，体力の優れた面と不足している面，今後，取組むとよいことを書きなさい。ただし，次の語句を4つ以上使用すること。

筋力，筋持久力，柔軟性，敏しょう性，全身持久力，瞬発力，巧緻性，発育・発達，時期

(☆☆☆◎◎◎◎)

【7】中学3年生の走り幅跳びの授業において，次の問いに答えなさい。

(1) 遠くへ跳ぶために生徒に指導するポイントをそれぞれの局面について具体的に答えなさい。

① 助走

② 踏切

③ 空中動作

④ 着地

(2)　次の表は，ある記録会における8人の選手(選手A～H)の結果である。A～Hの順位をつけなさい。

(単位：m)

選手＼試技回	1	2	3	4	5	6	最高記録	順位
A	5.30	5.55	5.12	×	5.25	×	5.55	ア
B	4.89	×	5.15	5.26	5.39	5.07	5.39	イ
C	4.52	5.41	5.38	−	5.04	5.27	5.41	ウ
D	5.00	4.10	5.38	5.24	5.41	5.28	5.41	エ
E	5.09	×	−	4.99	×	5.16	5.16	オ
F	5.26	5.22	×	5.34	5.41	×	5.41	カ
G	×	5.39	5.07	5.15	4.87	5.26	5.39	キ
H	5.29	4.86	×	×	×	5.29	5.29	ク

×は無効試技　−はパス

(☆☆☆◎◎◎◎)

解答・解説

【中高共通】

【1】①　行う　②　見る　③　支える　④　低年齢　⑤　ヒト免疫不全ウイルス(HIV)　⑥　コンドーム　⑦　保護者　⑧　合理的　⑨　公正　⑩　責任　※⑨⑩は順不同

〈解説〉①～③は，中学校学習指導要領解説　第2章　第2節「H　体育理論」の「1　運動やスポーツの多様性，イ　運動やスポーツへの多様なかかわり方」から出題されている。　④～⑦は，中学校学習指導要領解説　第2章　第2節〈保健分野〉の「(4)　健康な生活と疾病の予防，エ　感染症の予防，(イ)　エイズ及び性感染症の予防」から出題されている。　⑧～⑩は，高等学校学習指導要領保健体育科「体育」の目標から出題されている。保健体育科の目標とともに，非常に出題頻度が高い。

【2】① ア　② ウ　③ エ　④ ア　⑤ イ

〈解説〉中学校学習指導要領解説　保健体育編　第2章　第2節「B　器械運動」の評価規準に盛り込むべき事項(中学校の例)を理解しておくと，たやすく答えることができる。　・運動への関心・意欲・態度—器械運動の楽しさや喜びを味わうことができるよう，よい演技を認めようとすること，分担した役割を果たそうとするなど，健康・安全に留意して，学習に積極的に取り組もうとしている。　・運動についての思考・判断—器械運動を豊かに実践するための学習課題に応じた運動の取り組み方を工夫している。　・運動の技能—器械運動の特性に応じた技を身に付けている。　・運動についての知識・理解—器械運動の特性や成り立ち，技の名称や行い方，関連して高まる体力を理解している。

【3】(1)　(例)　・剣道具の着け方は正しいか。　・礼法は正しいか。　・構え，間合い，体さばきは正しいか。　・打ちと声と足の踏み込みが一致しているか。　・動作に迫力があり大きな声が出ているか。　・打たせ方は正確か。　・打った後の残心は正確か。　・打突部位を竹刀の打突部で打っているか。　※これらの中から3つ

(2) 〈工夫〉(例)　ロイター板などをマットの下に敷いて，傾斜や段差をつける。　〈目的〉(例)　傾斜や段差を用いることで回転速度を高められ，最後の立ち上がりをスムーズに行いやすくするため。

(3)　(例)　トス役の生徒がネットと平行にボールをネットより約2m高く投げあげ，ボールが最高点に達する少し前に助走(2歩)をはじめ，できるだけ高く両足ジャンプをし，その最高点でボールをつかむ練習。

(4) 〈入る前〉(例)　・体を良く洗い，鼻をかんでおく。　・体を水に慣れさせるよう，足からゆっくり入る。　・飛び込まない。　・バディシステムをとる。(2人組で常にお互いを監視し合う)　・走り回らない。　※これらの中から3つ　〈出る前〉(例)　・バディシステムで点呼をとる。　・目や口，体を良く洗い，耳に入った水を出す。　・更衣室を清潔に使用する。　※これらの中から3つ

〈解説〉教員としての実践的な指導力を判断するために，「どのような学習活動が考えられるか。どのように指導を工夫すればよいか。どのように技術的アドバイスをすればよいか。」等の文言で，効果的な指導方法や指導のポイント・要点を具体的に記述させる出題も多い。指導者の立場で基礎的・基本的な知識を学習し，実践的に指導できる力を身に付けておくことが大切である。

【4】(1)　(例)　医師は診察して処方箋を書き，薬剤師はそれによって調剤すること　　(2)　(例)　かつて流行した感染症のうち一度は患者数が減少して制圧されたが，近年ふたたび患者数が増えているもの
(3)　(例)　涼しい場所に運び，衣服を緩めて寝かせ水分を補給する
〈解説〉(1)　医薬分業は，医師と薬剤師の役割を分離・独立させ，診察や診断などを医師が，調剤は薬剤師が専門におこなうことで，それぞれの専門性を発揮するしくみであるとともに，医薬品の安全性のダブルチェック機能の推進も目的としている。　(2)　結核やマラリアなどのように，その発生が一時期は減少し，あまり問題だとみられない程度になっていたものが，再び増加し注目されるようになった感染症は再興感染症と呼ばれている。エイズやO157による腸管出血性大腸菌感染症などのように，新たに注目されるようになった感染症は新興感染症と呼ばれている。　(3)　熱中症を疑ったときにはまず，現場での応急措置が必要である。①涼しい場所への避難，②脱衣と冷却，③水分・塩分の補給，そして意識がなく自力で水分の摂取ができないときは，④医療機関へ搬送することが対処方法である。

【5】(1)　(例)　・脂肪のとりすぎ　　・塩分のとりすぎ　　・運動不足　・睡眠不足　　・ストレスの多い生活　　・喫煙や過度の飲酒　などから3つ　　(2)　①　・運動　　・栄養　　・休養　　・喫煙や過度の飲酒をしない　などから2つ　　②　・運動施設の整備　　・さまざまな健康づくり運動　　・健康情報の提供　　・健康診査，健康指導　などから2つ

〈解説〉生活習慣病とは，不適切な食生活，運動不足，睡眠不足，過度なストレス，喫煙，飲酒などの生活行動が原因となって引き起こされる病気である。　中学校学習指導要領解説　保健体育編　第2章　第2節の〈保健分野〉「(4)　健康な生活と疾病の予防，イ　生活行動・生活習慣と健康」で学習する内容である。高等学校では高等学校学習指導要領解説　保健体育編・体育編　第1部　第2節「保健」の「(1)　現代社会と健康，イ　健康の保持増進と疾病の予防」で，生活習慣病と日常の生活行動を学習する。

【6】(1)　①　総合得点　57点　　②　総合評価　A段階

(2)

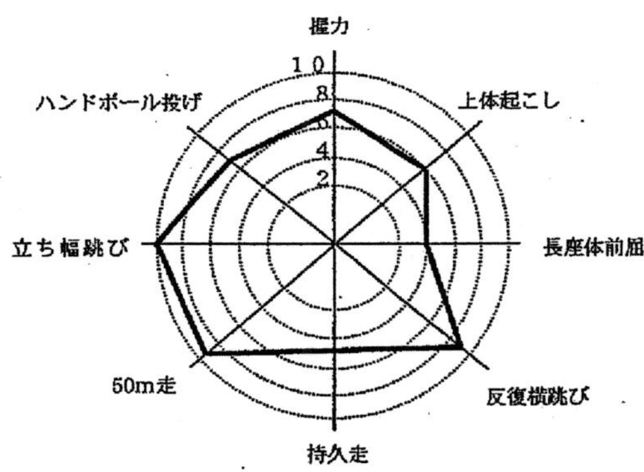

(3)　(例)　敏しょう性や瞬発力に優れており，柔軟性と全身持久力が不足している。中学生の時期は身体の発育・発達段階から持久力を高めるには適している時期なので，継続的にジョギングをしたり，けがの防止も踏まえて，ストレッチングなどを取り入れたりして柔軟性を高めるなど，バランスの取れた身体にすること。

〈解説〉Aさんの新体力テストの項目と体力評価を，次のようにまとめるとわかりやすい。

〈テスト項目〉	〈体力評価〉	〈記録〉	〈得点〉
・握力	→筋力	28kg	→7点
・上体起こし	→筋力・筋持久力	19回	→6点

・長座体前屈	→柔軟性	37cm	→4点
・反復横跳び	→敏捷性	50回	→9点
・持久走	→全身持久力	4′57″	→5点
・50m走	→スピード	8.0秒	→9点
・立ち幅跳び	→筋パワー(瞬発力)	213cm	→10点
・ハンドボール投げ	→巧緻性・筋パワー(瞬発力)	16m	→7点

〈合計〉57点

【7】(1)　①　(例)　・自分に適した距離を見つける。　・より速い助走スピードを得る。　②　(例)　・踏み切り板を見ず，前方斜めの目標物を決める。　・上体を起こして足の裏全体で踏み切る。
③　(例)　・大きな空間動作をとる。　・腕を前方に振りながら状態を前に倒す。　④　(例)　・両脚をそろえて膝を伸ばしながら足を前に放り出す。　(2)　ア　1　　イ　5　　ウ　3　　エ　2　　オ　8
カ　4　　キ　6　　ク　7　　※完答

〈解説〉(1)　中学校第3学年の走り幅跳びでは，助走のスピードとリズミカルな動きを生かして力強く踏み切り，より遠くへ跳んだり，競争したりできるようにする。力強く踏み切ってとは，速い助走から適切な角度で飛び出すために地面を強くキックすることである。学習指導要領解説保健体育編(平成20年9月　文部科学省)において，次のように学習内容が例示されている。まず，これを理解しておこう。　・踏み切り前3～4歩からリズムアップして踏み切りに移ること。　・踏み切りでは上体を起こして，地面を踏みつけるようにキックし，振り上げ脚を素早く引き上げること。　・かがみ跳びやそり跳びなどの空間動作からの流れの中で，足を前に投げ出す着地動作をとること。
(2)　走り幅跳びの順位の決定は，次のようにする。　1．記録の良い競技者から順に順位を決める。　2．同記録の場合には，第2番目の記録で決め，さらに決まらなければ，第3番目，第4番目……の記録で決定する。

2013年度　実施問題

【中高共通】

【1】次の文は『中学校学習指導要領解説保健体育編(平成20年9月)』の「保健体育科の目標及び内容」の一部を抜粋したものである。文中の(　①　)～(　⑩　)の中に適語を入れなさい。

・運動の合理的な実践を通して，運動の楽しさや喜びを味わうことができるようにするとともに，(　①　)や(　②　)を身に付け，運動を豊かに実践することができるようにする。

・運動を適切に行うことによって(　③　)を高め，(　④　)の(　⑤　)的発達を図る。

・運動における(　⑥　)や(　⑦　)の経験を通して，(　⑧　)に取り組む，互いに協力する，自己の(　⑨　)を果たすなどの意欲を育てるとともに，健康・安全に留意し，自己の(　⑩　)を尽くして運動をする態度を育てる。

(☆☆☆☆◎◎◎◎◎)

【2】次の文は『中学校学習指導要領解説保健体育編(平成20年9月)』の保健体育科改訂の趣旨の一部を抜粋したものである。文中の(　①　)～(　⑩　)の中に適語を入れなさい。ただし，(　　)内の数字が同じところは，同じ語句が入る。

体育については，「体を動かすことが，(　①　)能力を身に付けるとともに，(　②　)面や知的な発達を促し，(　③　)的活動や(　①　)表現などを通じて(　④　)能力を育成することや，筋道を立てて(　⑤　)や(　⑥　)を考え，改善の方法などを互いに話し合う活動などを通じて論理的(　⑦　)力をはぐくむことにも資することを踏まえ，それぞれの運動が有する特性や魅力に応じて，基礎的な(　①　)能力や(　⑧　)を身に付け，生涯にわたって運動に親しむことができるように，発達の段階のまとまりを考慮し，指導内容を整理し体系化を図る。」としている。また，武道については，「その学習を通じて我が国固有の(　⑨　)と(　⑩　)に，より一層触れることができるよう指導の在り方を改善する。」としている。

(☆☆☆☆◎◎◎◎◎)

【3】次の文は，『高等学校学習指導要領解説保健体育編・体育編(平成21年12月)』の各科目についてまとめたものである。文中の(　①　)～(　⑩　)の中に適語を入れなさい。ただし，(　　)内の数字が同じところは，同じ語句が入る。

(1)　体つくり運動について

「(　①　)運動」では，日常的に取り組める運動例を組み合わせることに重点を置くなど指導方法の工夫を図ることとしている。また，学習する時間が限られていることや個人のねらいが異なることから，同じねらいをもった仲間と運動の組み合わせ方を検討したり，実践した運動の計画例を発表したりして自己のねらいと異なる運動の組み立て方についても情報を共有できるようにするなどの工夫を図るようにする。

(2)　陸上競技について

短距離走・リレーでは，中間走の高い(　②　)を維持して速く走ること，長距離走では，(　③　)の変化に対応するなどして走ること，ハードル走では，(　②　)を維持した走りからハードルを低く(　④　)に越すこと。

(3)　武道について

(　⑤　)では，相手の多様な動きに応じた基本動作から，(　⑥　)技や(　⑦　)技・(　⑧　)技を用いて，素早く相手を崩して投げたり，抑えたり，返したりするなどの攻防を展開すること。

(　⑨　)では，相手の多様な動きに応じた基本動作から，(　⑥　)技を用いて，相手の(　⑩　)を崩し，素早くしかけたり応じたりするなどの攻防を展開すること。

(☆☆☆☆◎◎◎◎◎)

【4】次の文は，『高等学校学習指導要領解説保健体育編・体育編(平成21年12月)』の各科目についてまとめたものである。　下線部が正しい場合は○を，誤っている場合は×を書きなさい。

(1)　器械運動

技がよりよくできる楽しさや喜びを深く味わい，器械運動の学習に主体的に取り組み，役割を積極的に引き受け①自己の責任を果たすことなどに意欲をもち，健康や安全を確保するとともに，新たに挑戦する技の名称や行い方，課題解決の方法などを理解し，自己や仲間の課題に応じた②運動を継続するための取り組み方を工夫できるようにすることが大切である。

(2)　球技(ベースボール型)

運動種目を取り上げる際は，学習の最終段階であることを踏まえて，卒業後も継続できるよう生涯スポーツの場面で運用される③専門的なルールを取り上げるようにする。

(3)　水泳

中学校では，泳法を身に付け，効率的に泳ぐことができるようにすることをねらいとして，第1学年及び第2学年は，「泳法を身に付ける」ことを，第3学年は，「効率的に泳ぐ」ことをねらいとした学習をしている。高等学校では，これまでの学習を踏まえて，「④自己に適した泳法を身に付け，その⑤効率を維持して，泳ぐ」ことができるようにすることが求められる。

(☆☆☆☆◎◎◎◎)

【5】次の文は，『健康な生活を送るために(文部科学省)』の「健康」に関する記述の一部である。文中の(　①　)～(　⑤　)に当てはまる最も適当なことばをあとの語群からそれぞれ1つ選び，記号で答えなさい。

子どものころからの生活習慣は健康と密接な関係がある。わが国の死亡原因は，(　①　)，心疾患，脳血管疾患で約60％近くを占めており，これらを三大死亡原因と呼んでいる。これらの病気は，いずれも食事，(　②　)，休養(睡眠を含む)，喫煙や飲酒などの生活習慣と深いかかわりがあるため，生活習慣病と呼ばれている。

(③)は，新世紀の道標となる健康施策，すなわち，21世紀において日本に住む一人ひとりの健康を実現するための，新しい考え方による国民健康づくり運動である。これは，自らの健康観に基づく一人ひとりの取り組みを社会の様々な健康関連グループが支援し，健康を実現することを理念としている。この理念に基づいて，疾病による死亡，罹患，生活習慣上の危険因子などの健康に関わる具体的な目標を設定し，十分な情報提供を行い，(④)に基づいた生活習慣の改善および健康づくりに必要な環境整備を進めることにより，一人ひとりがみのり豊かで満足できる人生を全うできるようにし，併せて(⑤)な社会の実現を図るものである。

[語群]：ア　持続可能　　イ　ヘルスプロモーション
ウ　自己選択　　エ　呼吸器疾患
オ　運動　　カ　健康保護
キ　がん(悪性新生物)　　ク　達成可能
ケ　健康日本21　　コ　栄養

(☆☆◎◎◎)

【6】次の各問いの中から3つを選択してそれぞれ答えなさい。

(1)　乳児死亡率を説明しなさい。

(2)　違法ドラッグを説明しなさい。

(3)　感染症予防対策についての3つのポイントを答えなさい。

(4)　AEDとは心臓に発生したどのような状態をどのようにする機器か説明しなさい。

(5)　捻挫などの応急処置(RICE処置)をすることの意味は，医師が本格的治療に入る前のどのような効果(原理)を期待しているものか説明しなさい。

(☆☆☆☆☆◎◎◎◎◎)

【7】次の文は，「スポーツ基本法(平成23年6月24日公布，平成23年8月24日施行)」について説明したものである。(　①　)～(　⑧　)の中に適語を入れなさい。

スポーツは，世界共通の(　①　)の文化である。スポーツ基本法の前文は，この言葉から始まります。前文では，スポーツの(　②　)や意義，スポーツの果たす役割の重要性が示されている。(1)～(6)はその概要を示したものである。

(1)　スポーツを通じて幸福で豊かな生活を営むことは，全ての人々の(　③　)である。

(2)　全ての国民がその自発性の下に，各々の関心，適性等に応じて，安全かつ公正な環境の下で日常的にスポーツに親しみ，スポーツを楽しみ，又はスポーツを(　④　)活動に参画することのできる機会を確保されなければならない。

(3)　スポーツは，時代を担う青少年の(　⑤　)を向上。他者を尊重しこれと協同する精神，公正さと規律を尊ぶ態度や克己心を培い，実践的な思考力や判断力を育む等人格の形成に大きな影響を及ぼす。

(4)　スポーツは，人と人，地域と地域との交流を促進し，地域の一体感や活力を醸成し，地域社会の再生に寄与。心身の健康の保持増進にも重要な役割を果たし，健康で活力に満ちた(　⑥　)の実現に不可欠である。

(5)　スポーツ選手の不断の努力は，人間の可能性の極限を追究する有意義な営み。(　⑦　)大会における日本人選手の活躍は，国民に誇りと喜び，夢と感動を与え，国民のスポーツへの関心を高める。これらを通じて，我が国社会に活力を生み出し，国民経済の発展に大きく寄与する。

(6)　スポーツの国際的な交流や貢献が，国際相互理解を促進し，(　⑧　)に大きく貢献するなど，スポーツは，我が国の国際的地位の向上にも極めて重要な役割を果たす。

(☆☆☆☆◎◎◎◎◎)

【8】次の各問いに答えなさい。

(1)　学校，体育館，病院など多数の者が利用する施設において，受動喫煙防止対策を定めている法律名は何か。

(2)　自律神経の働きの中で，筋肉を緊張，血圧を上昇させる働きをする神経とは何か。

(3)　ヒトパピローマウイルスの感染が主な原因とされ，最近は20～30代の患者が増えている病気とは何か。

(4)　腕ずもうなどで力がつりあっているときのように，筋肉が長さを変えないで力を発揮する筋収縮の仕方を何収縮というか。

(5)　「スポーツ基本計画(平成24年3月30日文部科学省)」の中に，「今後10年以内に子どもの体力が昭和○○年頃の水準を上回ることができるよう，今後5年間，体力の向上傾向が維持され，確実なものとなることを目標とする。」と記してあるが，○○に当てはまる数字を答えなさい。

(6)　筋肉が収縮するための直接のエネルギー源は何か。

(7)　1分間にどれだけ多くの酸素を体内に取り込むことができるかを示した量を何というか。

(8)　地震の揺れが収まっても，二次災害を考えることが大切ですが，想定される二次災害を1つ答えなさい。

(☆☆☆☆◎◎◎◎◎)

【9】本年度から必修化された中学校における武道学習の実施に当たり，特に柔道を行う際には，安全面に配慮した指導を進めることが大切であるとされている。

このことを踏まえて，中学校の柔道の授業において，安全に学習を進めるためには，どのようなことに留意して指導しなければならないか，具体的に3つ書きなさい。

(☆☆☆☆◎◎◎◎◎)

解答・解説

【中高共通】

【1】① 知識　② 技能　③ 体力　④ 心身　⑤ 調和　⑥ 競争　⑦ 協同　⑧ 公正　⑨ 役割　⑩ 最善(①と②，⑥と⑦は順不同可)

〈解説〉問題は順に体育分野第1～2学年の目標の(1)，(2)，(3)である。教科の目標が各学年の目標に関連していることはいうまでもないが，特に今回の改訂で小学校第5学年～中学校第2学年の4年間は「多くの領域の学習を経験する時期」，中学校第3学年～高等学校第3学年の4年間を「卒業後に少なくとも一つの運動やスポーツを継続することができるようにする時期」と考えられていることから，第1～2学年と第3学年では目標やねらいが異なっている。その点を注意しながら，学習しておこう。

【2】① 身体　② 情緒　③ 集団　④ コミュニケーション　⑤ 練習　⑥ 作戦　⑦ 思考　⑧ 知識　⑨ 伝統　⑩ 文化(⑤と⑥，⑨と⑩は順不同可)

〈解説〉学習指導要領解説によれば，今回の改訂は中央教育審議会答申(平成20年1月)を踏まえて行われており，本問は学習指導要領解説第1章2の「ア 改善の基本方針」の(ｲ)からの出題である。この基本方針は中学校・高等学校で共通しており，出題頻度も高いことから，学習指導要領の概略を学習する際の前提といった位置づけで熟読しておくとよい。

【3】① 体力を高める　② スピード　③ ペース　④ リズミカル　⑤ 柔道　⑥ 得意　⑦ 連絡　⑧ 変化　⑨ 剣道　⑩ 構え(⑦と⑧は順不同)

〈解説〉体つくり運動は，体ほぐしの運動と体力を高める運動に大別され，それぞれねらい等が異なる。体ほぐしの運動はすべての学年で取り扱うこととし，器械体操からダンスまで，関連を図って指導するとしている。一方，体力を高める運動では同じ目的をもった仲間との情報の共有があげられている。武道では中学校では柔道，剣道，相撲が，高等学校では柔道，剣道が示されている。

【4】① ○　② ○　③ ×　④ ○　⑤ ×

〈解説〉(2) 「E 球技」については，まず今回の改訂によってゴール型，ネット型，ベースボール型に大別されることをおさえておきたい。具体的にはゴール型はバスケットボール，サッカー等，ネット型ではバレーボール，バドミントン等，ベースボール型ではソフトボールがあげられる。③は「一般的なルール」が正しい。　(3) 「D 水泳」では中学校でバタフライを学習しており，第3学年では複数の泳法で泳ぐ，またはリレーを行っていることを踏まえて授業計画を作成する。⑤は「効率を高めて，泳ぐ」が正しい。

【5】① キ　② オ　③ ケ　④ ウ　⑤ ア

〈解説〉三大死亡原因について，最近は脳血管疾患に替わって肺炎が第3位となっている。いずれにしても，生活習慣との関わりが深く，生活習慣病であることには変わりないだろう。「健康日本21」の正式名称は「国民の健康の増進の総合的な推進を図るための基本的な方針」であり，関連法案として公布・施行されたのが健康増進法である。「健康日本21」は，第2期が2013年から実施されている。

【6】(1)　ある年に生まれたこどもに対する，生後1年未満に死亡したものの数を，千分率で表したもの。平均寿命に大きく影響を与える数値である。　(2)　麻薬などには指定されていないものの，麻薬などと類似の有害性を有することが疑われる薬物で，人に乱用させることを主な目的として製造され，販売されているもの。　(3)　・感染源を絶つ(例：殺菌消毒等)　・感染経路を絶つ(例：水道の整備，清潔，清掃

等)　・抵抗力を高める(例：予防接種，適度な運動等)

(4)　AEDは多くの突然死の原因となる心臓の危険な状態(心室細動)を自動的に判断し，電気ショックを与えて，細動を取り除く機器。

(5)　・内出血を抑えることができる。　・腫れなどが周囲に広がることを防ぐ。　・痛みを和らげる。

〈解説〉(1)　乳児や幼児は栄養不足や病気などに対する抵抗力が大人に比べて弱いため，公衆衛生や医学の水準が低い場合，その死亡率が高くなる。　(2)　麻薬などにこそ指定されていないが，その摂取に　よって人の精神・肉体に薬物依存を起こさせ，大きな障害を残す物質であって，人に乱用させることを目的に製造，販売がなされるもの。麻薬等に指定された成分を含まない薬物や植物であっても，多くは薬事法に違反する無承認無許可医薬品であるが，それらは「合法ドラッグ」「脱法ドラッグ」と称されてきた。しかし，2006(平成18)年の薬事法改正で「指定薬物」の名称で，違法ドラッグとして規制されることとなった。　(4)　心肺蘇生法とAED(自動体外式除細動器)の使用による救命処置の流れは出題頻度が非常に高いので，必ず学習しておくようにする。なお，AEDについては電気ショックを行う場合があるので，使用者以外は近づかない等の注意点がある。　(5)　スポーツ医学での初期治療，応急処置として，「RICE法」の原則が大切である。Rest(安静)，Ice(冷却)，Compression(圧迫)，Elevation(挙上)を覚えておく。初期治療の目的は，痛んだ部位の内出血を抑え，腫れや痛みをなるべく少なくすることである。応急処置の目的は，救命と悪化防止と苦痛の軽減の3点である。

【7】①　人類　②　価値　③　権利　④　支える　⑤　体力　⑥　長寿社会　⑦　国際競技　⑧　国際平和

〈解説〉スポーツ基本法(平成23年6月公布)は，昭和36年に制定されたスポーツ振興法を50年ぶりに全部改正，スポーツに関する基本理念，国及び地方公共団体の責務，スポーツ団体の努力等を明らかにするとともに，スポーツに関する施策の基本事項を定めたものである。前文と同時に第1～2条だけでなく，第9，13，17条なども確認しておこう。さらに，第9条を根拠とするスポーツ基本計画も確認しておきたい。スポーツ基本計画では目指すべき具体的な社会の姿として5項目，今後10年間を見通したスポーツ推進の基本方針として7項目示されている。

【8】(1)　健康増進法　(2)　交感神経　(3)　子宮頸がん　(4)　等尺性収縮(アイソメトリック)　(5)　60　(6)　ATP(アデノシン三リン酸)　(7)　最大酸素摂取量(VO_2MAX)　(8)　津波・土砂崩れ・地割れ・火災等

〈解説〉(2)　交感神経は，副交感神経とともに自律神経系を構成する末梢神経で内臓諸器官に分布し，意志とは関係なしに，副交感神経に拮抗して内臓のはたらきをコントロールしている。交感神経は，ほとんどすべての血管を収縮させて血圧を上昇させる。また副腎髄質でアドレナリンの分泌を促す。　(3)　子宮頸がんは，近年死亡率の再上昇，また若年患者の増加が指摘されている。原因は，子宮頸がん組織の95％以上からHPV(ヒトパピローマウイルス)が検出されていることから，HPV感染であると考えられている。　(4)　アイソメトリックトレーニングは筋肉の等尺性収縮を利用した静的な筋力トレーニング，アイソトニックトレーニングは筋肉の等張性収縮を利用した動的なトレーニング，アイソキネティックトレーニングは筋肉の等速性収縮を利用した油圧式の機器で見られるような動きのトレーニングである。
(6)　筋肉はアデノシン三リン酸(ATP)の分解によるエネルギーで収縮する。クレアチンリン酸(CP)とグリコーゲンは，ATPを再合成し，運動を継続させる。グリコーゲンは酸素が不足する状態では乳酸となり，これが筋肉内にたくさんたまると収縮できなくなる。　(7)　最大酸素摂取量は，運動中に体内に摂取される1分間当たりの最大値で，測定にはトレッドミルなどエルゴメータが用いられる。有酸素的(エアロビック)作業能力の最もよい指標とされ，持久力を必要とするマラソン選手などは，この値が高い。　(8)　地震によって家屋が倒壊するような直接的被害を一次災害，地震による火災などのような直接的被害に連鎖して起こる災害を二次災害と呼ぶ。解答例のほか，液状化現象，地震でガス管が損壊したことによる爆発事故，救助隊の遭難や被災などもあげられる。

【9】・生徒の体調等に注意する。　・多くの生徒が「初心者」であることを踏まえた段階的な指導を行う。　・「頭を打たない・打たせない」ための「受け身」の練習をしっかりと指導する。　・固め技では抑え技のみであり，絞め技や関節技は指導しない。　・しっかりと受け身を身に付けさせたうえで，生徒の習熟状況にあった投げ技の指導を行う。(このうち3つ)

〈解説〉武道必修化(中学校第1～2学年で)に伴い，文部科学省から「柔道の授業の安全な実施に向けて」(平成24年3月)が出されている。その中で，柔道の授業における安全管理のための6つのポイントが〔授業に入る前に〕,〔実際の授業の中で〕として示されている。本問は,〔実際の授業の中で〕(5) 安全な柔道指導を行う上での具体的な留意点，で示されている5つの中から3つを解答する。

2012年度　実施問題

【中高共通】

【1】次の文章は，「高等学校学習指導要領解説　保健体育編　体育編」(平成21年12月)「体育」についての「内容」の一部を抜粋したものです。文中の(　①　)～(　⑩　)の中に適語を入れなさい。ただし，(　　)内の番号が同じところは，同じ語句が入ります。

体育の内容は，(　①　)に関する領域及び知識に関する領域で構成されている。(　①　)に関する領域は，「体つくり運動」，「(　②　)」，「(　③　)」，「水泳」，「(　④　)」，「(　⑤　)」及び「(　⑥　)」であり，知識に関する領域は，「体育理論」である。また，内容の取扱いにおいて，地域や学校の実態に応じて，(　⑦　)，(　⑧　)や(　⑨　)活動(野外活動)を加えて指導するとともに，(　⑩　)についても履修させることができるものとしている。

(☆☆☆◎◎◎)

【2】次の文章は，「中学校学習指導要領解説　保健体育編」(平成20年9月)「保健体育科」についての「改訂の要点」の一部を抜粋したものです。文中の(　ア　)～(　コ　)の中に適語を入れなさい。

保健体育科については，(　ア　)の答申の趣旨を踏まえて，次の方針によって改訂を行った。

生涯にわたって豊かな(　イ　)を実現する基礎を培うことを重視し，(　ウ　)の楽しさや喜びを味わうことができるようにするとともに，発達の段階のまとまりを考慮し，小学校，中学校及び高等学校を見通した指導内容の(　エ　)を図ること。

指導内容の確実な定着化を図る観点から，指導内容を明確に示すとともに，学校段階の(　オ　)を踏まえ，第1学年及び第2学年においては，領域の取上げ方の(　カ　)を図ること。

保健分野においては，(　キ　)生活における健康・安全に関する内容を重視し，指導内容を改善すること。

また，健康の保持増進のための実践力の育成のため，自らの健康を適切に管理し改善していく(　ク　)・(　ケ　)などの資質や能力を育成する観点から，(　コ　)のある指導ができるように内容を明確にすること。

(☆☆☆◎◎◎)

【3】次の文章は，「中学校学習指導要領解説　保健体育編」(平成20年9月)「指導計画の作成」の一部をまとめたものです。文中の(　①　)～(　⑮　)の中に適語を入れなさい。

保健体育科の目標を達成するためには，学習指導を計画的に，しかも(　①　)よく展開する必要がある。このため，地域や学校の実態，生徒の心身の発達の段階や特性等を十分考慮し，中学校の3学年間を見通した上で目標や内容を的確に定め，(　②　)のとれた具体的な指導計画を作成することが大切である。

授業時数の配当については，保健分野の授業時数は，3学年間で，(　③　)単位時間程度を配当すること。体育分野の授業時数は，各学年にわたって適切に配当すること。その際，体育分野の内容の「A 体つくり運動」については，各学年で(　④　)単位時間以上を，「H 体育理論」については，各学年で(　⑤　)単位時間以上を配当すること。保健分野の授業時数は，3学年間を通して適切に配当し，各学年において効果的な学習が行われるよう適切な時期にある程度まとまった時間を配当すること。

保健体育の年間標準授業時数は，第1学年，第2学年，第3学年とも(　⑥　)単位時間　合計(　⑦　)単位時間である。現行は，各学年とも(　⑧　)単位時間を標準としている。

年間計画を作成するに当たっては，学習指導要領の総則第1の3「学校における体育・健康に関する指導」との関連を十分に考慮することが重要である。学校における体育・健康に関する指導は，生徒の発達の段階を考慮して，学校の教育活動全体を通じて適切に行うものとする。特に，学校における(　⑨　)の推進並びに(　⑩　)に関する指導，安全に関する指導及び心身の健康の保持増進に関する指導については，保健体育科の時間はもとより，(　⑪　)，(　⑫　)などにおいてもそれぞれの特質に応じて適切に行うよう努めることとする。また，それらの指導を通して，(　⑬　)や地域社会との連携を図りながら，日常生活において適切な体育・健康に関する活動の実践を促し，(　⑭　)を通じて健康・安全で活力ある生活を送るための(　⑮　)が培われるよう配慮しなければならない。

(☆☆☆◎◎◎)

【4】次の文章は，「高等学校学習指導要領解説　保健体育編　体育編」(平成21年12月)「体つくり運動」についての「内容の取扱い」の一部である。文中の(　①　)〜(　⑩　)の中に適語または数字を入れなさい。ただし，(　　)内の番号が同じところは，同じ語句が入ります。

体つくり運動の領域は，各年次において，すべての生徒に履修させることとしている。また，「各科目にわたる指導計画の作成と内容の取扱い」において，授業時数を各年次で(　①　)〜(　②　)単位時間程度を配当することとしているので，これらの点を十分考慮して，体つくり運動に必要な知識の学習を計画的に配当するとともに，実践については，(　③　)の行い方，自己のねらいに応じた運動の組み合わせ方と(　④　)な行い方，運動の計画の見直しの仕方，卒業後に継続するための運動例などの指導内容について，卒業までの見通しを立て指導計画を作成し段階的に指導することが大切である。

なお，知識に関する学習として，「体力の(　⑤　)」及び「(　⑥　)への取り入れ方」については一定のまとまりの時間で扱うこととし，「体つくり運動の行い方」については，実践と関連付けて理解できるようにする。

その際，中学校における「体つくり運動の意義」，「体の構造」，「運動の原則」について理解の程度を確認し，必要に応じて(　⑦　)することとする。

「(　③　)」については，すべての年次で取り扱うこととし，さらに，器械運動からダンスまでの運動に関する領域においても関連を図って指導することができることとしている。その際，「(　③　)」としての学習と各運動の領域で行われる準備運動，(　⑧　)，整理運動等との整理を図り，指導と(　⑨　)ができるようにすること。

また，精神の健康など「(　⑩　)」とも関連を図ることとしている。

(☆☆☆◎◎◎)

【5】「健康」について述べられた次の文章を読んで，あとの問いに答えなさい。

1946年，(　①　)憲章に「健康とは，身体的，精神的，社会的に完全に良好な状態であり，単に病気あるいは虚弱ではないことではない」と定義されました。この定義がすばらしいものであることは間違いありませんが，一方で，あまりに理想的すぎるのではないかという疑問もあります。たとえば，慢性的な病気をかかえながら生活している人や障害がある人にとって，健康は無縁のものなのでしょうか。これらの疑問は，健康がその人の生き方や価値観と関連していることからおこります。

今日では，毎日の生活での苦楽の有無や自立の程度などからみた生活の質や生きがいから，健康を考えるようになってきています。健康とは何かだけでなく，健康を保持増進する方法(例えば，②適正体重：BMI→18.5～25未満＝正常を知り，保持する)についても，その考え方は変化してきました。近年では，仮面うつ病や③心身症など生活習慣やストレスが原因となる病気の増加や個人の価値観を尊重する傾向が強くなっていることに伴い，健康に関する本人の意志や行動が重視されるようになってきました。そこで今日では，健康を保持増進するために，④ヘルスプロモーションという考え方が重視されています。

(1)　文中の(　①　)に入る国際機関名を答えなさい。

(2)　傍線部②について，BMIを求める式を答えなさい。また，正常範囲の中で標準の数値を答えなさい。

(3)　傍線部③について，心身症とは何か簡潔に説明しなさい。

(4)　傍線部④について，ヘルスプロモーションとは何か簡潔に説明しなさい。

(☆☆☆◎◎◎)

【6】突き指や捻挫，打撲，切り傷などの日常的なけがについて，応急手当をおこなうことにより，苦痛をやわらげたり治りを早くしたりすることができます。代表的なものに，捻挫の応急手当が英語の頭文字を取ってRICE処置といわれますが，それぞれを日本語では漢字二文字で表すと何というか答えなさい。

・(　①　)……R　　・(　②　)……I　　・(　③　)……C

・(　④　)……E

(☆☆☆◎◎◎)

【7】次の文章は，学校保健安全法(平成21年4月1日施行)の「目的」である。文中の(　①　)～(　⑤　)の中に適語を入れなさい。

この法律は，学校における(　①　)等及び(　②　)の健康の保持増進を図るため，学校における(　③　)管理に関し必要な事項を定めるとともに，学校における教育活動が(　④　)な環境において実施され，(　①　)等の(　④　)の確保が図られるよう，学校における(　④　)管理に関し必要な事項を定め，もつて学校教育の円滑な実施とその(　⑤　)の確保に資することを目的とする。

(☆☆☆◎◎◎)

【8】次の各問いに答えなさい。

①　かつては「痴呆」と呼ばれ，記憶，判断，言語，感情などの精神機能が低下し，日常生活に支障をきたした状態を何というか。

②　体温や血圧などの調節を支配している神経系とは何か。

③　体内で炭水化物(グリコーゲン)が酸素のない状態で分解していく過程で生じる物質とは何か。

④　ダンベルなど一定重量の負荷を用い，筋肉を収縮させて筋力を発揮する筋収縮の仕方を何収縮というか。

⑤　スポーツ振興法を50年ぶりに見直し，平成23年6月24日に公布され，現在，施行に向けて関係法案を整備し，準備を進めている法律とは何か。

⑥　トレーニングの5原則の中で，体力の向上とともに，しだいに運動の強さや量を高めることを，何の原則というか。

(☆☆☆◎◎◎)

解答・解説

【中高共通】

【1】①　運動　②　器械運動　③　陸上運動　④　球技　⑤　武道　⑥　ダンス　⑦　スキー　⑧　スケート　⑨　水辺　⑩　レスリング　(②・③・④)，(⑤・⑥)，(⑦・⑧)は順不同可

〈解説〉学習指導要領の目標及び内容に関する問題は必須である。体育科，保健体育科の12年間の系統性を踏まえた改善を図ることとした今回の改訂理念，及び高等学校における生徒の運動経験，能力，興味，関心等の多様化の現状を踏まえて，入学年次においては，中学校第3学年の内容と同様の指導内容が，その次の年次以降については，高校卒業までの指導内容が指導の目安となるよう，学習のねらいを段階的に示している。

【2】ア　中央教育審議会　イ　スポーツライフ　ウ　運動　エ　体系化　オ　接続　カ　弾力化　キ　個人　ク　思考力　ケ　判断力　コ　系統性

〈解説〉中学校学習指導要領の保健体育科については，中央教育審議会の答申の趣旨を踏まえて改訂された。基本方針として，「運動する子ど

もとそうでない子の二極化」「子どもの体力の低下傾向」「運動への関心や意欲，運動の楽しさや喜び，運動の技能や知識など，生涯にわたって運動に親しむ資質や能力の育成が十分に図られていない」「学習体験がないまま領域を選択している」等の課題を踏まえ，生涯にわたって健康を保持増進し，豊かなスポーツライフを実現することを重視している。この基本方針と，小学校高学年からの接続，及び発達の段階のまとまりを踏まえて，体育分野の目標及び内容を「第1学年及び第2学年」と「第3学年」に分けて示すことになった。保健分野については，個人生活における健康・安全に関する内容を重視する観点から，医薬品に関する内容について取り上げるなど，指導内容の改善に加え，自らの健康を適切に管理し改善していく思考力・判断力などの資質や能力を育成する観点から，小学校の内容を踏まえた系統性のある指導ができるよう健康の概念や課題に関する内容を明確にし，指導のあり方を改善することとしている。

【3】① 効率　② 調和　③ 48　④ 7　⑤ 3　⑥ 105　⑦ 315　⑧ 90　⑨ 食育　⑩ 体力の向上　⑪ 技術・家庭科　⑫ 特別活動　⑬ 家庭　⑭ 生涯　⑮ 基礎
⑪・⑫は順不同可

〈解説〉学習指導要領の改訂前では，各学年90単位時間を標準としていたが，105時間と改められ，3学年間では315時間となっている。改訂によって文言や数値が変わったものは現行と改訂版の両方を確実に頭に入れておく必要がある。特に中学校は平成24年から完全実施となるため，このような問題には要注意である。また，指導計画の作成と内容の取扱いについての問題は，指導要領から幅広く出題されているため，全体に目を通す必要があるだろう。

【4】① 7　② 10　③ 体ほぐしの運動　④ 安全　⑤ 構成要素　⑥ 実生活　⑦ 復習　⑧ 補強運動　⑨ 評価　⑩ 保健

〈解説〉体つくり運動の領域は，各年次において，すべての生徒に履修させることとしている。大きく分けて，体つくり運動は「体ほぐしの運動」と「体力を高める運動」の2つに分かれる。「体ほぐしの運動」はすべての学年で取り扱うこととされており，器械運動からダンスの領域まで，関連を図って指導することができるとされている。一方で「体力を高める運動」は，日常的に取り組める運動例を組み合わせることに重点を置くなど指導法の工夫を図ることとされている。内容や取り扱いについて，他の領域との相違点からおさえていくと良いだろう。

【5】(1) WHO(世界保健機関) (2) BMI＝体重(kg)÷身長(m)÷身長(m)，標準：22 (3) 身体疾患の症状の発現や症状の消長にこころの問題の関与が大きい身体疾患の総称 (4) 人々が自らの健康とその決定要因をコントロールし，改善することができるようにするプロセス

〈解説〉(1) WHO(世界保健機関)憲章は，1946年7月22日にニューヨークで61か国の代表により署名され，1948年4月7日より効力が発生した。日本では，1951年6月26日に条約第1号として公布された。 (2) BMIとは，身長からみた体重の割合を示す体格指数で，標準は22とされている。また，18.5未満はやせ，25以上は肥満とされている。 (3) 心身症とは，身体疾患の中で，その発症や経過に心理社会的な因子が密接に関与し，器質的ないし機能的障害が認められる病態をいう。

(4) ヘルスプロモーションとは，WHO(世界保健機関)が1986年のオタワ憲章において提唱した，新しい健康観に基づく21世紀の健康戦略で，「人々が自らの健康とその決定要因をコントロールし，改善することができるようにするプロセス」と定義されている。

【6】① 安静 ② 冷却 ③ 圧迫 ④ 挙上

〈解説〉外傷の急性期には出血，腫れ，痛みが起きる。これは損傷修復に必要な生体反応であるが，過剰になると修復が遅れる原因になる。組織の急性反応をおさえて，二次的な組織の損傷を避けるために行うの

がRICE処置である。これは，局所の安静(Rest)，冷却(Icing)，圧迫(Compression)，挙上(Elevation)のそれぞれの頭文字となっている。

【7】① 児童生徒　② 職員　③ 保健　④ 安全　⑤ 成果

〈解説〉この問題は学校保健安全法第一章総則の第一条(目的)に関する問題である。学校保健安全法は，学校における児童生徒等及び職員の健康の保持増進を図るため，学校における保健管理に関し必要な事項を定めるとともに，学校における教育活動が安全な環境において実施され，児童生徒等の安全の確保が図られるように，学校における安全管理に関し必要な事項を定め，学校教育の円滑な実施とその成果の確保に資することを目的とした法律である。「学校保健法等の一部を改正する法律(平成20年6月18日法律第73号)」によって，2009年(平成21年)4月1日，学校保健法から学校保健安全法に改題管理に関する条項が加えられた。

【8】① 認知症　② 自律神経　③ 乳酸　④ 等張性(アイソトニック)　⑤ スポーツ基本法　⑥ 漸進性

〈解説〉③ エネルギー供給回路である解糖系で，グルコースが分解されてピルビン酸に変化する。このピルビン酸が無酸素状態で乳酸に変化する。乳酸は肝臓に送られてグルコースに再合成されるが，筋肉中に蓄積すると筋疲労の原因になる。　④ 等張性(アイソトニック)の他に，等尺性(アイソメトリック)，等速性(アイソキネティクス)がある。等尺性筋収縮は，筋肉がその長さを変えずに収縮し，張力を発生させることで，動かないものを押したり引いたりする運動がそれにあたる。等速性筋収縮は，筋の収縮を一定のスピードで行う運動のことで，実際に人体で用いるときは，関節の運動速度を一定にして行う運動のことを示す。　⑤ スポーツ基本法は，平成23年8月24日から施行されている。　⑥ 残りの4つの原則は，全面性(片寄りないように行う)，個別性(個人の能力に合わせる)，意識性(目的意識を持つ)，反復性(繰り返して行う)である。

2011年度　実施問題

【中高共通】

【1】次の文は，中学校学習指導要領解説保健体育編(平成20年3月告示)保健体育科の目標及び内容より作成したものである。文中の(　①　)～(　⑮　)の中に適語を入れなさい。ただし，(　　)内の数字が同じところは，同じ語句が入る。

・教科の目標として，「(　①　)としてとらえ，運動や健康・安全についての理解と運動の(　②　)な実践を通して，生涯にわたって運動に親しむ資質や能力を育てるとともに健康の保持増進のための実践力の育成と体力の向上を図り，明るく豊かな生活を営む態度を育てる。」ことがあげられている。

・体つくり運動の第3学年のねらいとして「(　③　)では，心と体は互いに影響し変化することに気付き，体の状態に応じて体の調子を整え，仲間と積極的に交流するための手軽な運動や(　④　)な運動を行うこと。」があげられている

・第1学年及び第2学年の球技について

「(　⑤　)型」とは，ドリブルやパスなどの(　⑥　)で相手コートに侵入し，シュートを放ち，一定時間内に相手チームより多くの得点を競い合うゲームである。

「(　⑦　)型」とは，コート上で(　⑦　)をはさんで相対し，身体や用具を操作してボールを空いている場所に返球し，一定の得点に早く到達することを競い合うゲームである。

「(　⑧　)型」とは，身体や(　⑨　)の操作と(　⑩　)での攻撃，ボール操作と定位置での守備などによって攻守を規則的に交代し(　⑪　)の回数内で相手チームより多くの得点を競い合うゲームである。

・第1学年及び第2学年のダンスについて

ダンスは,「(　⑫　)」,「(　⑬　)」,「(　⑭　)」で構成され,イメージをとらえた表現や踊りを通した交流を通して仲間とのコミュニケーションを豊かにすることを重視する運動で,仲間とともに感じを込めて踊ったり,イメージをとらえて自己を表現したりすることに楽しさや喜びを味わうことのできる運動である。

・集団行動については,集団として必要な行動の仕方を身に付け,(　⑮　)で安全な集団としての行動ができるようにすることは,運動の学習においても大切なことである。

集団としての行動については,運動の学習に直接必要なものを取り扱うようにし,体つくり運動からダンスまでの各運動に関する領域の学習との関連を図って適切に行うこととした。

(☆☆☆◎◎◎)

【2】次の文は,高等学校学習指導要領解説保健体育編・体育編(平成21年12月)の各科目の一部である。文中の(　①　)～(　⑩　)の中に適語を入れなさい。

・子どもの心身の発達については,(　①　)や(　②　)の変化が,様々な影響を与えている。体力・運動能力調査や平成20年度全国体力・運動能力,運動習慣等調査の結果などから,子どもの体力水準が全体として低下していることがうかがえるとともに,(　③　)に運動する子どもとそうでない子どもに(　④　)が拡大しているとの指摘がある。

・体力は,人間の(　⑤　)であり,健康の維持のほか意欲や気力といった精神面の充実に大きくかかわっており,「(　⑥　)」の重要な要素である。

(中略)

一方,スポーツの意義は,(　⑦　)をより豊かにし,充実したものとするとともに,人間の身体的・精神的な欲求にこたえる(　⑧　)の人類の文化の一つである。

・高等学校保健体育科では「明るく豊かで活力ある生活を営む態度を

育てる」という教科の究極の目標の実現に向けて，「体育」においては，小学校から高等学校までの(　⑨　)の一貫した教育課程の中で，すべての児童生徒が学習する教科・科目としての(　⑩　)の役割を担うこととなる。

(☆☆☆◎◎◎)

【3】次の文は，中学校学習指導要領解説保健体育編(平成20年3月)保健分野についての一部である。文中の(　①　)～(　⑩　)の中に適語を入れなさい。ただし，(　　)内の数字が同じところは，同じ語句が入ります。

心身の機能の発達と心の健康について理解できるようにする。

身体には，多くの器官が(　①　)し，それに伴い，様々な機能が(　②　)する時期があること。また，(　①　)・(　②　)の時期やその程度には，個人差があること。

(　③　)には，(　④　)の働きによって(　⑤　)にかかわる機能が成熟すること。また，成熟に伴う変化に対応した適切な行動が必要となること。

(　⑥　)，(　⑦　)，社会性などの精神機能は，生活経験などの影響を受けて発達すること。また，(　③　)においては，自己の認識が深まり，(　⑧　)がなされること。

精神と身体は，相互に影響を与え，かかわっていること。

(　⑨　)や(　⑩　)は，心身に影響を与えることがあること。また，心の健康を保つには，(　⑨　)や(　⑩　)に適切に対処する必要があること。

(☆☆☆◎◎◎)

【4】次の文は，現在の健康問題を説明したものである。(　①　)～(　⑪　)の中に適語を入れなさい。

日本の平均寿命は，現在世界最高水準となっている。平均寿命ののびは，初期には，(　①　)の大幅な改善により，また，近年では(　②　)の死亡率の改善によって達成された。現在では，死亡原因の約60%が3つの生活習慣病で占められている。死亡割合の大きいものから，(　③　)・(　④　)・(　⑤　)である。

また，結核や肺炎をはじめとする感染症は減少してきているが，新たな感染症が問題となっている。新興感染症として，国外では1976年スーダンで確認され，感染者の約80%が全身出血などで死亡したといわれる(　⑥　)があげられる。また，最近では2002年に中国で発熱，咳，呼吸困難などの呼吸器症状による(　⑦　)が流行し，大きな健康被害をもたらした。さらに，医薬品に抵抗力を持つ，さまざまな(　⑧　)も出現してきた。

検疫や上下水道の整備などによって(　⑨　)や(　⑩　)の対策をすることや，予防接種などによって(　⑪　)の対策をすることなどが感染症に対する予防対策として考えられる。

(☆☆☆◎◎◎)

【5】次の文は，喫煙と健康について説明したものである。(　①　)～(　③　)の中に適語を入れなさい。

たばこの有害物質には，一酸化炭素やニコチンがある。それ以外には健康な細胞をがん細胞に変化させたりがん細胞を増殖させたりする(　①　)や組織呼吸を妨げたり，気道の繊毛を破壊したりする(　②　)がある。非喫煙者であっても喫煙者の周囲にいれば，いやおうなしに副流煙と喫煙者が吐きだした煙を吸い込むことになる。これを(　③　)という。

(☆☆☆◎◎◎)

【6】次の文は，熱中症について説明したものである。(　①　)～(　④　)の中に適語を入れなさい。

直射日光や高温多湿の環境下で激しい労働やスポーツをおこなうと，体温調節機能や血液循環機能が十分に働かなくなり，さまざまな障害があらわれてくることがある。これらをまとめて熱中症といい4つの症状に分けられる。該当する症状をあとの語群から選び，記号で答えなさい。

・(①)……発汗による体の塩分不足のため脚や腕の筋肉がけいれんする。

・(②)……脱水と皮膚血管の拡張のため血圧が低下し，めまいや失神がおこる。

・(③)……体温が少し上昇し，脱水や塩分不足により頭痛や吐き気などがみられる。

・(④)……熱が体外へ放出されないために体温の上昇が激しく，脈が速くなり，うわごとなどの意識障害を生じる。

〔語群〕 (ア) 熱失神 (イ) 熱疲労
(ウ) 熱けいれん (エ) 熱射病

(☆☆☆◎◎◎)

【7】次の文は，学校保健安全法の一部である。(①)～(④)の中に適語を入れなさい。

第27条 学校安全計画の策定等

学校においては，児童生徒等の安全の確保を図るため，当該学校の(①)及び設備の(②)，児童生徒等に対する(③)を含めた学校生活その他の日常生活における安全に関する指導，(④)その他学校における安全に関する事項について計画を策定し，これを実施しなければならない。

(☆☆☆◎◎◎)

【8】次の各問いに答えなさい。

(1) 50歳以上の女性に多く見られる，骨に含まれるカルシウムなどの量が極端に減ってしまう病気は何か。

(2) 1993年に制定された，環境に関する国の政策の基本的方向を示している法律は何か。

(3) 環境ホルモンともいい，それが体内にとりこまれた場合に，体内で分泌されるホルモンの正常な働きに影響をおよぼす外因性の化学物質の総称を何というか。

(4) 手や足などを動かさない状態で筋力を発揮させる静的トレーニングを何というか。

(5) スポーツ振興法にもとづいて定められた，長期的・総合的な視点から国がめざすスポーツ振興の基本的方向を示した計画を何というか。

(6) 薬物乱用をやめてしばらくした後でも，飲酒や強いストレスなどの際に，幻覚や妄想などの精神異常が突然現れることを何というか。

(7) 自動車の通行を主たる目的とはしない道路を何というか。歩行者の安全性や快適性を目的としており，自動車の速度を押さえなければならない。そのため一直線に走れないように車道を蛇行させたり，不規則な曲がり角を設ける等している。

(8) イメージトレーニングの一つで，試合当日の朝から試合が終わるまでの一連の流れを思い浮かべ，当日のリハーサルを行う方法を何というか。

(9) 障害がある人や高齢者等が社会生活に参加する上で生活の妨げとなる物理的な障害や精神的な障壁を取り除くことを何というか。

(10) 交通事故を起こして人を死傷させたり，飲酒運転等の危険運転をすると罰金刑や懲役刑が科せられる。このことを(　　)上の責任という。(　　)に入る適切な語句を答えなさい。

(11) 交通事故を起こして人を死傷させたり，物を壊したりすると，その損害を賠償する責任を負わなければならない。このことを(　　)上の責任という。(　　)に入る適切な語句を答えなさい。

(12) 交通違反を起こすと，違反に応じて反則点数が科せられたり，反則金を収めなければならない。また場合によっては免許停止や取り消しの処分を受ける。これを(　　)上の責任という。(　　)に入る適切な語句を答えなさい。

(13) 心室細動をおこした心臓に電気ショックを与えることで心臓の拍動を正常に戻す機器を何というか。

(☆☆☆◎◎◎)

解答・解説

【中高共通】

【1】① 心と体を一体　② 合理的　③ 体ほぐしの運動　④ 律動的　⑤ ゴール　⑥ ボール操作　⑦ ネット　⑧ ベースボール　⑨ バット　⑩ 走塁　⑪ 一定　⑫ 創作ダンス　⑬ フォークダンス　⑭ 現代的なリズムのダンス　⑮ 能率的 (※⑫⑬⑭は順不同)

〈解説〉保健体育科の究極的な目標である「明るく豊かな生活を営む態度を育てる」という目標を達成するためには，体育と保健を関連させて指導することが重要である。これは，運動に興味をもち活発に運動する者とそうでない者の二極化，生活習慣の乱れやストレス及び不安感が高まっているといった現状を踏まえ，心と体をより一体としてとらえて健全な発達を促すことが求められているからである。体育分野では，小学校高学年からの接続，発達の段階のまとまりを考慮し，目標及び内容を「第1学年及び第2学年」と「第3学年」に分けて示すことで，指導内容の確実な定着が図られている。なお，⑫⑬⑭は順不同ではあるが，学習指導要領の並び通りに理解しておきたい。

【2】① 社会環境　② 生活様式　③ 積極的　④ 分散　⑤ 活動の源　⑥ 生きる力　⑦ 人生　⑧ 世界共通　⑨ 12年間　⑩ 最終段階 (※①②は順不同)

〈解説〉「第2章 第1節 体育」の「性格」からの出題である。学習指導要領については幅広く熟読する必要がある。特に「性格」では，その科目の特性と今日的な課題が示されており，またその項目以降の「目標」，「内容」のあり方を示すため，構造的な理解の上でも熟読することが大切である。なお，①②は順不同ではあるが，学習指導要領の並び通りに理解しておきたい。

【3】①　発育　②　発達　③　思春期　④　内分泌　⑤　生殖
⑥　知的機能　⑦　情意機能　⑧　自己形成　⑨　欲求
⑩　ストレス　(※⑥⑦，⑨⑩はそれぞれ順不同)

〈解説〉「心身の機能の発達と心の健康」の「内容」からの出題である。中学校の保健分野では，「心身の機能の発達と心の健康」の他に「健康と環境」，「傷害の防止」，「健康な生活と疾病の予防」を取り扱う。なお，⑥⑦と⑨⑩は順不同ではあるが，学習指導要領の並び通りに理解しておきたい。

【4】①　乳児死亡率　②　高齢者　③　がん　④　心臓病
⑤　脳卒中　⑥　エボラ出血熱　⑦　SARS　⑧　薬剤耐性菌
⑨　感染源　⑩　感染経路　⑪　感受性者　(※⑨⑩は順不同)

〈解説〉我が国では1900年代半ばまで，結核や肺炎などの感染症で死亡する人が多くみられたが，現在ではがん・心臓病・脳卒中などが死因の多くを占めるようになった。これらの疾病の多くは，食事や運動などの生活習慣と関連している。一方，感染症などは減少傾向にあるものの，マラリアや結核など，従来から存在する感染症が発症している(再興感染症)。そのため，感染症を予防するための基本的な対策を理解する必要がある。

【5】①　タール　②　シアン化物　③　受動喫煙

〈解説〉たばこの有害物質と健康被害には以下のようなものがあげられる。・ニコチン：末梢血管を収縮させ，血圧を上昇させる。たばこを吸うのがやめられなくなる依存性があり，動脈硬化をもたらす。
・タール：健康な細胞をがん細胞に変化させ，増殖させる。各種のがんの原因となる。　・一酸化炭素：ヘモグロビンと強く結合し，血液が運ぶ酸素の量を減少させ，血管壁を傷つける。動脈硬化を招いたり，細胞が酸素不足になり，心臓に負担がかかる。シアン化物：組織呼吸を妨げたり，気道の繊毛を破壊したりする。慢性気管支炎や肺気腫の原因となる。また，タバコの煙には，喫煙者が吸い口から吸い込む主流煙と，喫煙者が吐き出す煙，それに点火部からの副流煙の3つがあり，主流煙よりも副流煙のほうが有害物質の含有率は2～3倍高いといわれている。

【6】① ウ　② ア　③ イ　④ エ
〈解説〉熱中症とは，直射日光や高温多湿の環境下において，激しい労働やスポーツをおこない，体温調節機能や血液循環機能が十分に働かなくなったことによって生じてくるさまざまな障害の総称である。毎年重篤に至る事故が発生していることから，その予防法と対応については理解しておく必要がある。

【7】① 施設　② 安全点検　③ 通学　④ 職員の研修
〈解説〉学校保健安全法の目的は，学校における児童生徒等及び職員の健康の保持増進を図るため，学校における保健管理に関し必要な事項を定めるとともに，学校における教育活動が安全な環境において実施され，児童生徒等の安全の確保が図られるよう，学校における安全管理に関し必要な事項を定め，もって学校教育の円滑な実施とその成果の確保に資することである。

【8】(1) 骨粗しょう症　(2) 環境基本法　(3) 内分泌かく乱物質　(4) アイソメトリックトレーニング　(5) スポーツ振興基本計画　(6) フラッシュバック　(7) コミュニティー道路　(8) メンタルリハーサル　(9) バリアフリー　(10) 刑事　(11) 民事　(12) 行政　(13) AED
〈解説〉(1) 骨粗しょう症とはなんらかの原因で骨の重量が減少し，目の粗い軽石のようになって折れやすくなった状態のこと。 (2) 環境基本法は環境の保全について，基本理念を定め，並びに国，地方公共団体，事業者及び国民の責務を明らかにするとともに，環境の保全に関する施策の基本となる事項を定めることにより，環境の保全に関する施策を総合的かつ計画的に推進し，もって現在及び将来の国民の健

康で文化的な生活の確保に寄与するとともに人類の福祉に貢献することを目的とした法律。　(3)　内分泌かく乱物質は環境中に存在し，体内に取り込まれた場合，体内で分泌されるホルモンの正常な働きに影響を及ぼす化学物質の総称。その作用が確認されているものとして，工業用洗剤の原料であるノニルフェノールなどがあり，そのほかにも，プラスチックに使われるフタル酸類などが疑われている。　(4)　アイソメトリックトレーニングには，両手のあわせ押し等があり，器具が不要でいつでもどこでも簡単にできる特徴がある。　(5)　スポーツ振興基本計画は平成12年9月に文部大臣告示として策定。計画策定から5年が経過したことに伴い，中央教育審議会スポーツ・青少年分科会の意見を踏まえ，平成18年9月に計画が改定された。　(6)　薬物乱用等による精神症状の記憶が大脳に残っていることから起こる現象で，再燃現象とも言う。　(7)　コミュニティー道路は住宅地などの道路整備手法の一つであり，車道部分をクランクやスラロームするように場所によって歩道の幅を変化させることで，自動車のスピードを抑える効果をもたらす。　(8)　メンタルリハーサルは自信をもって競技にのぞむことができるよう，試合前に実際の競技場面を思いうかべて，心理的コンディションをととのえること。　(9)　バリアフリーの具体例としては，段差をなくす，階段に手すりをつける，ドアを自動にする，駅にエレベーターやエスカレーターを設置したりする等があげられる。　(10)～(12)　一般的に，交通事故をおこすことで，「社会的責任」を負う，というが社会的責任を細分化すると刑事責任，民事責任，行政責任の3つとなる。　(13)　応急手当の授業では，必要に応じてAED(自動体外式除細動器)にも触れるようにする。

2010年度　実施問題

【中高共通】

【1】次の文は，中学校学習指導要領(平成10年12月告示)解説―保健体育編―の体育分野「学び方の内容」の一部である。文中の(　ア　)～(　セ　)の中に適語を入れなさい。

〈体つくり運動〉

・　自己の体力や(　ア　)の実状を知ることで自己の体の(　イ　)や(　ウ　)に気づき，自ら進んで(　エ　)運動や(　オ　)運動を構成し活用していく仕方を学ぶことになる。

〈器械運動〉

・　特に器械運動の学び方では，どんな楽しみ方を目指して「技がよりよくできる」ようにするのかを明らかにしておくことが大切になる。そのためには，①今，(　カ　)をより上手にして，条件を変えたりしてもよりよくできるようにする学習，②まだやったことのない(　キ　)を身に付けるために，いろいろな練習の仕方を工夫してよりよくできるようにする学習，③個人や集団で技を(　ク　)演技をよりよく発表できるようにする学習など，楽しみ方を明確にした上で自己の能力に適した技を選んで学習が行えるようにする。

〈陸上競技〉

・　自分の能力を理解し，それに応じた適切な目標と(　ケ　)のための課題を設定することができるとともに，個々の生徒が課題解決のために(　コ　)な練習の工夫をすることができるようにすることである。

〈水泳〉

・　水泳の学習では，個人の泳力に違いが見られることに十分留意する必要がある。したがって，学び方の内容としては，まず，自己の能力に適した(　サ　)や(　シ　)を決めることができるようにする。次いで，それを達成するために自己の課題を設定したり，課題を解決するための練習の仕方を工夫することができるようにすることである。

〈武道〉

・　自己との対応によって(　ス　)と攻防し合うという武道の特性から，基本動作と対人的技能との関連を図りながら，自己の能力に適した(　セ　)を身に付けていくことができるようかかり練習や約束練習を工夫したり，すきを見つけ，くずして投げる(打突する)など自由練習や試合の仕方を計画的，継続的に工夫したりすることである。

(☆☆☆◎◎◎)

【2】次の文は，高等学校学習指導要領(平成11年12月告示)解説―保健体育編―「保健」の性格の一部である。(　①　)～(　⑩　)の中に適語を入れなさい。

(　①　)や(　②　)など社会の急激な変化による近年の児童生徒の(　③　)や(　④　)の変化，国民の(　⑤　)の変化にかかわって深刻化している心の健康，食生活をはじめとする生活習慣の乱れ，(　⑥　)，(　⑦　)，(　⑧　)など現代社会における健康・安全の問題は(　⑨　)しており，児童生徒のみならず国民すべてにとって心身の健康の(　⑩　)が大きな課題となってきている。

(☆☆☆◎◎◎)

【3】次の各文は，中学校学習指導要領(平成10年12月告示)解説―保健体育編―「部活動の意義と留意点等」についての説明である。下線部の語句があっている場合は○を，誤っている場合は×を書きなさい。

運動部の活動は，スポーツに興味と関心をもつ同好の生徒が，より高い水準の技能や記録に挑戦する中で，スポーツの楽しさや喜びを味わい，豊かな学校生活を経験する活動であるとともに，<u>①体力の向上</u>や<u>②体力の増進</u>にも極めて効果的な活動である。

したがって，生徒が運動部の活動に<u>③意欲的</u>に参加できるよう配慮することが大切である。また，生徒の能力等に応じた技能や記録の向上を目指すとともに，互いに協力し合って④友情を深めるなど好ましい⑤先輩後輩の関係を育てるよう適切な指導を行う必要がある。

運動部の活動は，主として放課後に行われ，特に希望する同好の生徒によって行われる活動であることから，生徒の⑥主体性を尊重する必要がある。また，生徒に任せすぎたり，⑦勝つことのみを目指したりした活動にならないよう留意する必要もある。このため，運動部の活動の意義が十分発揮されるよう，生徒の個性の尊重と柔軟な運営に留意したり，生徒の⑧バランスのとれた生活や成長のためにも⑨休養日や練習時間を適切に設定したりするなど，生徒の能力・適性・興味・関心等に応じつつ，⑩健康・安全に留意し適切な活動が行われるよう配慮して指導することが必要である。

(☆☆☆◎◎◎)

【4】次の文は，心の働きについて説明したものである。(　①　)～(　⑥　)の中に適語を入れなさい。

私たちの心は，大脳の働きによって支配されています。たとえば，「食べたい」「眠りたい」「休みたい」という欲求は，(　①　)の働きです。また，そうした欲求を「がまんする」などの理性や知性の働きがコントロールする場合は，(　②　)の働きによるものです。欲求不満による不安や悩みなどをやわらげ，心の安定を保とうとする働きを(　③　)といいます。たとえば，もっともらしい理由をつけて自分を正当化することを(　④　)といい，耐えがたい事態に直面したときに子どものようにふるまって自分を守ろうとすることを(　⑤　)といいます。また，実現困難な欲求や苦痛な体験などを心の中におさえこんで忘れようとすることを(　⑥　)といいます。

(☆☆☆◎◎◎)

【5】世界の国々の健康水準には大きな格差があり，世界規模の感染症や環境問題などのように一国の努力だけでは解決しない健康問題もある。次の各問いに答えなさい。

(1)　次の国際機関の正式名称を日本語で書きなさい。

ア　WHO

イ　UNICEF

ウ　UNEP

(2)　次の文は，ごみ処理問題について述べたものである。(　①　)～(　④　)に適語を入れなさい。

ごみ焼却施設から発生している毒性の強い有機塩素系物質を(　①　)といいます。ごみの減量など循環型社会を作る取り組みも行われています。その一環として3R活動があり，不用なものを再生利用することを(　②　)，使用済みのものを再び使用することを(　③　)，廃棄物の発生を抑制することを(　④　)といいます。

(☆☆☆◎◎◎)

【6】次の文は交通事故について述べたものである。(　①　)～(　⑧　)に適語を入れなさい。

わが国では交通事故によって毎年約7000人が亡くなり，約120万人が負傷しています。交通事故の様子を見ると若者では自転車や自動車に乗っているときが多く，高齢者では(　①　)の死亡が多くなっています。交通事故の起こる要因には3点あげられます。運転者の行動や規範を守る意識による主体要因，天候や道路状況による(　②　)要因，車両の特性による(　③　)要因です。自転車や自動車は急に止まることができません。危ないと感じてブレーキが効き始めるまでに走る距離を(　④　)距離といい，実際にブレーキが効き始めてから止まるまでの距離を(　⑤　)距離といいます。2つを合わせた距離を(　⑥　)距離といいます。

また，アンチロック・ブレーキ・システムのように事故を未然に防ぐための対策を(　⑦　)といい，エアバッグのように事故による傷害を軽減するための対策を(　⑧　)といいます。

(☆☆☆◎◎◎)

【7】次の文が説明をしている語句を答えなさい。

(1) 道路や発電所の建設などにあたって，その事業が環境に与える影響について調査・予測・評価し，その結果を踏まえて環境に悪影響を及ぼさないように配慮すること。

(2) 今まで一生懸命に運動していたにもかかわらず，突然，精神的にあたかも燃え尽きたような状態になり運動する意欲がなくなってしまう心理状態。

(3) 新築の住宅などで発生するホルムアルデヒド，トルエンなどの揮発性有機化合物等によっておこる倦怠感，目や鼻，のどの痛み，体の不調などのこと。

(4) 各年齢の人が平均してあと何年生きられるかを理論的に示した数値。

(5) 2000年にスタートした「健康日本21」を中核とする国民の健康づくり・疾病予防をさらに積極的に推進することを目的に，2002年に制定された法律。

(6) ウエスト径が男性85cm，女性90cm以上の人で，高脂血症，高血圧，高血糖のうち2つ以上に該当することを判断の基準とする，生活習慣病にかかりやすい体の状態。

(7) 文部科学省が2000年9月に発表した「スポーツ振興基本計画」に示され，かつ推進する地域でのスポーツクラブ育成事業の対象スポーツクラブの名称。

(8) ある場面を設定して役割を演じることであり，状況への対応やコミュニケーションの仕方を学ぶ上で役に立つ方法。

(9) 筋肉の等張性収縮によって抵抗に対抗し，筋力の増大を図るトレーニング。

(10) 人々が自らの健康をコントロールし，改善することができるようにするプロセス。

(11)　医師が患者に対して診療の目的や内容を十分に説明し，患者の同意を得たうえで治療すること。

(12)　トレーニングに用いる運動は，日常生活で普通行っている運動よりも強いものでなければならないという考え方。

(13)　ある課題に対してアイデアや思いつきを自由に出し合って，優れた発想を引き出すという集団的思考の技法。

(14)　世界中の誰もが使いやすいように施設や製品，環境などをデザインするという考え方。

(15)　筋力，筋持久力，全身持久力の漸進的発達を目指し，総合的に行う体力トレーニング。

(☆☆☆◎◎◎)

解答・解説

【中高共通】

【1】ア　生活　　イ　状態　　ウ　変化　　エ　体ほぐし　　オ　体力を高める　　カ　できる技　　キ　新しい技　　ク　組み合わせて　　ケ　目標達成　　コ　効果的　　サ　泳法　　シ　目標タイム　　ス　変化する相手　　セ　得意技

〈解説〉体つくり運動：学び方の内容では，自己の体力や生活の実状を知ることで自己の体の状態や変化に気付き，自ら進んで体ほぐしの運動や体力を高める運動を構成し活用していく仕方を学ぶことになる。これらの学習に当たっては，(1)のアの体ほぐしの運動や(1)のイの体力を高める運動の中から目的に合った運動を選んだり，目的に合わせて運動を工夫したりして，体への気付き，体の調整，仲間との交流，準備運動，整理運動，体力トレーニングなどに活用できるようにする。また，手具や音楽を使ったり，グループで運動を構成したり，施設や用具等を工夫して効果的に使用できるようにする。それによって，生活の中やスポーツ活動にこれらの運動を積極的に取り入れることができるようにする。特に，体つくり運動の学び方については，体育に関する知識や心の健康など保健分野の内容との関連を図りながら，自己に適した体ほぐしの運動や体力を高める運動を目的をもって自ら進んで行い，日常生活やスポーツ活動の中で計画的に実践できるようにする。器械運動：自己の能力に適した技を習得するための練習の仕方を工夫することができるようにする。　陸上競技：自己の能力に適した課題の解決を目指して，練習の仕方や競技の仕方を工夫することができるようにする。　水泳：自己の能力に適した課題の解決を目指して，練習の仕方を工夫することができるようにする。　武道：自己の能力に適した技を習得するための練習の仕方や試合の仕方を工夫することができるようにする。

【2】① 少子化　② 情報化　③ 成育環境　④ 生活行動　⑤ 疾病構造等　⑥ 生活習慣病　⑦ 薬物乱用　⑧ 性に関する問題　⑨ 多様化　⑩ 保持増進

〈解説〉これらの問題に対処するためには，ヘルスプロモーションの考え方を生かし，健康に関する個人の適切な意志決定や行動選択及び健康的な社会環境づくりの重要性について理解を深めるとともに，生涯の各段階における健康課題への対応と保健・医療制度や地域の保健・医療機関の適切な活用及び社会生活における健康の保持増進について理解できるようにし，心身の健康の保持増進を図るための実践力を育成することが重要である。「保健」は，これらの健康・安全に関する基礎的・基本的な内容を生徒が体系的に学習することにより，健康問題を認識し，これを科学的に思考・判断し，適切に対処できるようにすることをねらいとしており，生涯を通じて健康で安全な生活を送るための基礎を培う上で中心的な役割を担っているものである。したがって，「保健」の指導に当たっては，ホームルーム活動や学校行事などの特別活動及び総合的な学習の時間などにおいて，「保健」で身に付けた知識及び資質や能力を生かして課題解決などに取り組むことができるようにする必要がある。そのためには，「保健」の指導を進める過程で，その基礎となる資質や能力，特に，健康に関する興味・関心や課題解決への意欲を高めるとともに，課題を解決する能力の育成に努めることが重要である。

【3】① ○　② ×　③ ×　④ ○　⑤ ×　⑥ ×
⑦ ○　⑧ ○　⑨ ○　⑩ ○

〈解説〉運動部の活動は，学校において計画する教育活動で，スポーツ等に興味と関心をもつ同好者が運動部を組織し，より高い水準の技能や記録に挑戦する中で，スポーツ等の楽しさや喜びを味わい，豊かな学校生活を経験する活動である。また，この活動は，生涯にわたって親しむことのできるスポーツ等を見いだす格好の機会であるとともに，活動の時間数，計画性，継続性から考えると，体力の向上や健康の増進にも極めて効果的な活動である。したがって，生徒が運動部の活動に積極的に参加できるよう配慮することが大切である。また，生徒の能力等に応じた技能や記録の向上を目指すとともに，互いに協力し合って友情を深めるなど好ましい人間関係を育てるよう適切な指導を行う必要がある。運動部の活動は，主として放課後に行われ，特に希望する同好の生徒によって行われる活動であることから，生徒の自主性を尊重する必要がある。その一方で，勝つことのみを目指した活動にならないこと等に留意する必要がある。そのためには，運動部の活動の意義が十分発揮されるよう，生徒の個性の尊重と柔軟な運営に留意したり，生徒のバランスのとれた生活や成長のためにも休養日や練習時間を適切に設定したり，家庭や地域社会とともに生徒たちを育成する開かれた学校となるためにも必要に応じて外部指導者を借用したりするなど，生徒の能力・適性，興味・関心等に応じつつ，適切な活動が行われるよう配慮して指導することが必要である。このことによって，運動部の活動が生徒の[生きる力]の育成に大きく貢献できるものと考える。なお，従前の特別活動のクラブ活動が，放課後等の部活動や学校外活動との関連，今回創設された「総合的な学習の時間」において生徒の興味・関心を生かした主体的な学習活動が行われることなどから，今回の改訂で廃止された。したがって，運動部の活動については，従前にも増してより適切に行われるよう配慮する必要がある。

【4】① 大脳辺縁系　② 大脳新皮質　③ 適応機制
④ 合理化　⑤ 退行　⑥ 抑圧

〈解説〉ヒトは心身の発達とともに，一次的欲求を基盤としながら，さまざまな二次的欲求をもち，これらの欲求によって行動をおこす。しかし，欲求を実現しようとしても，さまざまな障害のために欲求を満たすことができないこともある。このように欲求の実現を妨げる障害を障壁といい，障壁のために欲求が満たされない状態を欲求不満という。欲求不満の状態が長くつづくと，不安や悩み，あせり，怒りなどが生じて，情緒不安定になることもある。また，いくつもの欲求を同時にもち，どれを選ぶべきかを悩むことがある。このように二つ以上の欲求が対立したり，拮抗している状態を葛藤という。欲求が満たされないとき欲求不満からくる緊張や不安，悩みなどをやわらげ，心を安定させようとするはたらきを適応機制といい，これにはいくつかの方法があるものの，どの適応機制を選ぶかは，その人の生活環境や経験によって，身についた行動パターンとなっていることが多い。

【5】(1) ア 世界保健機関　イ 国連児童基金　ウ 国連環境計画
(2) ① ダイオキシン　② リサイクル　③ リユース
④ リデュース

〈解説〉世界保健機関：人間の健康を基本的人権の一つと捉え，その達成を目的として設立された国際連合の専門機関。　国連児童基金：開発途上国・戦争や内戦で被害を受けている国の子供の支援を活動の中心としているほか，「児童の権利に関する条約(子どもの権利条約)」の普及活動にも努めている。かつては，物資の援助中心の活動であったUNICEFであるが，生活の自立がなければ無限に援助しても状況は変わらないとの発想のもと，親に対する栄養知識の普及などの啓発活動にも力を入れている。　国連環境計画：国際連合環境計画は，国際連合の機関として環境に関する諸活動の総合的な調整を行なうとともに，新たな問題に対しての国際的協力を推進することを目的としている。また，多くの国際環境条約の交渉を主催し，成立させてきた。モントリオール議定書の事務局も務めており，ワシントン条約，ボン条約，バーゼル条約，生物多様性条約などの条約の管理も行っている。ダイオキシン：廃棄物の焼却炉など，物を燃やすところから主に発生し，大気中に放出される。大気中の粒子などに付着したダイオキシンは，土壌に落ちたり，川に落ちるなどして土壌や水を汚染する。さらにプランクトンや魚に食物連鎖を通して取り込まれていくことで，生物にも蓄積されていくと考えられている。　リユース：一度使用された製品を，そのまま，もしくは製品のあるモジュール(部品)をそのまま再利用すること。　リサイクル：再循環を指し，製品化された物を再資源化し，新たな製品の原料として利用すること。　リデュース：環境負荷や廃棄物の発生を抑制するために無駄・非効率的・必要以上な消費・生産を抑制あるいは行わないこと。

【6】①　歩行中　②　環境　③　車両　④　空走
⑤　制動　⑥　停止　⑦　アクティブセイフティ
⑧　パッシブセイフティ

〈解説〉交通事故は，人的要因，車両的要因，環境的要因の三つの要因がかかわっておきる。　人的要因：自動車や二輪車乗車中の死亡事故のほとんどは，運転者のわき見運転などの安全運転義務違反やスピード違反によるものである。自転車乗車中では信号無視や安全不確認などの安全運転義務違反，歩行中では信号無視や横断禁止場所での横断などがおもな原因となっている。このように，運転者や歩行者の規範を守る意識の欠如が，交通事故を引きおこしている。　車両的要因：自動車や自転車のブレーキやハンドルの整備不良が事故につながっている。また，自動車は急に止まれない，運転席から見えにくい死角がある，二輪車は安定性に欠け転倒しやすい，車体が小さいので自動車から見えにくい，などの特性がある。このような車両の特性による事故も多くおきている。　環境的要因：照明灯やガードレールの不備，見通しの悪い交差点など，道路環境の整備が十分でないためにおこる事故がある。また，雨や雪などの悪天候や，周囲が見えにくくなる夕暮れなど，自然の悪条件による事故もおきている。

【7】(1)　環境アセスメント　(2)　バーンアウト　(3)　シックハウス症候群　(4)　平均余命　(5)　健康増進法　(6)　メタボリックシンドローム　(7)　総合型地域スポーツクラブ　(8)　ロールプレイング　(9)　アイソトニックトレーニング　(10)　ヘルスプロモーション　(11)　インフォームド・コンセント　(12)　オーバーロードの原則　(13)　ブレインストーミング　(14)　ユニバーサルデザイン　(15)　サーキットトレーニング

〈解説〉省略

2009年度　実施問題

【中高共通】

【1】次の文は，平成11年3月29日に告示された高等学校学習指導要領解説保健体育編，科目「保健」の「現代社会と健康」の内容の解説の一部です。文中の(　①　)～(　⑩　)の中に適する語句を答えなさい。ただし，(　　)内の丸数字が同じところは，同じ語句が入ります。

我が国の疾病構造や社会の変化に対応して，健康を(　①　)するためには，(　②　)の考え方を生かし，人々が適切な生活行動を選択し実践すること及び環境を改善していく努力が必要であることを理解できるようにする。

・健康の考え方やその(　①　)の方法は，国民の(　③　)の向上や疾病構造の変化に伴って変わってきており，健康に関する個人の適切な意志決定や(　④　)が重要となっていること。また，我が国や世界では，様々な保健活動や対策などが行われていること。

・健康を(　①　)するとともに，(　⑤　)を予防するためには，食事，(　⑥　)，休養及び睡眠の調和のとれた生活の実践及び(　⑦　)，飲酒に関する適切な意志決定や(　④　)が必要であること。
(　⑧　)は心身の健康などに深刻な影響を与えることから行ってはならないこと。また，医薬品は正しく使用する必要があること。
(　⑨　)の予防には，適切な対策が必要であること。

・傷害や疾病に際しては，(　⑩　)などの応急手当を行うことが重要であること。また，応急手当には正しい手順や方法があること。

(☆☆☆◎◎◎◎)

【2】次の文は，平成10年12月14日に告示された中学校学習指導要領解説保健体育編の中にある運動部の活動についての一部です。あとの(1)～(2)の問いに答えなさい。

運動部の活動は，学校において計画する(　①　)で，より高い水準の技能や記録に(　②　)する中で，運動の(　③　)や喜びを味わい，豊かな学校生活を経験する活動であるとともに，(　④　)の向上や健康の増進にも極めて効果的な活動である。

したがって，生徒が運動部の活動に積極的に参加できるよう配慮することが大切である。また，生徒の(　⑤　)等に応じた技能や記録の向上を目指すとともに，互いに協力し合って友情を深めるなど好ましい(　⑥　)を育てるよう適切な指導を行う必要がある。

(1)　文中の(　①　)～(　⑥　)の中に適する語句を答えなさい。

(2)　運動部活動の指導にあたり，特に留意すべき点を4つ答えなさい。

(☆☆☆◎◎◎◎◎)

【3】次の各文は，平成20年3月28日に告示された中学校の学習指導要領についての説明です。その内容が，正しい場合には○，誤っている場合には×で答えなさい。

(1)　この学習指導要領の完全実施は平成23年4月からである。

(2)　体育分野については，発達段階に応じて，目標と内容を「第1学年及び第2学年」と「第3学年」に分けて示している。

(3)　第1学年及び第2学年で，8領域をすべて必修とする。

(4)　第3学年では「体つくり運動」以外の領域を選択して履修させる。

(5)　「球技」については「ゴール型」「ネット型」「ターゲット型」として，類型で規定している。

(6)　保健体育の授業時間数は年間90単位時間から100単位時間に増える。

(7)　「体つくり運動」は各学年で7単位時間以上取り扱うこととしている。

(8)　「体育理論」は各学年で3単位時間以上取り扱うこととしている。

(9)　保健分野については，第2学年で二次災害によって生じる傷害を加える。

(10)　保健分野については，第3学年で医薬品の正しい使い方について指導する。

(☆☆☆◎)

【4】次の文は「全国体力・運動能力，運動習慣等調査」について述べたものです。下の問いに答えなさい。

文部科学省は平成20年度より小学(　①　)年と中学(　②　)年の全児童・生徒を対象とした「全国体力・運動能力，運動習慣等調査」を実施する。子どもの体力低下傾向を踏まえ，状況を把握・分析することにより体力向上に関する改善サイクルを確立することを目的とする。調査内容は，実技調査と児童生徒の生活習慣，食習慣，運動習慣に関するアンケート調査，学校に対する調査となっている。

(1)　文中の(　　)にあてはまる数字を答えなさい。

(2)　文中の実技調査で実施する種目は中学校の場合，選択して実施する種目を含め9種目あります。種目名をすべて答えなさい。

(☆☆☆◎◎◎)

【5】次の文は，運動技能のとらえ方やトレーニングについて説明したものです。それぞれにあてはまるものを語群から選び，記号で答えなさい。

(1)　各種の球技や柔道，剣道などの格闘技では，相手の状態やボールの位置等つねに変化する状況のもとで用いられる技能。

(2)　陸上競技，水泳，器械運動などのように，直接相手と向きあう対応動作がなく，外的条件(環境)に左右されず，同じ状況のもとで用いられる技能。

(3)　トレーニングに用いる運動が，日常生活でふつう行っている運動より強いものでなければならないという原理。

(4)　実際には体を動かさないで，頭の中で運動している状態を思い描くことによって，運動技能を高める練習方法。

(5)　筋肉が長さを変えずに力を発揮するトレーニング法で，動きがない状態でトレーニングを行うため，静的トレーニングとも呼ばれる。

(6)　筋肉が長さを変えながら力を発揮するトレーニング法で，動的トレーニングとも呼ばれる。

(7) 軽い運動による不完全休息をはさみながら強度の高い運動を繰り返すトレーニング方法。

(8) 体力を全面的に高める方法として行われるトレーニングで，休息をおかずに，種々の運動を循環して行うことによって，全身持久力を高めることができる。

(9) 骨格筋が収縮すると，その圧迫で静脈血がしぼり出される。激しい運動の後の軽い運動は，この作用によって，静脈血の流れを促進し，疲労の回復を早める。

(10) トレーニングをしすぎると，疲労骨折や貧血，内臓疾患などを引き起こしたり，心理的にバーンアウトになる可能性がある。

〈語群〉

(ア) オーバーロード　(イ) オーバートレーニング
(ウ) オープン・スキル　(エ) クローズド・スキル
(オ) イメージ・トレーニング
(カ) サーキット・トレーニング
(キ) インターバル・トレーニング
(ク) レペティション・トレーニング
(ケ) SAQトレーニング
(コ) メンタルプラクティス
(サ) アイソトニック・トレーニング
(シ) アイソメトリック・トレーニング
(ス) ミルキングアクション

(☆☆☆◎◎◎)

【6】次の文は熱中症について述べたものです。文中の(①)～(⑩)の中に適する語句を答えなさい。ただし，( )内の丸数字が同じところは，同じ語句が入ります。

熱中症とは，直射日光や(①)の環境下において，激しい労働やスポーツを行い，体温調節機能や血液循環機能が十分に働かなくなったことによって生じてくるさまざまな障害の総称です。症状によって，熱けいれん，熱疲労，(　②　)に分けられています。

応急手当としては，涼しくて風通しのよい場所に移し，衣服をゆるめ(　③　)を保ちます。軽症で意識があり(　④　)がなければ，薄い(　⑤　)やスポーツドリンクなどを飲ませます。顔色が青白い場合には，頭部を(　⑥　)し，足部を(　⑦　)した体位をとります。(　④　)で水分補給ができない場合は，病院へ運び(　⑧　)を受ける必要があります。

体温上昇が激しい(　②　)では，水をかけたり，冷たい濡れタオルをあててあおいだり，氷やアイスパックがあれば，頭部・(　⑨　)，脚の付け根など大きい血管を冷やして，積極的に体を冷やします。意識障害が少しでも見られる場合には，すぐに(　⑩　)を要請します。

(☆☆☆◎◎◎)

【7】次の(1)～(4)の語句について，簡単に説明しなさい。

(1)　有酸素運動

(2)　AED

(3)　プラトー

(4)　健康寿命

(☆☆☆◎◎◎)

解答・解説

【中高共通】

【1】①　保持増進　　②　ヘルスプロモーション　　③　健康水準
④　行動選択　　⑤　生活習慣病　　⑥　運動　　⑦　喫煙
⑧　薬物乱用　　⑨　感染症　　⑩　心肺蘇生法

〈解説〉高等学校学習指導要領解説　保健体育編　p77，p78参照

【2】(1) ① 教育活動 ② 挑戦 ③ 楽しさ ④ 体力 ⑤ 能力 ⑥ 人間関係 (2) ① 生徒の自主性を尊重する必要があるが，生徒に任せすぎたり，勝つことのみを目指した活動にならない ② 生徒の個性を尊重し，柔軟な運営を心がける ③ 休養日や練習時間を適切に設定する ④ 必要に応じて外部指導者を活用するなどして，家庭や地域社会と連携を図るよう心がける
〈解説〉中学校学習指導要領解説 保健体育編 p115参照

【3】(1) × (2) ○ (3) ○ (4) × (5) × (6) × (7) ○ (8) ○ (9) ○ (10) ○
〈解説〉(1) 新中学校学習指導要領解説 保健体育編 p2参照 平成20年3月28日に学校教育法施行規則を改正するとともに，幼稚園教育要領，小学校学習指導要領及び中学校学習指導要領を公示した。中学校学習指導要領は，平成21年4月1日から移行措置として数学，理科等を中心に内容を前倒しして実施するとともに，平成24年4月1日から全面実施することとしている。 (2) 新中学校学習指導要領解説 保健体育編 p4参照 体育分野については，小学校高学年からの接続及び発達の段階のまとまりを踏まえ，体育分野として示していた目標及び内容を，「第1学年及び第2学年」と「第3学年」に分けて示すこととする。 (3) 新中学校学習指導要領解説 保健体育編 p140参照 第1学年及び第2学年においては，「A体つくり運動」から「H体育理論」までについては，すべての生徒に履修させること。その際，「A体つくり運動」及び「H体育理論」については，2学年にわたって履修させること。 (4) 新中学校学習指導要領解説 保健体育編 p4参照 第3学年では「体つくり運動」及び知識に関する領域を履修させるとともに，それ以外の領域を対象に選択して履修させることを開始する。第3学年における選択については，運動に共通する特性や魅力に応じて，「器械運動」，「陸上競技」，「水泳」，「ダンス」のまとまりと「球技」，「武道」のまとまりからそれぞれ選択して履修することができるようにする。 (5) 新中学校学習指導要領解説 保健体育編 p4参照

「球技」については，取り扱う運動種目は原則として従前どおりとするが，特性や魅力に応じて，ゴール型，ネット型，ベースボール型に分類し示すこととする。　(6)　新中学校学習指導要領解説　保健体育編　p163参照　　従前は，各学年とも90単位時間を標準としていたが，今回の改訂において，105単位時間と改められ，3学年間では315単位時間となっている。　(7)　新中学校学習指導要領解説　保健体育編　p163参照　　(8)　新中学校学習指導要領解説　保健体育編　p163参照　新たに授業時数として，「A体つくり運動」については，各学年で7単位時間以上を，「H体育理論」については，各学年で3単位時間以上を配当することとした。　(9)　新中学校学習指導要領解説　保健体育編　p12参照　　(10)　新中学校学習指導要領解説　保健体育編　p155参照

【4】(1)　①　5　　②　2　　(2)　握力，上体起こし，長座体前屈，反復横とび，持久走，20mシャトルラン，50m走，ハンドボール投げ，立ち幅とび

〈解説〉1．握力(筋力)　※人差し指の第2関節がほぼ直角になるように握力計の握りの幅を調節する。直立の姿勢で両足を左右に自然に開き，腕を自然に下げる。握力計が身体や衣服に触れないように力いっぱいにぎる。　2．上体おこし(筋持久力)　※マット上で仰臥姿勢をとり，両手を軽く握り，両腕の前で組む。両膝の角度を90°に保つ。両肘と両大腿部がつくまで上体を起こす。背中(肩甲骨)がマットにつくまで倒す。30秒間上体おこしをできるだけ多く繰り返す。　方法：①マット上で仰臥姿勢をとり，両手を軽く握り，両腕を胸の前で組む。両膝の角度を90°に保つ。　②補助者は，被測定者の両膝をおさえ，固定する。　③「始め」の合図で，仰臥姿勢から，両肘と両大腿部がつくまで上体を起こす。　④すばやく開始時の仰臥姿勢に戻す。　⑤30秒間，前述の上体起こしを出来るだけ多く繰り返す。　記録：①30秒間の上体起こし(両肘と両大腿部がついた)回数を記録する。ただし，仰臥姿勢に戻したとき，背中がマットにつかない場合は，回数としない。②実施は1回とする。　実施上の注意：①両腕を組み，両脇をしめる。

仰臥姿勢の際は，背中(肩甲骨)がマットにつくまで上体を倒す。
②補助者は被測定者の下肢が動かないように両腕で両膝をしっかり固定する。しっかり固定するために，補助者は被測定者より体格が大きい者が望ましい。　③被測定者と補助者の頭がぶつからないように注意する。　④被測定者のメガネは，はずすようにする。　3. 長座体前屈(柔軟性)　※壁に背，尻をぴったりとつける。肩幅の広さで，両手のひらを下にして，手のひらの中央が厚紙の手前端にかかるように置き胸をはる。前屈姿勢をとったとき，膝が曲がらないように注意する。　4. 反復横跳び(敏捷性)　※中央ラインから両側100cmのところに2本の平行ラインをひく。中央のラインにまたいで立ち，右側ラインを越すか，踏むまでサイドステップする。中央ラインにもどり，さらに左のラインへサイドステップをする。これを20秒繰り返す。
5. 男子1500m　女子1000m　又は　20mシャトルラン(持久力)　※シャトルランでは20m間隔2本の平行線。ポール4本を平行線の両端に立てる。CD(テープ)によって設定された速度を維持できなくなり走るのをやめたとき，または，2回続けてどちらかの足で線に触れることができなくなったときに，テストを終了する。電子音からの遅れが1回の場合，次の電子音に間に合い，遅れを解消できればテストを継続することができる。　被測定者の健康状態に十分注意し，疾病および傷害の有無を確かめ，医師の治療を受けているものや実施か困難と認められる者については，このテストを実施しない。　6. 50m走(走能力)　※スパイクやスターティングブロックは使用せず，ゴールライン前方5mラインまで走らせるようにする。　7. 立ち幅跳び(跳能力)　※体が砂場(マット)に触れた位置のうち，最も踏み切りに近い位置と，踏み切り前の両足の中央の位置とを結ぶ直線の距離を計測する。
8. ハンドボール投げ(投能力)　※ハンドボール2号を使用する。直径2mの円を書き中心角30°になるように直線を2本引く。投球中または投球後，円を越したり，踏んだりして円外に出てはならない。

【5】(1) ウ　(2) エ　(3) ア　(4) コ　(5) シ　(6) サ　(7) キ　(8) カ　(9) ス　(10) イ

〈解説〉(1) 球技などのように運動の対象となるものが変化し，ボールなどに合わせて動きを変えていく運動技能のこと。運動学習の中で開かれた技能の学習のことを指し，視覚，聴覚などによって感知された外界の刺激の変化に応じて行う運動の学習で，変化する環境刺激に素早く対応することが求められる技能。　(2) 運動の対象となるものがゴルフ，体操などのように静止していたり一定である場合のスキル。(3) 筋力，持久性などの身体能力の発達は，身体が慣れている以上の負荷をかけることで成されるというもので，体力を高めるためには，運動負荷が，その人の日常生活の運動よりも大きくなければならない。(4) 習得しようとする技術や運動場面のイメージを頭の中で繰り返し描いて練習する方法で，誤った動作の矯正や複雑な技術の分析や習得，疲労時の練習に効果がある。しかし，技術が未熟で，漠然としたイメージしか描けない段階ではあまり効果がない。　(5) 筋肉を収縮させずに高い負荷をかける筋力トレーニングのことで，動かない物(例えば壁など)を全力で6秒間以上動かそうとしていると，筋力が効果的につくという方法であり，静的トレーニングともいわれている。1960年に西ドイツのミューラーとヘッティンガーが理論化した。(等尺性収縮による静的トレーニング)。　(6) 筋肉の収縮をともなう等張性収縮による動的トレーニング　(7) 全身持久力の向上を目的として，不完全休息を間にいれたトレーニング。急走期に心拍数を180回/分程度に高めたのち，緩走(ジョギング)や急歩による不完全休息(動的休息)をとり，その間に心拍数を約120回/分までさげる運動を繰り返すもので，呼吸・循環機能の強化に役立ち，全身持久性を高めることを目的とする。(8) いくつかの運動を組み合わせ，総合的な体力の向上を目的とする。各種の動的な運動を6～12種目選んで1セットの組み合わせをつくり，それらを休息なしで3セット繰り返す。1種目の運動回数は，30秒または1分間に反復できる最高回数の1／2とする。体力を総合的に高めることを目的とする。　(9) 骨格筋の収縮により静脈血管が圧迫され，血管内の弁の働きでポンプ作用が起こり，血流が促進される。

【6】① 高温多湿　② 熱射病　③ 安静　④ 吐き気
⑤ 食塩水　⑥ 低く　⑦ 高く　⑧ 点滴　⑨ わきの下
⑩ 救急車

〈解説〉熱中症とは，体の中と外の“あつさ”によって引き起こされる，様々な体の不調であり，専門的には，「暑熱環境下にさらされる，あるいは運動などによって体の中でたくさんの熱を作るような条件下にあった者が発症し，体温を維持するための生理的な反応より生じた失調状態から，全身の臓器の機能不全に至るまでの，連続的な病態」とされている。

【7】(1) 酸素を使って必要なエネルギーをつくりながら行う運動
(2) 心室細動を起こした心臓に電気ショックを与えることで，心臓の拍動を正常に戻す機器　(3) 練習を継続しているにもかかわらず，「壁」につきあたり，成績が停滞している状態　(4) 平均寿命から認知症や寝たきりなどの不健康と見なされる期間をさしひいて算出される指標

〈解説〉(1) エアロビック運動(有酸素運動)は，酸素を取り入れながらおこなう持続運動で，心肺機能を高め，20分から30分間継続することで脂肪を燃焼することから，生活習慣病予防として中高年者に勧められている。　(2) 心臓の突然の停止(心室細動)の際に電気ショックを与え(電気的除細動)，心臓の働きを戻すことを試みる医療機器。AED(自動体外式除細動器：Automated External Defibrillator)とは，心臓の心室が小刻みに震え，全身に血液を送ることができなくなる心室細動等の致死性の不整脈の状態を，心臓に電気ショックを与えることにより，正常な状態に戻す器械。平成16年7月から一般市民による使用が認められた。患者前胸部の汗を拭い，胸毛の薄い部位を見極め(電極パッド貼付部分だけでよい)，金具(腕時計，ネックレスなど)・貼り薬(湿布，膏薬等)などを取り除いてから装着する。　(3) 運動技能の上達過程

で，比較的長期間にわたって上達(進歩)が停滞する現象で，練習を開始した比較的初期の技能の未習熟の段階で発現する。(高原状態)

(4)　平均寿命から，事故や病気で寝たきりになったり痴呆になったりする期間をさし引いて算出される指標。健康寿命とは，私たち一人ひとりが生きている長さの中で，元気で活動的に暮らすことができる長さのことを言う。現在では，単に寿命の延伸だけでなく，この健康寿命をいかに延ばすかが大きな課題であり，生活習慣病の予防が大きな鍵となっている。

2008年度　実施問題

【中高共通】

【1】次の文は，高等学校学習指導要領解説保健体育編，科目「体育」の内容の解説です。文中の(　①　)～(　⑩　)の中に適語を入れなさい。ただし，(　　)内の丸数字が同じところは，同じ語句が入ります。

体育の内容は，従前同様，「運動」と(　①　)によって構成した。

「運動」の内容は，小学校及び中学校との(　②　)，各運動の特性，生徒の特性，学校の(　③　)の状況などを考慮し，(　④　)，「器械運動」，「陸上競技」，(　⑤　)，「球技」，「武道」及び「ダンス」の7領域で構成した。

なお，新しい領域名称である(　④　)は，生徒の体力等の現状を踏まえ，心と体をより一体としてとらえる観点から，新たに自己の体に気付き，体の調子を整え，仲間と交流するなどの(　⑥　)にかかわる内容を，従前の「体操」領域に示すとともに，その他の運動領域等の活動や「保健」における(　⑦　)に関する学習などとしても，取り入れられるようにしたことに伴う変更である。

(　①　)の内容は，(　⑧　)及び今日の社会の変化を踏まえるとともに，理論と実践の(　⑨　)を図ることによって生涯にわたって計画的に運動に親しむことができるよう運動の(　⑩　)に関連する内容等に整理し，「社会の変化とスポーツ」，「運動技能の構造と運動の(　⑩　)」及び「(　⑥　)の意義と体力の高め方」の3項目で構成した。

(☆☆☆◎◎◎◎)

【2】次の文は中学校学習指導要領解説保健体育編，保健分野「健康な生活と疾病の予防」の内容です。文中の(　①　)～(　⑩　)の中に適語を入れなさい。

(1)　健康は，主体と環境の(　①　)の下に成り立っていること。さらに，(　②　)は主体の要因と環境の要因がかかわりあって発生すること。

(2) 健康の保持増進には，(　③　)，生活環境等に応じた食事，運動，休養及び睡眠の調和のとれた生活が必要なこと。また，食事の量や質の偏り，運動不足，休養や睡眠の不足などの(　④　)の乱れは，健康を損なう原因となること。

(3) 喫煙，飲酒，(　⑤　)などの行為は，心身に様々な影響を与え，健康を損なう原因となること。また，そのような行為には，個人の心理状態や(　⑥　)，社会環境が影響することから，それらに適切に対処する必要があること。

(4) 感染症は，(　⑦　)が主な要因となって発生すること。また，感染症の多くは，発生源をなくすこと，感染経路を遮断すること，主体の(　⑧　)を高めることによって予防できること。

(5) 個人の健康と集団の健康とは密接な関係があり，(　⑨　)に影響し合うこと。また，健康を保持増進するためには，保健・(　⑩　)を有効に利用することが大切であること。

(☆☆☆◎◎◎◎)

【3】次の文は，わが国のスポーツ振興について述べたものです。あとの(1)～(5)の問いに答えなさい。

1961年に制定された(　①　)は，わが国のスポーツ振興に関する施策の基本を明らかにした法律です。

(　②　)を制度化することや各都道府県に(　③　)を置くことが示されました。(　②　)は1957年以降，各自治体に配置され(現在は教育委員会が委嘱)，市町村のスポーツ振興に貢献しています。また，(　④　)年には(　①　)にもとづいて，長期的・総合的な視点から国がめざすスポーツ振興の基本的方向を示すスポーツ振興基本計画が定められました。

学校体育に対して一般成人が行うスポーツ活動は，かつて(　⑤　)と言われ，おもに行政や(　⑥　)がかかわるスポーツ活動をさしていました。今日，乳幼児期から高齢期にいたるまで，いつでもだれもが自立的・主体的にスポーツと関わり，それを生活の中に取り込むこと，あるいはその考え方や理念は(　⑦　)と呼ばれています。今日のスポーツ振興は，この(　⑦　)の振興をとくに重要な課題としています。

(1)　文中の(　①　)～(　⑦　)の中に適語を入れなさい。

(2)　スポーツ振興基本計画は何年計画で設定されましたか。

(3)　スポーツ振興基本計画は平成18年9月に一部改定されました。この改定により，新たに政策目標となったことは何ですか。

(4)　スポーツ振興基本計画の政策目標では成人の週1回以上のスポーツ実施率を何%としていますか。

(5)　スポーツ振興基本計画の政策目標ではオリンピックでのメダル獲得率を何%としていますか。

(☆☆☆☆◎◎◎)

【4】次の各文で，その内容が正しい場合には○，誤っている場合には×で答えなさい。

(1)　現在，わが国の平均寿命は世界最高水準となっている。平均寿命ののびは，初期には乳児死亡率の大幅な改善により達成された。

(2)　腓骨は足の骨である。

(3)　コカインは脳の働きを抑制する。

(4)　車の安全性を高めるため，エアバッグのように事故による傷害を軽減するための対策をパッシブセイフティと言う。

(5)　熱中症はその症状により4つに分けられますが，「体温が少し上昇し，脱水や塩分不足により頭痛や吐き気などがみられる」ものを熱疲労と言う。

(6)　現在，地球規模の環境問題が発生しているが，硫黄酸化物や窒素酸化物によるオゾン層の破壊もその一つである。

(7)　四大公害裁判の一つであるイタイイタイ病の原因物質はメチル水銀である。

(8)　運動している状態を思いうかべて，運動の上達に役立てることをメンタルトレーニングと言う。

(9)　筋肉が収縮するための直接のエネルギー源はADPである。

(10)　たばこの煙の中に含まれる有害物質の中で，発がん作用があるのはニコチンである。

(11)　現在の学習指導要領では，「保健」については小学校第3学年から高等学校まで継続して学習させることによって，学習の効果を上げることをねらっている。

(12)　冠状動脈は肺にある。

(13)　大脳新皮質は人間以外の動物にはない。

(14)　インスリンを分泌する器官は膵臓である。

(15)　骨格筋の収縮にはいくつかの種類があるが，筋肉が長さをかえないで力を発揮する等尺性収縮のことをアイソメトリック収縮と言う。

(☆☆☆◎◎◎◎)

【５】次の各文の(　①　)～(　⑩　)内に入る数字を語群から選び，記号で答えなさい。

(1)　現在では，がんで死亡する人が死亡者全体の約(　①　)%を占めるようになっている。

(2)　健康増進法は(　②　)年に制定された。

(3)　エイズの患者が最初に発見されたのは(　③　)年である。

(4)　現在は，母体保護法にもとづき人工妊娠中絶は妊娠満(　④　)週未満に限って行われる，

(5)　わが国では，(　⑤　)年に国民皆保険体制が実現した。

(6)　東京で夏季オリンピックが開催されたのは(　⑥　)年である。

(7)　中学校学習指導要領における，必修教科としての保健体育の年間標準授業時数は各学年とも(　⑦　)単位時間である。

(8)　人間の吸気の中には約(　⑧　)%の酸素が含まれている。

(9)　高等学校学習指導要領によれば，科目「保健」は標準で合計(　⑨　)単位時間の授業をすることになる。

(10)　現在，産業廃棄物の約(　⑩　)%がリサイクルされている。

〈語群〉

(ア) 21	(イ) 22	(ウ) 30	(エ) 40
(オ) 50	(カ) 60	(キ) 70	(ク) 90
(ケ) 1961	(コ) 1964	(サ) 1981	(シ) 1993
(ス) 2002			

(☆☆☆◎◎◎)

【6】捻挫などをした場合の応急手当として行われる4つの対処法は，英語の頭文字をとって「RICE」と呼ばれています。この4つの処置を日本語で答えなさい。

(☆☆◎◎◎◎◎)

【7】次の(1)～(4)の語句について，簡単に説明しなさい。

(1) 環境ホルモン
(2) インフォームド・コンセント
(3) ノーマライゼーション
(4) メンタルヘルスケア

(☆☆☆◎◎◎◎)

解答・解説

【中高共通】

【1】① 体育理論 ② 一貫性 ③ 体育施設 ④「体つくり運動」 ⑤「水泳」 ⑥「体ほぐし」 ⑦ 精神の健康 ⑧ 生徒の実態 ⑨ 一体化 ⑩ 学び方

〈解説〉高等学校学習指導要領解説 保健体育編 p24，p25参照

【2】① 相互作用　② 疾病　③ 年齢　④ 生活習慣　⑤ 薬物乱用　⑥ 人間関係　⑦ 病原体　⑧ 抵抗力　⑨ 相互　⑩ 医療機関

〈解説〉中学校学習指導要領解説　保健体育編　p97，p98参照

【3】(1) ① スポーツ振興法　② 体育指導委員　③ スポーツ振興審議会　④ 2000　⑤ 社会体育　⑥ 民間団体　⑦ 生涯スポーツ　(2) 10年　(3) スポーツの振興を通じた子どもの体力の向上方策　(4) 50％　(5) 3.5％

〈解説〉(3) 平成18年改訂「展開方策」：1．スポーツの振興を通じた子どもの体力の向上方策　2．生涯スポーツ社会の実現に向けた，地域におけるスポーツ環境の整備充実方策　3．我が国の国際競技力の総合的な向上方策　(4) 1．国民の誰もが，それぞれの体力や年齢，技術，興味・目的に応じて，いつでも，どこでも，いつまでもスポーツに親しむことができる生涯スポーツ社会を実現する。　2．その目標として，できるかぎり早期に，成人の週1回以上のスポーツ実施率が2人に1人(50パーセント)となることを目指す。　(5) 具体的には，我が国のメダル獲得率は，1996年(平成8年)のオリンピック競技大会において1.7パーセントまで低下していることを踏まえ，早期にメダル獲得率が倍増し，3.5パーセントとなるよう，我が国のトップレベルの競技者の育成・強化に向けた諸施策を総合的・計画的に推進する。

【4】(1) ○　(2) ○　(3) ○　(4) ×　(5) ○　(6) ○　(7) ×　(8) ×　(9) ×　(10) ×　(11) ○　(12) ×　(13) ×　(14) ○　(15) ○

〈解説〉(7) カドミウム　(8) イメージトレーニング　(9) ATP(アデノシン三燐酸)…筋肉中に存在し，ATPの分解によって発生するエネルギーで筋肉が収縮する。分解したATPの再合成は，①クレアチンりん酸の分解，②グリコーゲンの乳酸への分解，および③グリコーゲンの酸化の3つの過程で行われる。　(10) タール…多くの発癌物質を含

み，肺に付着し機能低下を起こす。　(12)　心臓

【5】(1)　ウ　(2)　ス　(3)　サ　(4)　イ　(5)　ケ　(6)　コ　(7)　ク　(8)　ア　(9)　キ　(10)　エ

〈解説〉(1)　癌は，現在の日本人の死因の約3割を 占めている。癌による死亡率は，男性では，肺癌，肝癌，大腸癌が増加し，女性では，大腸癌，肺癌，乳癌，胆嚢癌が増加している。　(2)　2002年8月公布され，2003年5月に施行された。国民の健康増進の総合的な推進のための基本的事項を定めるとともに，栄養改善，健康増進を図るための措置を講じることで，国民保健の向上を図ることを目的としている。

(3)　エイズの発見は，1981年アメリカで最初のエイズ患者が報告されている。　(4)　母体保護法第14条(人工妊娠中絶について)　1．都道府県の区域を単位として認定された社団法人たる医師会の指定する医師は，次の①に該当する者に対して，本人および配偶者の同意を得て，人工妊娠中絶を行うことができる。①妊娠の継続または分娩が身体的または経済的理由により母体の健康を著しく害するおそれのあるもの。②暴行もしくは脅迫によってまたは抵抗もしくは拒絶することができない間に姦淫されて妊娠したもの。　(7)　中学校学習指導要領解説　保健体育編　p107参照

【6】Rest：安静にする，Ice：冷やす，Compression：圧迫する，Elevation：患部を心臓より高くする。

〈解説〉Rest(安静)－スポーツ活動の停止：受傷直後から体内で痛めた部位の修復作業が始まる。しかし，患部を安静させずに運動を続けると，その作業の開始が遅れてしまう。その遅れが結果的に完治を遅らせリハビリテーションに費やす時間を長引かせてしまうので，受傷後は安静にすることが大切である。　Ice(アイシング)－患部の冷却：冷やすことで痛みを減少させることができ，また血管を収縮されることによって腫れや炎症をコントロールすることができる。　Compression(圧迫)－患部の圧迫：適度な圧迫を患部に与えることで腫れや炎症をコン

トロールすることができる。　Elevation(挙上)－患部の挙上：心臓より高い位置に挙上をすることで重力を利用し腫れや炎症をコントロールすることができる。

【7】(1)　様々な化学物質の一部が人間や動物の体の中でホルモンのように作用し，本来のホルモンのはたらきを攪乱するということで，そうした化学物質を内分泌攪乱化学物質と名付けられ，一般的には環境ホルモンと呼ばれている。　(2)「十分な説明に基づく同意」などと訳され，治療目的や方法，医療の内容などの十分な説明を受け，患者が同意することによって，医療を進めていくといった考え。　(3)　障害者や高齢者も分け隔てなく同じ地域社会に暮らすべきであるという考え方。　(4)　心の状態が及ぼすさまざまな体への影響や，職場・仕事，身体，精神との関連性を考慮して心の健康維持・管理をすること。

〈解説〉(1)　環境ホルモンの中で代表的なものとしては，ダイオキシン，DDT，PCB，ビスフェノールA，有機ブチルスズなどがある。

(3)　発端は1950年代，デンマークの知的障害者の親の会が，巨大な知的障害者の施設(コロニー)の中で多くの人権侵害が行われていることを知り，この状況を改善しようという運動からスタートした。

(4)　トータル・ヘルスプロモーション・プラン(THP)として労働安全衛生法に基づき，すべての人を対象に心と体の両面からトータルな健康づくりを目指した企業における健康増進運動の中で，高ストレスの職場環境における対策として重視されている。具体的な取り組みとしては，健康づくり計画，健康測定，健康指導，実践活動，生活習慣の改善と職場の活性化というプロセスで実施される。

2007年度　実施問題

【中高共通】

【1】次の文は，中学校学習指導要領解説―保健体育科編―に記載されているそれぞれの領域の内容について説明したものです。(　①　)から(　⑳　)の中に適語を入れなさい。(　)内の丸数字が同じところは，同じ語句が入ります。

(1)　体つくり運動は，体の調子を整えるなどの体ほぐしや(　①　)をねらいとして行われる運動である。体ほぐしの運動では，(　②　)(　③　)(　④　)の3つをねらいとしている。

(2)　器械運動は，マット，鉄棒，平均台，跳び箱を使った(　⑤　)によって構成されている運動で，各運動種目の「(　⑤　)が(　⑥　)できる」ことをねらいとし，自己の体の動かし方や練習の仕方を工夫することによって，ねらいの達成に取り組む運動である。

(3)　陸上競技における技能の内容については，走，跳，投の種目で構成するのが一般的であるが，(　⑦　)や(　⑧　)の実態を考慮して，投の種目を除いて走，跳で構成している。

(4)　水泳での泳法は，(　⑨　)の姿勢で泳ぐクロールと平泳ぎ，そして(　⑩　)の姿勢で泳ぐ背泳ぎの3種目を取り上げている。スタートについては，水中から(　⑪　)を蹴って行う方法から始めるなど，段階的に取り扱うことが大切である。

(5)　武道は，(　⑫　)，(　⑬　)などから発生した我が国固有の文化として(　⑭　)な行動の仕方が重視される運動で，相手の動きに対応した攻防ができるようにすることをねらいとしている。

(6)　ダンスは，(　⑮　)，(　⑯　)，「フォークダンス」を踊ることができるようにすることをねらいとしている。「フォークダンス」は，生活の中で生まれ伝承されてきた日本の(　⑰　)や外国のフォークダンスの踊り方を身に付けたり，(　⑱　)や特徴を理解したりして，みんなと一緒に楽しく踊れるようにすることをねらいとしている。

(7)　体育に関する知識では，運動の特性と(　⑲　)，(　⑳　)の意義と行い方，体力の意義と体力の高め方，そして運動の心身にわたる効果について学習する。

(☆☆☆◎◎◎)

【2】次の文は，高等学校学習指導要領解説―保健体育科編―に記載されている保健の目標の一部です。(　①　)から(　⑩　)の中に適語を入れなさい。(　)内の丸数字が同じところは，同じ語句が入ります。

個人及び(　①　)生活における健康・安全について理解を深めるようにし，生涯を通じて自らの健康を適切に管理し，改善していくための資質や能力を育てる。

「保健」の目標は，「保健体育」の目標を受けて，これを「保健」の立場から具体化し，学習指導の到達すべき方向を明らかにしたものである。

「個人生活及び(　①　)生活における健康・安全について理解を深めるようにし」とは，我が国の(　②　)構造や社会の変化に対応し健康を保持増進するためには，(　③　)の考え方を生かして健康に関する個人の適切な意志決定や(　④　)及び健康的な社会(　⑤　)づくりを行うことが重要であることを理解できるようにするとともに，(　⑥　)から高齢者までの生涯の各段階における健康課題への対応と保健・　(　⑦　)制度や地域の保健・(　⑦　)機関の適切な活用及び環境と(　⑧　)の保健，(　⑨　)と健康など(　①　)生活における健康の保持増進について，個人生活のみならず(　①　)生活とのかかわりを含めた(　⑩　)な理解を深めることを示したものである。

(☆☆☆◎◎◎)

【3】次の(1)から(7)は，代表的な生活習慣病について述べたものです。文中の(　①　)から(　⑮　)の中に適語を入れなさい。

(1)　がんは，統計では(　①　)として扱われている。わが国では，

(②)は減少しているが，肺がんや大腸がんは増加している。

(2) 歯周病は，歯を支えている組織に起こる病気で，歯ぐきが赤くなり出血する(③)と，それを放置したために膿が出たり歯ぐきがぐらぐらする(④)がある。

(3) 糖尿病は，血液中の糖の濃度が高くなってしまう病気である。血液中の糖の濃度が高くなると，(⑤)や(⑥)の障害，足の壊疽が起きたり，心臓病や(⑦)になりやすくなる。

(4) 高脂血症は，血液中の(⑧)や(⑨)などの脂質が基準以上に増加した状態のことである。高脂血症は，血管の(⑩)を促進し，心臓病の誘因となる。

(5) 心臓病とは，心臓の筋肉に栄養や酸素を送る動脈の硬化などにより，一過性に血液が流れにくくなり，胸に痛みなどを生ずる状態である(⑪)や血管がつまり心筋が壊死をおこした状態である(⑫)をいう。これらは統計では，虚血性心疾患と呼ばれている。

(6) 脳卒中には，脳内の血管が破れて出血を起こす(⑬)と，脳内の血管がつまって血流がとだえてしまう(⑭)がある。食塩の過剰摂取や飲酒が危険因子とされている。

(7) 喫煙は肺がんを，(⑮)性脂肪のとりすぎや食物繊維の不足などの食習慣は，大腸がんを起こしやすくする。

(☆☆☆◎◎◎)

【4】次の文は，心肺蘇生法の意義と原理について説明したものです。文中の(①)～(⑩)内に入る適語を語群から選び，記号で答えなさい。( )内の丸数字が同じところは，同じ語句が入ります。

けがや病気で，(①)の障害・(②)の停止・心臓の拍動の停止などの状態におちいったときに，人工的に(②)と(③)循環の働きを保ち，回復させるための方法を心肺蘇生法という。

脳や心臓をはじめとした重要な臓器へ一刻も早く(④)供給を再開し，それらの機能をよみがえらせて，損傷を最小限に食い止めることが心肺蘇生法のねらいである。そのためにも，迅速な判断と手当が重要となる。呼吸停止の人には人工呼吸を，循環のサインがみられない人には人工呼吸と(　⑤　)の両方を行う。

人工呼吸では，救助者の(　⑥　)を傷病者に吹き込む。人の(　⑥　)中には，(　⑦　)%の酸素が含まれており，緊急時の生命維持においては十分有効である。

また，(　⑤　)では，(　⑧　)の圧迫を繰り返して心臓を人工的に収縮・(　⑨　)させることにより，血液を循環させる。(　⑤　)によっても，血液量は通常の(　⑩　)程度しか確保できないが，それだけの量でも脳への障害を防ぐことができる。さらに(　⑤　)によって，一度停止した心臓を再び動かすことも期待できる。

〈語群〉

(ア)　血流	(イ)　循環	(ウ)　酸素
(エ)　一酸化炭素	(オ)　二酸化炭素	(カ)　意識
(キ)　脳	(ク)　呼吸	(ケ)　気道
(コ)　心臓	(サ)　呼気	(シ)　空気
(ス)　心臓マッサージ	(セ)　胸部マッサージ	(ソ)　胸部
(タ)　2分の1	(チ)　3分の1	(ツ)　4分の1
(テ)　14～16	(ト)　16～18	(ナ)　18～20
(ニ)　血液	(ヌ)　拡張	(ネ)　拡大

(☆☆◎◎◎)

【5】次の文は，薬物の種類と健康への影響について述べたものです。正しい文には○，誤っている文には×をつけなさい。

(1)　覚せい剤やシンナーなどを不正に使用するだけでなく，医薬品を本来の目的からはずれて使用することも薬物乱用という。

(2)　乱用される薬物は，脳や神経に作用して，継続的に快感をもたらす。

(3)　薬物乱用を続けていると，同じ摂取量では薬物による作用が効かなくなることがある。

(4)　睡眠剤や精神安定剤は，脳への作用を抑制する。精神依存は強いが，身体依存は低い。

(5)　アヘンは脳への興奮作用があり，コカインは脳への抑制作用がある。

(6)　有機溶剤には，シンナー，トルエン，アセトンがある。

(7)　マリファナや大麻は，精神依存が強い。

(8)　フラッシュバックとは，乱用を中断したときに起こる禁断症状のことである。

(9)　薬物乱用は，たった1回の使用なら急性中毒になることはない。

(10)　薬物乱用は重大な健康問題であると同時に，深刻な社会問題である。

(☆☆◎◎◎)

【6】次の(1)から(8)の語句について，50字以内で簡単に説明しなさい。

(1)　オーバーロードの原則

(2)　特異性の原則

(3)　アイソメトリックトレーニング

(4)　持続トレーニング

(5)　インターバルトレーニング

(6)　サーキットトレーニング

(7)　イメージトレーニング

(8)　プラトー

(☆☆☆◎◎◎)

【7】次の語句を全て使って，「世界エイズデー」について，100字以内で説明しなさい。

HIV　　WHO　　解消　　まん延　　啓発

(☆☆☆◎◎◎)

解答・解説

【1】① 体力の向上　② 体への気付き　③ 体の調整　④ 仲間との交流，　⑤ 「技」　⑥ よりよく　⑦ 安全　⑧ 施設　⑨ 伏し浮き　⑩ 仰向け　⑪ 壁　⑫ 武技　⑬ 武術　⑭ 伝統的　⑮ 創作ダンス　⑯ 現代的なリズムのダンス　⑰ 民踊　⑱由来　⑲ 学び方　⑳ 体ほぐし

〈解説〉(1) 中学校学習指導要領(平成10年12月)解説－保健体育－p22，p23参照　(2) 中学校学習指導要領(平成10年12月)解説－保健体育－p26参照　(3) 中学校学習指導要領(平成10年12月)解説－保健体育－p35参照　(4) 中学校学習指導要領(平成10年12月)解説－保健体育－p40，p41参照　(5) 中学校学習指導要領(平成10年12月)解説－保健体育－p55参照　(6) 中学校学習指導要領(平成10年12月)解説－保健体育－p63，p66参照　(7) 中学校学習指導要領(平成10年12月)解説－保健体育－p71参照

【2】① 社会　② 疾病　③ ヘルスプロモーション　④ 行動選択　⑤ 環境　⑥ 思春期　⑦ 医療　⑧ 食品　⑨ 労働　⑩ 総合的

〈解説〉高等学校学習指導要領解説　保健体育編　p76参照

【3】① 悪性腫瘍　② 胃癌　③ 歯肉炎　④ 歯槽膿漏　⑤ 腎不全　⑥ 神経　⑦ 脳卒中　⑧ 総コレステロール値　⑨ 中性脂肪値　⑩ 老化　⑪ 狭心症　⑫ 心筋梗塞　⑬ 脳出血　⑭ 脳梗塞　⑮ 動物

〈解説〉(1) 発癌物質には，さまざまな化学物質やタバコ，ウイルス，放射線，紫外線などがある。ただし，発癌物質に対してすべての細胞が同じように反応するわけではない。たとえば遺伝的な欠陥がある細胞は，癌になりやすいと考えられる。細胞が物理的な刺激を受け続けると，発癌物質に反応しやすくなる可能性がある。　(2) 歯肉炎はき

わめて一般的な病気で，歯肉が赤く腫れて出血しやすくなる。初期段階ではほとんど痛みがないため病気に気づかないが，治療せずに放っておくとより深刻な歯周炎を引き起こして，歯を失うことになる。(3) 高血糖が長時間続くと，血液の循環不良によって心臓，脳，脚，眼，腎臓，神経，皮膚に障害が現れ，狭心症，心不全，脳卒中，歩行時の脚のけいれん(跛行[はこう])，視力低下，腎不全，神経の損傷(神経障害)，皮膚の損傷などが起こる。心臓発作と脳卒中も糖尿病の人に多く起きる。 (4) 血液中の脂質濃度が高値でも，普通は無症状である。たまに，数値が特に高い場合に，脂肪が皮膚や腱(けん)にたまって，黄色腫と呼ばれるこぶを形成することがある。中性脂肪値が非常に高くなると，肝臓や膵臓が肥大し，膵炎になるリスクが高まる。膵炎は激しい腹痛を起こし，ときに死に至る。 (5) 心臓発作(心筋梗塞)とは，心臓への血液供給が突然ひどく減少するか，あるいは途絶えたために，心筋が酸素の供給を受けられずに壊死する病気で，救急治療が必要である。 (6) 脳卒中には，虚血性と出血性の2つのタイプがある。米国では脳卒中の約80%は，動脈が詰まる虚血性のタイプである。

【4】① カ　② ク　③ ア　④ ウ　⑤ ス　⑥ サ
⑦ ト　⑧ ソ　⑨ ヌ　⑩ チ

〈解説〉心臓マッサージの方法は，胸骨の下1/3の部分に両手を組んで当て，肘を曲げずに垂直に体重をかけて圧迫して直ぐに力をぬく。圧迫は0.3秒間，4～5cm(幼児の場合は2～3cm)沈む程度。人での練習は危険なため，必ず練習用の人形を使っておこなう。人工呼吸を2回実施し，心臓マッサージを30回(1分間100回のリズム)行い，これを繰り返す。大修館『現代保健体育』参照。

【5】(1) ○　(2) ×　(3) ○　(4) ×　(5) ×　(6) ○
(7) ○　(8) ×　(9) ×　(10) ○

〈解説〉薬物乱用(drug abuse)は，薬物を医療や使用目的以外に快感を得る目的で使用すること。医療の必要からでない薬物使用，または不当な量の使用をさす。薬物使用による障害の性質とは関係なく，個人または社会に有害である使用，違法な使用を含んでいる。この概念は，医療目的からの逸脱という社会価値規範をその基礎にもつ点で，次の薬物依存と異なる。再燃現象(フラッシュバック・フェノメノン)とは，薬物の使用をやめてしばらくしてから，突然薬物の投与なしに薬物使用時の強迫観念・幻視・幻聴などの症状がおそってくること。この現象は，覚せい剤やLSDなどにみられる。使用中止後の数か月，あるいは1年でも現れる。人によっては，年に数回ずつ10年にわたってくり返す者もいる。疲労，ストレスや飲酒がその引き金となる場合が多い。大修館『現代保健体育』参照。

【6】(1)　筋力，持久性などの身体能力の発達は，身体が慣れている以上の負荷をかけることで成される。　(2)　ある条件下での運動能力は，同じ条件下でのトレーニングによって最も効果的に向上させることができ，与えられた特有の動作に対して特異的に適応する。　(3)　筋肉を収縮させずに高い負荷をかける筋力トレーニングのことで，動かない物(例えば壁など)を全力で6秒間以上動かそうとしていると，筋力が効果的につくという方法。　(4)　ややキツイ程度の負荷の運動を持続的に続け，持久力を高めるトレーニング。　(5)　全身持久力の向上を目的として，不完全休息を間にいれたトレーニング。　(6)　いくつかの運動を組み合わせ，総合的な体力の向上を目的とする。各種の動的な運動を6～12種目選んで1セットの組み合わせをつくり，それらを休息なしで3セット繰り返す。　(7)　習得しようとする技術や運動場面のイメージを頭の中で繰り返し描いて練習する方法。　(8)　運動技能の上達過程で，比較的長期間にわたって上達(進歩)が停滞する現象で，練習を開始した比較的初期の技能の未習熟の段階で発現する。

〈解説〉アイソメトリック・トレーニングは，筋肉を収縮させずに高い負荷をかける筋力トレーニングのことで，動かない物(例えば壁など)を全力で6秒間以上動かそうとしていると，筋力が効果的につくという方法であり，静的トレーニングともいわれている。1960年に西ドイツのミューラーとヘッティンガーが理論化した。(等尺性収縮による静的トレーニング)。アイソトニック・トレーニングは，筋肉の収縮をともなう等張性収縮による動的トレーニング。サーキットトレーニングは，いくつかの運動を組み合わせ，総合的な体力の向上を目的とする。各種の動的な運動を6～12種目選んで1セットの組み合わせをつくり，それらを休息なしで3セット繰り返す。1種目の運動回数は，30秒または1分間に反復できる最高回数の1/2とする。体力を総合的に高めることを目的とする。インターバルトレーニングは，全身持久力の向上を目的として，不完全休息を間にいれたトレーニング。急走期に心拍数を180回/分程度に高めたのち，緩走(ジョギング)や急歩による不完全休息(動的休息)をとり，その間に心拍数を約120回/分までさげる運動を繰り返すもので，呼吸・循環機能の強化に役立ち，全身持久性を高めることを目的とする。

【7】WHO(世界保健機関)は，世界規模でのHIV感染者のまん延防止及び患者・感染者に対する差別・偏見の解消を目的とし，毎年12月1日を「世界エイズデー」として，加盟各国に対しエイズに対する知識の普及や啓発を推進しています。

〈解説〉様々なセクシャリティ(性行動の対象の選択や性に関連する行動・傾向)の人々や，HIV陽性の人々，陰性の人々が一緒に生きている現実をありのままに受け止め，エイズのまん延防止や差別・偏見の解消のために，ひとりひとりに何ができるかを国民全体で考えていく。厚生労働省では，関係行政機関，財団法人エイズ予防財団，エイズ関連NGO等の関係団体及び民間企業，報道機関等の協力を得て，全国的な啓発活動の推進を図る。都道府県，保健所を設置する市及び特別区では，関係機関及び関係団体等との連携を密にし，それぞれの地域の実情に応じた広報計画，実施計画に基づき，エイズに関する正しい知識の啓発活動を展開する。

2006年度　実施問題

【中高共通】

【1】次の文は，高等学校学習指導要領解説保健体育編，科目「体育」の目標の解説です。文中の(　①　)～(　⑩　)の中に適語を入れなさい。(　　)内の丸数字が同じところは，同じ語句が入ります。

「各種の運動の合理的な実践」とは，保健体育科の目標において解説したとおりであるが，高等学校では運動の(　①　)や自己の能力・適性等に即し，運動や健康の(　②　)な理解の上に立って運動を実践することが必要であることを示したものである。

「運動技能を高め運動の楽しさや喜びを深く味わうことができるようにする」とは，自分が選択した運動の学習活動が，単に(　③　)の楽しさの追求だけに終わらないよう，自己の能力に応じた運動の(　④　)を設定し，その(　④　)を自ら解決することによって，(　⑤　)を習得したり，高めたりする喜びを味わうとともにその運動の特性に応じた楽しさや(　⑥　)を深く味わえるようにすることが大切であることを示したものである。このことによって生徒一人一人の能力等に応じて運動を(　⑦　)にしていくことを目指している。

「体の調子を整え」とは，単に体の調子を整えることだけでなく，(　⑧　)の運動，すなわち，いろいろな手軽な運動や(　⑨　)な運動を行い，体を動かす楽しさや心地よさを味わうことによって，自己の体の状態だけでなくその(　⑩　)にも気付き，体の調子を整えたり，仲間と交流したりすることの必要性を示したものである。

(☆☆☆◎◎◎◎)

【2】次の文は中学校学習指導要領解説保健体育編，保健分野「心身の機能の発達と心の健康」の内容です。文中の(　①　)～(　⑩　)の中に適語を入れなさい。(　　)内の丸数字が同じところは，同じ語句が入ります。

(1) 身体の機能は(①)とともに発達すること。

(2) 思春期には，(②)の働きによって生殖にかかわる機能が成熟すること。また，こうした変化に対応した適切な(③)が必要となること。

(3) 知的機能，(④)機能，社会性などの精神機能は，(⑤)などの影響を受けて発達すること。また，思春期においては，(⑥)の認識が深まり，(⑦)がなされること。

(4) 心の健康を保つには，(⑧)や(⑨)に適切に対処するとともに，(⑩)を保つことが大切であること。また，(⑧)や(⑨)への対処の仕方に応じて，精神的，身体的に様々な影響が生じることがあること。

(☆☆☆◎◎◎)

【3】次の文は，わが国における健康水準の向上・健康問題の変化について述べたものである。文中の(①)～(⑩)の中にあてはまるものを語群から選び，記号で答えなさい。

わが国における平均寿命は，(①)年代初期まで低い水準にとどまっていましたが，その後，急速にのび続け，2003年では男性(②)年，女性(③)年と世界最高水準となっています。平均寿命ののびは初期には(④)の大幅な改善により，また近年では中高年の(⑤)の改善によって達成されました。

時代とともに健康問題も変化してきています。わが国では1900年代の半ばまでは(⑥)や(⑦)をはじめとする，感染症で死亡する人が多くみられました。現在では，感染症で死亡する人は大きく減少し，(⑧)・(⑨)・がんで死亡する人が全体の(⑩)%を占めるようになっています。

〈語群〉

ア) 1800	イ) 50	ウ) 73.58	エ) 85.33
オ) 81.67	カ) 1900	キ) 60	ク) 78.36
ケ) 乳児死亡率	コ) 糖尿病	サ) 脳卒中	シ) 高血圧

ス)　結核　　セ)　胃潰瘍　　ソ)　肝炎　　タ)　肺炎
チ)　受療率　　ツ)　死亡率　　テ)　心臓病

(☆☆☆◎◎◎)

【4】次の文は中学校学習指導要領解説保健体育編，高等学校学習指導要領解説保健体育編に示されていることについて述べたものです。正しい文には○，誤っている文には×で答えなさい。

(1)　中学校では，平均台運動は安全を考慮して取り扱わない。

(2)　高等学校「保健」の指導内容は，「現代社会と健康」，「環境と健康」，「生涯を通じる健康」，「集団の健康」の4項目で構成されている。

(3)　高等学校の「運動」の内容は，7領域で構成されている。

(4)　高等学校の「武道」では，相撲やなぎなたを取り扱うことができない。

(5)　中学校第1学年では「体つくり運動」，「器械運動」，「陸上競技」，「水泳」，「球技」すべて必修となっている。

(6)　「体ほぐしの運動」については，「体つくり運動」で行わなければならない。

(7)　高等学校では，入学年次とその次の年次の体育の領域の取扱いは同じである。

(8)　中学校の保健体育科は，運動分野と保健分野で構成されている。

(9)　高等学校の柔道では，絞め技や関節技は扱わない。

(10)　新学習指導要領になって，「ダンス」で現代的なリズムのダンスが扱えるようになった。

(11)　中学校の選択科目としての「保健体育」においては，生徒の特性等に応じ，多様な学習活動が展開できる。

(12)　高等学校のマット運動には，回転系の技と巧技系の技がある。

(13)　高等学校において，「球技」でラグビーを取り扱ってもよい。

(14)　中学校の「水泳」では，安全性の面からスタートやターンは取り扱ってはいけない。

(15)　中学校，高等学校ともに「体育理論」の領域がある。

(☆☆☆◎◎◎◎)

【5】人間は欲求不満の状態になった時，その不安や悩みなどをやわらげ，心の安定を保とうとさまざまな適応機制を用います。主な適応機制の名称を8つ答えなさい。

(☆☆☆◎◎◎◎)

【6】トレーニングを効果的にするためには，いくつかの守るべき原則があります。実際のトレーニングプログラム作成にあたって，守るべき「トレーニングの5原則」を書きなさい。

(☆☆☆◎◎◎◎◎)

【7】次の略語の正式名称を，日本語で答えなさい。

(1)　WHO

(2)　UNICEF

(3)　HIV

(4)　PTSD

(5)　PCB

(6)　HACCP

(7)　ATP

(8)　UNEP

(9)　AED

(10)　AIDS

(☆☆☆☆◎◎◎)

【8】人体には脳からの指令を受けて，血液のなかにホルモンを分泌する内分泌系の器官があります。その器官名を8つ答えなさい。

(☆☆☆☆◎◎)

解答・解説

【中高共通】

【1】① 特性　② 科学的　③ 一過性　④ 課題　⑤ 運動技能　⑥ 喜び　⑦ 得意　⑧ 体ほぐし　⑨ 律動的　⑩ 変化

〈解説〉高等学校学習指導要領解説(保健体育編，体育編)の第2章第1節の2目標(p22，23)を参照のこと。

【2】(1) ① 年齢　(2) ② 内分泌　③ 行動　(3) ④ 情意機能　⑤ 生活経験　⑥ 自己の確認　⑦ 自己形成　(4) ⑧ 欲求　⑨ ストレス　⑩ 心身の調和

〈解説〉中学校学習指導要領解説(保健体育編)保健分野「心身の機能の発達と心の健康」(p88)を参照のこと。

【3】① カ　② ク　③ エ　④ ケ　⑤ ツ　⑥ ス　⑦ タ　⑧ サ　⑨ テ　⑩ キ

〈解説〉世界保健機関(WHO)が発表した「2003年世界保健報告」によると，日本は「平均寿命」と健やかに過ごせる人生の長さを表す「健康寿命」の双方で世界一を守った。わが国の平均寿命は1900年代初期まで50年以下だったが，最近では男性78.36歳，女性85.33歳となり，世界最長となった。平均寿命ののびは，初期には乳児死亡率の大幅な改善により，近年では中高年の死亡率の改善によって達成された。乳児の生存は，胎児期の母体の健康状態や生後の養育環境などの影響を強く受けるため乳児死亡率は，その社会の栄養状態や衛生状態の善し悪しを反映するといわれる。我が国の健康水準の向上は，栄養状態や衛生状態の改善を可能にした社会・経済の発展や医療の進歩をはじめとする科学技術の発達によって達成されたといえる。

【4】(1)　×→中学校でも取り扱う。　(2)　×→「現代社会と健康」，「生涯を通じる健康」，「社会生活と健康」の3項目で構成されている。
(3)　○　(4)　○　(5)　○　(6)　○　(7)　×→体育領域の取り扱いは選択する数が学年ごとに違う。　(8)　×→体育分野と保健分野で構成されている。　(9)　×→絞め技や関節技も取り扱う。
(10)　○　(11)　○　(12)　○　(13)　○　(14)×→スタートとターンも取り扱ってよい。 (15)　×→中学校は「H体育に関する知識」，高等学校は「H体育理論」である。

〈解説〉中学校学習指導要領解説(保健体育編)と高等学校学習指導要領解説(保健体育編)をよく読んで理解しておきたい。

【5】合理化，逃避，退行，代償，抑圧，白昼夢，攻撃，昇華など。

〈解説〉適応機制とは欲求不満による心身の緊張や不安を和らげ，精神の安定を図ろうとするはたらきである。大きく分けて5つの機制がある。
①　合理的機制…積極的・合理的な方法で障壁となっている不満の原因を取り除いて，欲求の充足を図ろうとする機制である。　②　代償機制…欲求が満たされないときに，その欲求の対象となっているものに代わる他の対象をもって，本来の欲求を満足させようとする機制のこと。これには補償や昇華などがある。　③　防衛機制…おもに社会的欲求の充足が阻止されて，自分の立場が不利になった場合に，自己を防衛して確立するためにとられる機制である。これには同一化・合理化・投射機制などがある。　④　逃避機制…欲求が充足されないとき，現実の世界から逃避して欲求の充足を図ろうとする消極的な機制である。これには拒否・白昼夢・退行・抑圧などがある。　⑤　攻撃機制…欲求が充足されないとき，積極的に反抗的態度や行動をとって不満を解消する機制である。これには反抗・攻撃・暴力などがある。

【6】意識性の原則，個別性の原則，全面性の原則，漸進性の原則，反復性の原則。

〈解説〉それぞれの原則の意味は次の通りである。　意識性の原則…運動処方の意義，手段，方法などを理解し，目的や目標をもって運動を行う。　個別性の原則…体力や能力の個人差を考え，各個人に応じた適切な運動を行う。　全面性の原則…心身の機能が全面的に，調和をもって高められるようにする。　漸進性の原則…体力や能力の向上と共に，しだいに運動の強さや量，技能程度を上げていく。　反復性の原則…運動は繰り返しおこなうことで効果を現すので，規則的に継続して行う。

【7】(1)　世界保健機関　(2)　国連児童基金　(3)　ヒト免疫不全ウイルス　(4)　心的外傷後ストレス障害　(5)　ポリ塩化ビフェニール　(6)　危害分析・重要管理点　(7)　アデノシン三リン酸　(8)　国連環境計画　(9)　自動体外式除細動機　(10)　後天性免疫不全症候群

〈解説〉(1)　世界保健機関とは国際連合(UN)の事業のうちで，保健衛生の分野を専門に担当する機関で，本部をスイスのジュネーブにおき，6ヵ所の地域事務所をおいている。　(2)　国連児童基金とは1946年設立。開発途上国の児童に対し直接の援助を与えることを目的とし，給食，結核予防対策(BCG注射)などの衛生活動と教育・職業訓練を行うこと。　(3)　ヒト免疫不全ウイルス(Human Immunodeficiency Virus)が，人体の免疫力を高める働きをするヘルパーT細胞に感染し，これを破壊してしまうため，免疫力が極端に低下し，様々な感染症を起こす症状を後天性免疫不全症候群(AIDS：エイズ)という。　(4)　心的外傷後ストレス障害とは著しく破局的な，あるいは脅威的な事件や状況にさらされて，強い恐怖，驚愕，絶望を伴う体験した後にその後遺症として起こる心的外傷(トラウマ)。戦争体験，自然災害，レイプ，虐待などがあり，一般に事件後数週から数ヶ月の間にみられるが，ときには数年たってから発症することもある。衝撃的な事件に直面したような例ではその発症率は30～70％にのぼるといわれている。　(5)　ポリ塩化ビフェニールとは「カミネ油症事件」をきっかけにその毒性が注目された難分解性の有機塩素化合物である。肝機能障害，発ガン性など人体に対する影響も指摘され，1972年に行政指導により製造が禁止された。しかし，その科学的な安定性より分解が困難なため，現在に至るもその処理が問題となっている。　(6)　HACCPとは食品の安全性についても危害を予測し，重要管理点を設定することによって，危害の発生の予防措置に重点をおいて衛生上の安全性を確保する方法である。　(7)　アデノシン三リン酸とは筋肉中に存在し，ATPの分解によって発生するエネルギーで筋肉が収縮すること。分解したATPの再合成は　①クレアチリン酸の分解，　②グリコーゲンの乳酸への分解，③グリコーゲンの酸化の3つの過程で行われる。　(8)　国連環境計画は1972年設立。国連人間環境会議で採択された「人間環境宣言」「環境国際行動計画」実施のために設立。国連諸機関の環境保護活動を総合的に調整し，国際協力を推進すること。　(9)　自動体外式除細動機とは，一般的に馴染みのない言葉だが，簡単に言えば突然心停止状態に陥った時，心臓に電気ショックを与えて，正常な状態に戻す医療機器である。コンピューターを内蔵し，電極を胸に貼ると心電図を自動的に解析し，心室細動か否かを判断し，機械が電気ショック(通電)を指示する。　(10)　後天性免疫不全症候群とは，ウイルスにより免疫が破壊され，その結果，それまでかからなかった重大な病気にもかかるようになる。AIDSは，合併症が1つでも発症した状態を指し，HIVはウイルスの名称である。一般的には，ヒト免疫不全ウイルスが人体の免疫力を高める働きをするヘルパーT細胞に感染し，これを破壊してしまうため，免疫力が極端に低下し，様々な感染症を起こす症状をいう。

【8】下垂体前葉，下垂体後葉，膵臓，副腎髄質，副腎皮質，精巣，甲状腺，視床下部など。

〈解説〉身体の組織や器官の働きは，神経系(自律神経系)や内分泌系によって全体として統合されている。なかでも，内分泌系の調節は，各内分泌器官から分泌される微量のホルモン(科学物質)が血液によって数々の組織や器官に運ばれ，その組織や器官の働きを調節する。この種の問題は頻出事項であるので，ホルモンの名称，分泌器官，主な働きについて学習を深め，理解を深めておく必要がある。　下垂体前葉…成長ホルモン(骨や筋肉の発達)，下垂体後葉…抗利尿ホルモン(利尿をおさえる)，膵臓…インシュリン(グリコーゲンの合成を促す。組織でのブドウ糖酸化)，副腎髄質…糖質コルチコイド(タンパク質からブドウ糖の新生を促す)，副腎皮質…アドレナリン(グリコーゲンの糖化を促す。交感神経の働きを高める)，精巣…テストステロン(精子の成熟，二次性徴を示す)，甲状腺…サイロキシン(物質代謝を高める)，視床下部…視床下部ホルモン(下垂体ホルモンの分泌を調節する)。

2005年度　実施問題

【中高共通】

【1】次の文は，高等学校学習指導要領「保健体育科の目標」である。文中の（ ① ）～（ ⑩ ）の中に適語を入れなさい。

（ ① ）と（ ② ）を一体としてとらえ，健康・（ ③ ）や運動についての理解と運動の（ ④ ）な実践を通して，（ ⑤ ）にわたって計画的に運動に親しむ（ ⑥ ）や（ ⑦ ）を育てるとともに，健康の（ ⑧ ）のための（ ⑨ ）の育成と体力の向上を図り，明るく豊かで活力ある生活を営む（ ⑩ ）を育てる。

(☆☆◎◎◎◎)

【2】次の文は，中学校学習指導要領「体育分野の目標」である。文中の（ ① ）～（ ⑩ ）の中に適語を入れなさい。

(1) 各種の運動の（ ① ）な実践を通して，（ ② ）を解決するなどにより運動の（ ③ ）や（ ④ ）を味わうとともに運動技能を高めることができるようにし，生活を明るく健全にする態度を育てる。

(2) 各種の運動を適切に行うことによって，自己の体の変化に（ ⑤ ），体の（ ⑥ ）を整えるとともに，体力の向上を図り，たくましい心身を育てる。

(3) 運動における競争や協同の経験を通して，（ ⑦ ）な態度や，進んで（ ⑧ ）を守り互いに（ ⑨ ）して（ ⑩ ）を果たすなどの態度を育てる。また，健康・安全に留意して運動をすることができる態度を育てる。

(☆☆◎◎◎◎)

【3】次の文は，中学校体育と高等学校体育の各領域の運動に関して説明したものである。文中の（ ① ）～（ ⑩ ）の中にあてはまるも

のを語群から選び記号で答えなさい。

(1)　器械運動には，マット，鉄棒，平均台，跳び箱を使った運動種目があり，マット運動には，前転，頭はねおきなどの回転系の技と倒立，Y字バランスなどの（　①　）系の技がある。鉄棒運動には，逆上がり，け上がりなどの（　②　）系の技と懸垂系の技がある。平均台運動には，歩走，跳躍などの（　③　）系の技，ポーズ，ターンなどの（　④　）系の技，さらに前転，側方倒立回転などの回転系の技がある。跳び箱運動には，開脚跳びなどの（　⑤　）系の技と回転系の技がある。

(2)　中学校の陸上競技の技能の内容については，安全や施設の実態などを考慮して，（　⑥　）の種目を除いて走，跳の種目で構成している。走り高跳びの空間動作は，（　⑦　）跳び，ベリーロールなどがあり，生徒が個性に合った跳び方を身に付けることができるようにする。ベリーロールでは着地の安全を確保する必要がある。

（　⑧　）跳びについては，合理的な跳び方として選手の間には広く普及しているが，すべての生徒を対象とした学習では，中学生の技能レベルや体育施設・器具等の面から（　⑨　）な場合があるので，個々の生徒の技能や体育施設・器具等の安全性などの条件が十分に整っており，さらに安全を考慮した（　⑩　）な学びを身に付けている場合に限る。

〈語群〉

ア）投	イ）持久	ウ）体操	エ）静止
オ）背面	カ）正面	キ）支持	ク）振動
ケ）巧技	コ）危険	サ）はさみ	シ）段階的
ス）切り返し	セ）突き放し	ソ）バランス	

(☆☆◎◎◎)

【4】次の文は，中学校学習指導要領，高等学校学習指導要領に示されている，内容の取扱いと指導計画の作成について述べたものである。正しい文には○，誤っている文には×をつけなさい。

(1) 高等学校において「体つくり運動」と「体育理論」は各学年すべての生徒に履修させることとしている。

(2) 中学校，高等学校ともに「体つくり運動」では，内容に示されている「体ほぐしの運動」,「体力を高める運動」のどちらかを履修させればよいとしている。

(3) 中学校において「水泳」はすべての生徒に必ず履修させることとしている。

(4) 中学校，高等学校ともに「水泳」では，プールサイドからのスタートは取り扱っていない。

(5) 中学校，高等学校ともに「球技」では，内容に示されている運動の他に，地域や学校の実態に応じて，その他の運動についても履修させることができるとしている。

(6) 中学校，高等学校ともに，集合，整とんなど，集団として必要な行動の仕方は取り扱っていない。

(7) 中学校での「保健体育」の年間標準授業時数は，350単位時間を標準としている。

(8) 中学校での「保健分野」の授業時数は，3年間で48単位時間程度を配当することとしている。

(9) 高等学校での「体育」の標準単位数は9単位である。

(10) 高等学校での「保健」は，原則として入学年次及びその次の年次の2ヶ年にわたり履修させるものとしている。

(☆☆☆◎◎◎)

【5】次の文は，健康問題について述べたものである。あとの(1)～(4)の問いに答えなさい。

わが国では，1900年代の半ばまでは，結核や肺炎をはじめとする(ア) 感染症で死亡する人が多くみられました。現在では，感染症で死亡する人は大きく減少し，現在のわが国の死亡原因は(イ) 第1位（ ① ），第2位（ ② ），第3位（ ③ ）です。これらの病気は，多くの場合，食事や運動などの生活習慣と関連しています。そのような生活習慣と関連の深い病気を（　④　）といいます。

たばこの煙には，多くの（ウ）有害物質がふくまれているため，喫煙は人体にさまざまな悪影響をおよぼします。非喫煙者であっても喫煙者の周囲にいれば，いやおうなしに（　⑤　）と喫煙者が吐きだした煙を吸い込むことになります。これを（　⑥　）喫煙といいます。

(1)　上記の文の（　①　）～（　⑥　）に適語を入れなさい。

(2)　下線（ア）の原因となる，病原体にはどのようなものがありますか，2つ答えなさい。

(3)　下線（イ）で死亡する割合は，死亡する人全体の約何％を占めていますか。

(4)　下線（ウ）の有害物質にはどのようなものがありますか，2つ答えなさい。

(☆☆☆◎◎◎◎)

【6】次の文は，運動のしくみについて述べたものである。文中の（　①　）～（　⑬　）の中にあてはまるものを語群から選び記号で答えなさい。

筋肉が収縮するための直接のエネルギー源は，（　①　）です。（　①　）は筋中にほんのわずかしかないので，運動をおこなうためには新しく（　①　）をつくらなければなりません。この（　①　）をつくる過程には3種類あります。短時間に大きな力を発揮するような運動では，筋肉にある（　②　）酸を分解することによって，（　①　）をつくります。これを（　③　）運動といいます。この過程では（　④　）を発生することはありません。また，比較的強くて持続できるような運動では，（　⑤　）を分解することによって，（　①　）をつくります。これも（　③　）運動ですが（　④　）が発生します。（　④　）は筋収縮を妨げる性質があり，筋肉内に一定レベル以上の（　④　）が蓄積されると筋収縮が停止します。

いっぽう，運動強度が低く，単位時間あたりのエネルギーが少なくてすむ運動では，（　⑥　）を使って，（　⑤　），（　⑦　），タンパク質を分解することによって，（　①　）をつくります。（　⑥　）を使うことからこれを（　⑧　）運動といいます。

筋肉には，骨格筋，（　⑨　）筋，（　⑩　）筋があります。ふつう筋肉といえば，骨格筋をさします。骨格筋には（　⑪　）がみられることから，（　⑪　）筋といいます。（　⑨　）筋は心臓で構成している筋です。（　⑨　）筋も（　⑪　）筋ですが，自分の意志でコントロールできない点で，骨格筋と異なります。このことから，（　⑨　）筋は（　⑫　）筋，骨格筋は（　⑬　）筋といいます。（　⑩　）筋は，心臓以外の内臓諸器官を構成している筋です。（　⑩　）筋は（　⑨　）筋と同じ（　⑫　）筋ですが，（　⑪　）がないので（　⑨　）とは異なります。

〈語群〉

ア）心	イ）乳酸	ウ）脂肪	エ）内臓
オ）平滑	カ）酸素	キ）横紋	ク）斑紋
ケ）ATP	コ）CTP	サ）有酸素	シ）無酸素
ス）随意	セ）不随意	ソ）グリコーゲン	
タ）クレアチンリン			

(☆☆☆◎◎◎◎)

【7】次の文は，現代の競技スポーツについて述べたものである。あとの(1)〜(5)の問いに答えなさい。

現代における競技スポーツはめざましい発展をとげており，それは記録の向上にもあらわれている。このような発展は，競技者の創意・工夫・努力によるところが大きいが，同時に<u>（ア）新しい技術の開発</u>や<u>（イ）施設・用具の発達</u>などに支えられている。また，こうした競技スポーツの発展は，競技者の能力を最高に引き出すための<u>（ウ）人的支援体制の確立</u>やスポーツ科学の発展も大きな支えとなっている。

このような発展のいっぽうで，競技スポーツでは，世界記録の達成や優勝によって名声やスポンサーからの莫大な賞金が得られるため，<u>（エ）不正な薬物</u>を使用して一時的に能力を向上させようとする<u>（オ）ドーピング</u>のような問題も起きている。

(1)　下線（ア）には，どのようなものがありますか，簡単に答えなさい。

(2)　下線（イ）には，どのようなものがありますか，簡単に答えなさい。

(3)　下線（ウ）には，どのような立場の人の参加が考えられますか，2つ答えなさい。

(4)　下線（エ）で，国際オリンピック委員会で禁止されている薬物にはどのようなものがありますか，2つ答えなさい。

(5)　下線（オ）は，なぜ禁止されているか理由を書きなさい。

(☆☆☆◎◎◎)

【8】児童生徒の体力・運動能力について下記の問いに答えなさい。

(1)　児童生徒の体力・運動能力の現状について簡単に述べなさい。

(2)　児童生徒の体力・運動能力について，今後どのような取り組みが必要だと思いますか。簡単に述べなさい。

(☆☆☆◎◎◎)

解答・解説

【中高共通】

【1】①　心　②　体　③　安全　④　合理的　⑤　生涯　⑥　資質　⑦　能力　⑧　保持増進　⑨　実践力　⑩　態度

〈解説〉「保健体育科の究極的な目標である『明るく豊かな生活を営む態度を育てる』ことを目指すものである。この目標を達成するためには，運動に興味をもち活発に運動を行う者とそうでない者に二極化していたり，生活習慣の乱れやストレス，不安感が高まっている生徒の現状を踏まえ，心と体を一体としてとらえ，体育と保健を一層関連させて指導することが重要となる」と学習指導要領解説に示されている。

【2】(1) ① 合理的　② 課題　③ 楽しさ　④ 喜び
(2) ⑤ 気付き　⑥ 調子　(3) ⑦ 公正　⑧ 規則
⑨ 協力　⑩ 責任

〈解説〉(1)の目標は教科目標の「運動に親しむ資質や能力を育てる」こととの関連から，自己の能力などに応じて運動の楽しさや喜びを味わうことを強調している。　(2)は適切な運動実践により，体をほぐしたり，体力づくりを図ったりすること重要とし，たくましい心身を育てることを目指すものである。　(3)は運動をフェアーに楽しく行うために，それぞれの運動のルールやマナーを身につけることや，勝敗に対する公正な態度などは社会生活における望ましい態度や行動にもつながり，人間形成に役立つものであること，さらに健康・安全に留意する態度の育成が重要であることを示したものである。

【3】(1) ① ケ　② キ　③ ウ　④ ソ　⑤ ス
(2) ⑥ ア　⑦ サ　⑧ オ　⑨ コ　⑩ シ

〈解説〉器械運動の各種目には多くの技があり，系，技群，グループごとに分類して覚えておくこと。高等学校での陸上競技では，投てきが取り上げられており，投てきには突き出して投げる種目，助走して投げる種目，回転して投げる種目があるが，砲丸投げなどの回転して投げる種目の取り扱いは，危険防止の立場から，生徒の技能の習得状況を考慮することと，独立した投てき場と防護ネットの設備が整っている必要がある，とされている。

【4】(1) ○　(2) ×　(3) ×　(4) ×　(5) ○　(6) ×
(7) ×　(8) ○　(9) ×　(10) ○

〈解説〉(1) 各領域の取り扱いで，内容の体つくり運動および体育理論については，各年次においてすべての生徒に履修させることとされている。　(2) 体つくりの運動の内容である「体ほぐしの運動」「体力を高める運動」のいずれも，各学年において，すべての生徒に履修させることとしている。　(3) 水泳の領域は，第1学年においては，すべての生徒に履修させることとしているが，第2学年及び第3学年においては，器械運動，陸上競技及び水泳のうちから1また2領域を選択して履修できるようにすることとしている。　(4)　スタートの取り扱いについて，中学校では「スタートについては，水中から壁を蹴って行う方法から始めるなど段階的に取り扱う」とあり，高等学校では「生徒の能力に応じてプールサイド等から段階的に指導し，高い位置からのスタートへと発展させることができるようにする」とある。
(5)　中学校高等学校どちらにおいても，「地域や学校の実態に応じて，その他の運動についても履修させることができること。」とある。
(6)　集合，整とん，列の増減，方向転換などの行動の仕方は，各運動領域において適切に行うものとし，集団行動の指導の効果を上げるために，保健体育科だけでなく，学校の教育活動全体において指導するように配慮する必要があるとしている。　(7)　旧学習指導要領では下限が315単位時間，上限が350単位時間を標準としていたが，改訂により270単位時間となっている。　(8)　3学年間で当てる授業時数は，体育分野222単位時間程度，保健分野48時間程度を配当することとしている。　(9)　高等学校での「体育」の単位数は，従前，標準単位数が7～9とされ，全日制課程の普通科については9単位を下らないこととなっていたが，改訂により7～8と改められた。　(10)　高等学校での「保健」の標準単位数は，従前と同じ2単位となっている。

【5】(1)　①　悪性新生物　　②　心疾患　　③　脳血管疾患
④　生活習慣病　　⑤　副流煙　　⑥　受動　　(2)　結核菌　　インフルエンザウィルス　　(3)　約60%　　(4)　ニコチン　　タール
〈解説〉総死亡に占める三大死因（悪性新生物，心疾患，脳血管疾患）の割合は約6割である。特に悪性新生物の占める割合は増え続けている。また，これらの三大死因は三大生活習慣病とも言われ，生活習慣が大きく影響している。なかでも喫煙は悪影響を及ぼすとされており，煙草を吸ったときにフィルターなどから吸い込まれる主流煙以上に，一酸化炭素を多く含む，吸わないときの煙草から出ている副流煙が問題

となっている。 (2) 他に，大腸菌，サルモネラ菌，コレラ菌，百日咳菌，日本脳炎ウイルス，ヘルペスウイルス，HIV等がある。

【6】① ケ ② タ ③ シ ④ イ ⑤ ソ ⑥ カ ⑦ ウ ⑧ サ ⑨ ア ⑩ オ ⑪ キ ⑫ セ ⑬ ス

〈解説〉筋収縮のエネルギー源となる物質のことをATP（アデノシン3リン酸）といい，この物質がP（リン酸）を放出してADP（アデノシン2リン酸）に分解される時，エネルギーが発生する。そして，この発生したエネルギーはATPが産生される仕組みの違いから，①ATPとCP（クレアチンリン酸）の分解，②解糖，③酸化の三つに分類される。酸化によるエネルギー産生のみ酸素を必要とする。①は全力あるいはそれに近い高強度の運動で優先的に利用され，③は軽度から中度の運動で利用され，長時間運動を続けられる。

筋肉には横じまのある横紋筋と横じまのない平滑筋とがある。骨格に付着して運動を行う骨格筋は横紋筋で，消化管などの内臓壁をつくる内臓筋は主として平滑筋（心筋は例外）である。横紋筋の多くは意志によって運動する随意筋であるが，平滑筋は自律的にはたらく不随意筋である。心筋は不随意筋であるが横紋をもつ。

【7】(1) スキージャンプでのV字ジャンプ (2) スピードスケートでのスラップスケート (3) コーチングスタッフ スポーツドクター (4) 興奮剤 利尿剤 (5) ドーピングはスポーツのフェアプレー精神に反し，社会への悪影響につながり，また副作用により選手の健康を害するため。

〈解説〉(1) 他，走り高跳びでの背面跳び，短距離走でのナンバ走法等がある。 (2) 施設の発達に関して，陸上競技場での全天候トラック，屋内の野球場やスケート場等，サッカー場での人工芝等がある。用具の開発に関しては，棒高跳びでのポールの開発，靴やボールの開発等様々なものがある。 (3) 他，マネージメントスタッフ，情報・戦略スタッフ，アスレティックトレーナー等が考えられる。 (4) 他，麻薬性鎮痛剤，タンパク同化剤，ペプチドホルモン等が禁止されている。 (5) ドーピングは健康への害，アンフェア，社会悪といった「悪」につながるだけでなく，スポーツの価値や意味そのものを否定してしまう。

【8】(1) 児童生徒の体力・運動能力は，昭和60年ごろから現在まで，体格は向上しているものの，低下傾向が続いている。 (2) 屋外で身体活動を行う自然体験的活動を積極的に取り入れたり，運動・スポーツに親しむ機会を意識して確保していく必要がある。

〈解説〉(1) 特に運動・スポーツを実施していない児童生徒の体力・運動能力の低下の割合が大きい。 (2) 体育分野のなかでも，「体ほぐしの運動」と「体力を高める運動」とで構成される「体つくり運動」が体の調子を整え，体を動かす楽しさや心地良さを味わうことや体力の向上をねらいとして，取り入れられている。

2004年度　実施問題

【中高共通】

【1】次の文は，中学校および高等学校学習指導要領保健体育科の「目標」について説明したものである。文中の(　①　)～(　⑳　)の中に適語を入れなさい。

「目標」を達成するためには，運動に興味をもち活発に運動する者とそうでない者に(　①　)していたり，(　②　)の乱れや(　③　)および不安感が高まっている生徒の現状を踏まえ，(　④　)と(　⑤　)をより一体としてとらえ，体育と保健を一層関連させて指導することが重要である。

「運動に親しむ資質や能力」とは，運動への(　⑥　)や自ら運動をする(　⑦　)，仲間と仲よく運動をすること，各種の運動の(　⑧　)に触れる楽しさや喜びを味わえるよう自ら考えたり(　⑨　)したりする力，運動の(　⑩　)や知識・(　⑪　)などを指している。これらの資質や能力を育てるためには，生徒の能力・(　⑫　)，(　⑬　)・関心等に応じて，運動の楽しさや喜びを味わい，自らの運動の(　⑭　)を自ら解決するなどの学習が重要である。このことにより，運動を日常生活の中に積極的に取り入れ，生活の重要な一部とすることを目指しているものである。

「健康の保持増進のための実践力の育成」とは，健康・(　⑮　)についての(　⑯　)な理解を通して，心身の健康の保持増進に関する内容を単に(　⑰　)として，また，(　⑱　)としてとどめることではなく，生徒が現在および将来の生活において健康・(　⑮　)の課題に直面した場合に，(　⑯　)な思考と正しい判断の下に(　⑲　)や(　⑳　)を行い，適切に実践できるような資質や能力の基礎を育成することを示したものである。

(☆☆☆◎◎◎◎◎)

【2】次の表は，中学校体育分野と高等学校体育の領域および内容の取り扱いについての一部を示したものである。表の中の(　①　)～(　⑳　)内に正確な語句を語群から選び，記号で答えなさい。

【中学校体育分野の領域および内容の取り扱い】

領　　域	内　　　容
A （ ① ） 運動	ア　（ ② ）の運動 イ　（ ③ ）を高める運動 (ア) 体の（ ④ ）及び巧みな動きを高めるための運動 (イ)　（ ⑤ ）動きを高めるための運動 (ウ) 動きを（ ⑥ ）する能力を高めるための運動
B 器械運動	ア　（ ⑦ ）運動 イ　鉄棒運動 ウ　平均台運動 エ　（ ⑧ ）運動
C 陸上競技	ア　（ ⑨ ）・リレー、長距離走又は（ ⑩ ） イ　走り幅跳び又は（ ⑪ ）

【高等学校体育の領域および内容の取り扱い】

領　域	内　　　容
C 陸　上 競　技	ア（ ⑬ ） イ（ ⑭ ） ウ 投てき
D 水　泳	ア（ ⑮ ） イ 平泳ぎ ウ（ ⑯ ） エ バタフライ オ（ ⑰ ）
E （ ⑫ ）	ア バスケットボール イ ハンドボール ウ サッカー エ（ ⑱ ） オ バレーボール カ（ ⑲ ） キ 卓球 ク バドミントン ケ（ ⑳ ）

〈語群〉

(ア) 床	(イ) 球技	(ウ) 野球	(エ) 跳躍
(オ) 競争	(カ) 競走	(キ) 跳馬	(ク) 継続
(ケ) 持続	(コ) 連続	(サ) 筋力	(シ) 体力
(ス) 柔軟性	(セ) 力強い	(ソ) 素早い	(タ) マット
(チ) 跳び箱	(ツ) 投てき	(テ) 自由形	(ト) 背泳ぎ
(ナ) 横泳ぎ	(ニ) テニス	(ヌ) ラグビー	

(ネ) クロール	(ノ) 立ち泳ぎ	(ハ) 短距離走
(ヒ) 中距離走	(フ) 長距離走	(ヘ) ハードル走
(ホ) 柔らかさ	(マ) 体ほぐし	(ミ) 体つくり
(ム) 体くずし	(メ) 走り高跳び	(モ) ボール運動
(ヤ) ソフトテニス	(ユ) フットボール	(ヨ) ソフトボール

(☆☆☆◎◎◎◎)

【3】保健学習では，健康の保持増進のための実践力を育成するために，講義形式から脱却し，様々な指導方法を工夫することが求められていますが，どのような指導方法があるか5つ答えなさい。

(☆☆☆☆◎◎)

【4】次の文は，呼吸が停止している人に対しての応急手当の方法について述べたものである。文中の(　①　)～(　⑤　)の中に適語を入れなさい。

呼吸が停止している傷病者を水平に(　①　)に寝かせます。つぎに，口や鼻から肺にいたる(　②　)を空気が通れるように，頭部を(　③　)させ顎先を(　④　)させて，(　⑤　)を行います。これだけで自発呼吸が再開することもあります。さらに，自発呼吸の有無を確認し，なければすぐに，人工呼吸を始めます。

(☆☆☆◎◎◎◎)

【5】次の文は，熱中症の応急手当について述べたものである。文中の(　①　)～(　⑩　)の中に適語を入れなさい。

熱中症とは，直射日光や高音多湿の環境下において激しい労働やスポーツを行うと，体温調節機能や血液循環機能が十分に働かなくなり，さまざまな障害があらわれてくることがあり，これらを総称して熱中症と呼ばれています。

熱中症の共通の手当として，まず涼しくて風通しのよい場所に写し，衣服をゆるめ(　①　)を保ちます。(　②　)が高ければ，うちわなどで風を送ります。

軽症で意識があり(　③　)がなければ，薄い(　④　)やスポーツドリンクなどを飲ませます。また，顔色が青白い場合には，頭部を(　⑤　)し，足部を(　⑥　)した体位をとります。

体温上昇が激しい熱射病では，できるだけ(　⑦　)に近い状態にして，冷たい濡れタオルで全身をふいたりおおったりし，扇風機などで風を送ります。さらに，頸部・(　⑧　)・腿のつけ根にあり，脈にふれる(　⑨　)にアイスパックや氷をあてるなど，とにかく体温を下げるようにします。また，早急に(　⑩　)の出動を依頼します。たとえ回復したようにみえても，安静にして医療機関に運ぶ必要があります。

(☆☆☆◎◎◎◎)

【6】次の文は，運動技能のとらえかたやトレーニングについて説明したものである。それぞれにあてはまるものを語群から選び，記号で答えなさい。

(1)　各種の球技や柔道，剣道など，時々刻々と変化する味方や相手などの外的な状況に対応して発揮される運動技能で，これらの運動技能は視覚や聴覚による身体外部からの感覚的手がかりを利用して習得される。

(2)　器械運動や水泳，陸上競技など，外的な条件にあまり影響されず，あらかじめ決められている動きを確実に実行する運動技能で，このような運動技能は主として，自分の体がどのように動いたかについての感覚を利用して習得される。

(3)　実際には体を動かさないで，頭のなかで運動している状態を思い描くことによって，運動技能を高める練習方法。

(4) 運動強度と運動時間によって運動負荷の大きさが決まる。体力を高めるには，運動負荷が，その人の日常生活に含まれている運動よりも大きくなければならないという原則。

(5) 手や足を動かさない状態で筋力を発揮させるので，静的トレーニングと呼ばれている。

(6) 一定重量の負荷を用い，それを筋肉の発揮する力で動かすトレーニングで，動的トレーニングのひとつである。

(7) 運動と不完全休息を交互に繰り返すトレーニングで，運動強度は心拍数を手がかりにして，急走期には毎分180拍に高め，緩走期には120拍にさげるようにする。

(8) トレーニングをしすぎると，疲労骨折や貧血などを引き起こしたり，心理的にバーンアウトになる可能性がある。

(9) 骨格筋が収縮すると，その圧迫で静脈血がしぼり出される。激しい運動の後の軽い運動は，この作用によって，静脈血の流れを促進し，疲労の回復を早める。

(10) 体力を全面的に高める方法として行われるトレーニングで，休息をおかずに，種々の運動を循環して行うことによって，全身持久力を高めることができる。

〈語群〉

(ア) オーバーロード　(イ) オープン・スキル
(ウ) クローズド・スキル　(エ) オーバートレーニング
(オ) イメージ・トレーニング　(カ) サーキット・トレーニング
(キ) ミルキングアクション　(ク) SAQトレーニング
(ケ) インターバル・トレーニング
(コ) レペティション・トレーニング
(サ) アイソトニック・トレーニング
(シ) アイソメトリック・トレーニング

(☆☆☆◎◎◎)

【7】次の文は，「子どもの体力向上のための総合的な方策について　平成14年9月中央教育審議会答申」の一部です。下の(1)～(3)の問いに答えなさい。

子どもの(ア)体力は長期的に低下傾向にある。文部科学省が昭和39年から行っている(イ)「体力・運動能力調査」によると，昭和60年ごろを境に子どもの走る力，投げる力，握力などは，全年代において長期的に低下の一途をたどっている。

(1)　下線(ア)の体力低下には，どのような要因が考えられますか。2つ述べなさい。

(2)　下線(イ)の調査については，平成10年に名称を「新体力テスト」とし実施種目の一部変更が行われました。現在，中学校・高等学校の生徒を対象に実施されている種目は，選択して実施する種目を含め9種目あります。種目名をすべて答えなさい。

(3)　今後，学校において，体力向上のための取り組みとして，どのようなことが必要だと思いますか。簡単に述べなさい。

(☆☆☆☆◎◎◎)

解答・解説

【中高共通】

【1】①　二極化　②　生活習慣　③　ストレス　④　心　⑤　体　⑥　関心　⑦　意欲　⑧　特性　⑨　工夫　⑩　技能　⑪　理解　⑫　適性　⑬　興味　⑭　課題　⑮　安全　⑯　科学的　⑰　知識　⑱　記憶　⑲　意志決定　⑳　行動選択

〈解説〉保健体育科の目標及び目標の各部分の意味やねらい(考え方)等に関する出題頻度は非常に高い。

中学校及び高等学校の学習指導要領解説「保健体育編」を入手し，

各校種の目標(指導の重点や方向及びねらい)を理解するとともに，目標文全体，目標に示されている各部分の内容を理解・熟知しておくことが重要である。

【2】① (ミ)　② (マ)　③ (シ)　④ (ホ)　⑤ (セ)　⑥ (ケ)　⑦ (タ)　⑧ (チ)　⑨ (ハ)　⑩ (ヘ)　⑪ (メ)　⑫ (イ)　⑬ (カ)　⑭ (エ)　⑮ (ネ)　⑯ (ト)　⑰ (ナ)　⑱ (ヌ)　⑲ (ニ)　⑳ (ヨ)

〈解説〉体育分野(中学校)及び体育(高等学校)の内容の取扱いは，各年次において，各領域及び各領域の内容(運動種目等)をどのように取上げるか(履修のさせ方)を示したものである。

各校種の内容の取扱いをまとめると次の表のとおりである。志望校種別にこの表を理解しておこう。

(中学校)　体育分野の領域及び内容の取扱い

<table>
<tr><th rowspan="2">領　域</th><th rowspan="2">内　容</th><th colspan="3">領域の取扱い</th><th>内容の取扱い</th></tr>
<tr><th>1年</th><th>2年</th><th>3年</th><th>1・2・3年</th></tr>
<tr><td>A
体つくり運動</td><td>ア　体ほぐしの運動
イ　体力を高める運動
(ア)　体の柔らかさ及び巧みな動きを高めるための運動
(イ)　力強い動きを高めるための運動
(ウ)　動きを持続する能力を高めるための運動</td><td>必修</td><td>必修</td><td>必修</td><td>ア，イ必修。イの運動については(ウ)に重点を置くことができる。</td></tr>
<tr><td>B
器械運動</td><td>ア　マット運動
イ　鉄棒運動
ウ　平均台運動
エ　跳び箱運動</td><td>必修</td><td rowspan="3">B，C及びDから①又は②選択</td><td rowspan="3">2年に同じ</td><td>ア～エから選択</td></tr>
<tr><td>C
陸上競技</td><td>ア　短距離走・リレー，長距離走又はハードル走
イ　走り幅跳び又は走り高跳び</td><td>必修</td><td>ア及びイのそれぞれから選択</td></tr>
<tr><td>D
水泳</td><td>ア　クロール
イ　平泳ぎ
ウ　背泳ぎ</td><td>必修</td><td>ア～ウから選択</td></tr>
<tr><td>E
球技</td><td>ア　バスケットボール又はハンドボール
イ．サッカー
ウ　バレーボール
エ　テニス，卓球又はバドミントン
オ　ソフトボール</td><td>必修</td><td rowspan="3">E，F及びGから②選択</td><td rowspan="3">2年に同じ</td><td>ア～オから②選択</td></tr>
<tr><td>F
武道</td><td>ア　柔道
イ　剣道
ウ　相撲</td><td rowspan="2">F及びGから①選択</td><td>ア～ウから①選択</td></tr>
<tr><td>G
ダンス</td><td>ア　創作ダンス
イ　フォークダンス
ウ　現代的なリズムのダンス</td><td>ア～ウから選択</td></tr>
<tr><td>H
体育に関する知識</td><td>(1)　運動の特性と学び方
(2)　体ほぐし・体力の意義と運動の効果</td><td>必修</td><td>必修</td><td>必修</td><td>(1)，(2)必修</td></tr>
</table>

（高等学校）　体育の領域及び内容（運動種目等）の取扱い

領　域	内　　容	領域の取扱い			内容の取扱い
		入　学 年　次	その次 の年次	それ以降 の年次	
A 体つくり運動	ア　体ほぐしの運動 イ　体力を高める運動	必修	必修	必修	ア，イ必修
B 器　械 運　動	ア　マット運動 イ　鉄棒運動 ウ　平均台運動 エ　跳び箱運動	B，C D，E F及び Gから ③又は ④選択 その際 F又は Gのいずれかを含む	入学年次に同じ	B，C D，E F及び Gから ②～④ 選択 その際 F又は Gのいずれかを含む	ア～エから選択
C 陸　上 競　技	ア　競走 イ　跳躍 ウ　投てき				ア～ウから選択
D 水　泳	ア　クロール イ　平泳ぎ ウ　背泳ぎ エ　バタフライ オ　横泳ぎ				ア～オから選択
E 球　技	ア　バスケットボール イ　ハンドボール ウ　サッカー エ　ラグビー オ　バレーボール カ　テニス キ　卓球 ク　バドミントン ケ　ソフトボール				ア～ケから②選択
F 武　道	ア　柔道 イ　剣道				ア，イから①選択
G ダンス	ア　創作ダンス イ　フォークダンス ウ　現代的なリズムのダンス				ア～ウから選択
H 体　育 理　論	(1)　社会の変化とスポーツ (2)　運動技能の構造と運動の学び方 (3)　体ほぐしの意義と体力の高め方	必修	必修	必修	(1)，(2)，(3)必修

【３】(1)　ブレインストーミング　(2)　ディベート　(3)　課題学習
(4)　ロールプレイング　(5)　ケーススタディ

〈解説〉ブレインストーミング――よいアイデアや解決法をみいだすために，数名程度のグループをつくり，そのテーマについて，メンバーが自由に思いつくままに，いろいろなアイデアや意見をだしあう方法。

ディベート――ある一つのテーマについて，参加者が肯定側と否定側に分かれ，一定のルールにしたがって，自分たちの主張を立証するディスカッションの一つの方法。

課題学習――生徒が自ら学習の目標となる課題(健康問題)を設定し，自主的・自発的に学習を進め，自ら課題を解決する能力を身につける方法。

ロールプレイング――模擬場面を設定し，参加者にある役割を演じさせることによって，問題点や解決方法などを考えていく方法。

ケーススタディ――日常生活でおこりそうな架空の物語を読んで，その主人公の立場になって，登場人物の気持ちや考え，行動の結果を予想したり，主人公がどのように対処すべきかについて考え，話し合う方法。

【4】① 仰向け　② 気道　③ 後ろ　④ 上に持ち上げ
⑤ 気道の確保

〈解説〉胸(胸郭)の動きや息を感じないときは，呼吸が停止している。呼吸が停止すると，肺胞でのガス交換ばなされず，短時間に体内の酸素が消費しつくされ，顔色が青白くなり，唇は青紫色(チアノーゼ)になる。

気道を確保したのにもかかわらず，呼吸がないか著しく弱い場合は，一刻も早く人工呼吸を開始し，酸素を肺に送り込む必要がある。

呼吸停止と心臓停止の危険性については，ドリンカー博士の曲線からみれば，呼吸停止後，1分以内に正しい蘇生法を施せば，98～99％は蘇生する。2分後では90％，3分後では75％，4分経過すると50％になってしまう。と同時に4分も経過するとほとんどの人は，心臓が停止して血液の循環がなくなってしまう。すると脳の細胞は数秒で機能を失い，数分で壊死(えし)(局部的に細胞や組織が死ぬこと)する。したがって，数分以上心臓が止まれば死に至ったり，脳に重大な障害を残し，たとえ命が助かっても意識が回復しないことがある。呼吸や心臓が停止したときの救命率，機能回復率は，停止からいかに素早く有効な処置(手当て)が行われたかにかかっている。

【5】① 安静　② 体温　③ 嘔吐　④ 食塩水　⑤ 低く
⑥ 高く　⑦ 裸　⑧ わきの下　⑨ 動脈　⑩ 救急車

〈解説〉熱中症には，多量の発汗による体液(血液中)の塩分不足のため，脚や腕の筋肉がけいれんを起こす熱けいれん。脱水と皮膚血管の拡張のため血圧が低下し，めまいや失神を起こす熱失神，体温が少し上昇し，脱水や塩分不足により頭痛や吐き気などがみられる熱疲労，体熱が体外へうまく放散されないために体温の上昇が激しく(40℃前後，またはそれ以上)，脈が速くなり，うわごとなどの意識障害を生じたものを(直射日光を頸や頭部に浴びて熱射病と同じ症状になると日射病という)熱射病といい，早急に手当てをしないと，さまざまな臓器の機能障害が起こり，生命が危険な状態になる。

特に，熱射病で体温が高い場合には，できるだけ裸に近い状態にして，全身にぬるま湯から，少しずつ水温を低くした水をかけて体温をさげていくことも必要である。発症後20分以内に体の深部の体温を39℃以下に低下させる必要がある。

【6】(1)　(イ)　(2)　(ウ)　(3)　(オ)　(4)　(ア)　(5)　(シ)
(6)　(サ)　(7)　(ケ)　(8)　(エ)　(9)　(キ)　(10)　(カ)

〈解説〉体育理論の領域の基礎知識が問われている。このレベルの出題内容にはいつでも対応できるようにしておく必要がある。そのためには，中学校及び高等学校の保健体育の教科書(体育に関する知識・体育理論)を有為な資料として，その内容を熟知しておくこと。さらに，運動生理学，運動心理学，運動力学(キネシオロジー)，各種トレーニング法に関する参考資料等を多読し，体育理論の基礎知識を豊かにすることをすすめる。

【7】(1)　①　国民の意識の中で，子どもの外遊びやスポーツの重要性を軽視するなどにより，子どもに積極的に体を動かすことをさせなったこと。　②　子どもの外遊びやスポーツに不可欠な要素である時間，空間，仲間が減少したこと。　③　生活が便利になり，子どもが日常的に体を動かすことが減少していること。　④　子どもの発達段階に応じたスポーツの指導者が少ないこと。　⑤　偏った食事や睡眠不足など子どもの生活習慣が乱れが見られること(活発に体を動かす意欲・

気力・体力の不足)。

(2)　新体力テスト(中・高校生対象)の実施

上体起こし		→筋持久力・筋力
長座体前屈		→柔軟性
反復横とび		→敏捷性
20mシャトルラン	選択種目	→全身持久力
持久走(男子1500m，女子1000m)	選択種目	→全身持久力
握力		→筋力
50m走		→スピード・走力
立ち幅とび		→瞬発力・跳力
ハンドボール投げ		→朽ち性・瞬発力・投力

(3)　学校における体力向上のための取り組みとして次のようなことが考えられる。

①　体育の授業の充実を図る。

②　運動部活動の活性化を図る。

③　適切な生活習慣を身に付けさせる。

④　施設等のスポーツ環境の整備をする。

⑤　学校の教育活動全体で創意工夫する。

⑥　保護者の意識の変革と理解を促す。

〈解説〉(1)　中教審の答申では，子どもの体力の低下の原因を次のようにまとめている。

【ポイント】

◇　保護者をはじめとした国民の意識の中で，子どもの外遊びやスポーツの重要性を軽視するなどにより，子どもに積極的に体を動かすことをさせなくなった。

◇　子どもを取り巻く環境については，

・生活が便利になるなど子どもの生活全体が，日常的に体を動かすことが減少する方向に変化した。

・スポーツや外遊びに不可欠な要素である時間，空間，仲間が減少した。
・発達段階に応じた指導ができる指導者が少ない。
・学校の教員については，教員の経験不足や専任教員が少ないなどにより，楽しく運動できるような指導の工夫が不十分との指摘がある。

◇　偏った食事や睡眠不足などの子どもの生活習慣の乱れが見られる。

(2)　新体力テストについては中学校の保健体育の教科書を入手し，測定種(項)目と体力要因，測定法，留意点などを理解しておこう。
(3)　学校における体力向上のための取り組みは，①～⑥まであげたがこれらを参考に，個人の取り組みで必要なものを加えることも可である。

2003年度　実施問題

【1】次の人体図を見て，骨格，関節，筋肉の名称を5つずつ答えよ。

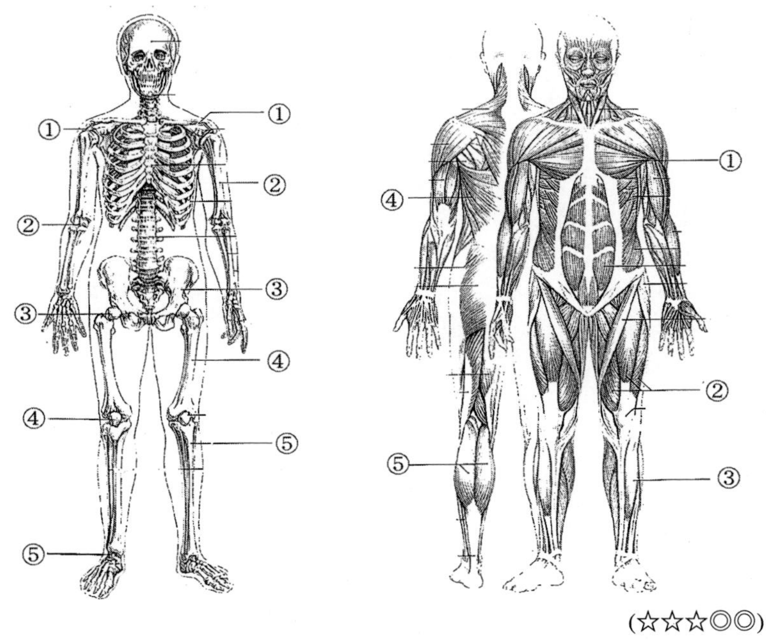

(☆☆☆◎◎)

【2】小学校の低学年(第1学年・第2学年)，中学年(第3学年・第4学年)，高学年(第5学年・第6学年)の目標を書け。

(☆☆☆☆☆◎)

【3】次の文を読み，正しいものには○印を，誤りのあるものには×印をつけよ。

(1)　日射病は，高温で風通しが悪く，湿度の高い体育館で長時間激しい運動をしたときなどに起こる。

(2)　気温，湿度および気流の3つの条件を組み合わせて，人の感じる暑さ寒さの程度を体感温度という。

(3)　不快指数は，気温と湿度の2つを組み合わせて算出したもので，不快指数75以上で全員が不快を感じる。

(4)　クーラーの設定温度は外気温との温度差を15℃がよい。

(5)　学校の教室では，夏の温度は25～28℃，冬の温度は18～20℃で，湿度は30～80％，気流は毎秒0.5m以下が快適に過す条件となっている。

(6)　自然の光で明るくしたり，電灯やけい光灯などで人工的に明るくすることを照明という。

(7)　空気中の二酸化炭素の濃度が0.1％以上になると，その教室の空気は汚れていて，換気が必要である。

(8)　一酸化炭素の室内の空気中の許容濃度は0.001％である。

(9)　体内の水分量は体重の約60％である。

(10)　体内の水分は，3～3.5リットルが，毎日，汗，し尿，呼気として体外に排出されている。

(11)　体内の水分量の10％以上を失うと脱水症となる。

(12)　塩素ガスやダイオキシンなどの有害な物質はプラスチック類の焼却によって発生する。

(13)　いおう酸化物，窒素酸化物，浮遊粒子状物質などが大気中に広範囲に出されて，地球の温暖化，オゾン層の破壊などの環境の悪化が進んでいる。

(14)　水俣病の原因物質は有機水銀である。

(15)　イタイイタイ病の原因物質はシアンである。

(☆☆☆◎◎◎)

【4】皮膚感覚の刺激伝達経路について，(　　)に適語を入れよ。

皮膚の知覚受容器－(　①　)－(　②　)－(　③　)－(　④　)－(　⑤　)－効果器

(☆☆☆◎◎◎)

解答・解説

【1】〈骨格〉① 鎖骨 ② 上腕骨 ③ 寛骨 ④ 大腿骨 ⑤ 脛骨 〈関節〉① 肩関節 ② 肘(ちゅう)関節 ③ 股関節 ④ 膝関節 ⑤ 足関節(距腿関節) 〈筋肉〉① 大胸筋 ② 大腿四頭筋 ③ 前脛骨筋 ④ 広背筋 ⑤ 腓腹筋

〈解説〉この種の問題の出題頻度は高くない。しかし，自分の体の骨格，関節，筋肉について主なものについては理解しておく必要がある。骨格についてみると，全身の骨の総個数206個，体重に占める骨の割合は男女とも約18%，おもな骨の名称には頭蓋骨，下顎骨，鎖骨，肩甲骨，胸骨，肋骨，上腕骨，橈骨，尺骨，脊柱，寛骨，仙骨，大腿骨，膝蓋骨，脛骨，腓骨，足骨がある。関節の主なものは解答のとおりである。筋肉では，全身の骨格筋の数はおよそ400個，体重に占める筋肉の割合は男子約42%，女子約36%で全体的には約40%と理解してよい。おもな筋肉の名称には，前面で，胸鎖乳突筋，大胸筋，前鋸筋，肋間筋，腹直筋，外斜腹筋，上腕二頭筋，腕橈骨筋，大腿筋膜張筋，縫工筋，大腿四頭筋，膝蓋靭帯，前脛骨筋，背面で，僧帽筋，三角筋，大円筋，広背筋，上腕三頭筋，中殿筋，大殿筋，半腱様筋，大腿二頭筋，腓腹筋，ヒラメ筋，アキレス腱がある。

【2】〈低学年〉(1) 基本の運動及びゲームを簡単なきまりや活動を工夫して楽しくできるようにするとともに，体力を養う。 (2) だれとでも仲よくし，健康・安全を留意して運動をする態度を育てる。

〈中学年〉(1) 各種の運動の課題をもち，活動を工夫して運動を楽しくできるようにするとともに，その特性に応じた技能を身に付け，体力を養う。 (2) 協力，公正などの態度を育てるとともに，健康・安全に留意して最後まで努力する態度を育てる。 (3) 健康な生活及び体の発育・発達について理解できるようにし，身近な生活において健康で安全な生活を営む資質や能力を育てる。

〈高学年〉(1)　各種の運動の課題をもち，活動を工夫して計画的に行うことによって，その運動の楽しさや喜びを味わうことができるようにするとともに，その特性に応じた技能を身に付け，体の調子を整え，体力を高める。　(2)　協力，公正などの態度を育てるとともに，健康・安全に留意し，自己の最善を尽くして運動をする態度を育てる。
(3)　けがの防止，心の健康及び病気の予防について理解できるようにし，健康で安全な生活を営む資質や能力を育てる。

〈解説〉体育科の各学年の目標は，体育科の目標を踏まえて第1学年から第6学年までに達成させたいものを，第1学年・第2学年・第3学年・第4学年・第5学年・第6学年の低・中・高学年の3段階で示している。これは，体育の学習指導に弾力性をもたせることを配慮したものである。教科の目標が体育科の目指す方向を示しているのに対して，学年の目標は，各学年における体育の学習指導の方向を具体的に明示したものである。
最初の項目である(1)では，運動の特性，運動の学び方及び体力に関する目標を示している。次の項目である(2)では，協力，公正などの社会的態度及び健康・安全に留意して運動する態度など運動領域に関連した態度や行動の仕方の目標を示している。また，第3学年及び第4学年，第5学年及び第6学年の3番目の項目である(3)は，健康で安全な生活を営む資質や能力を育てるなどの保健領域に関連した目標を示している。

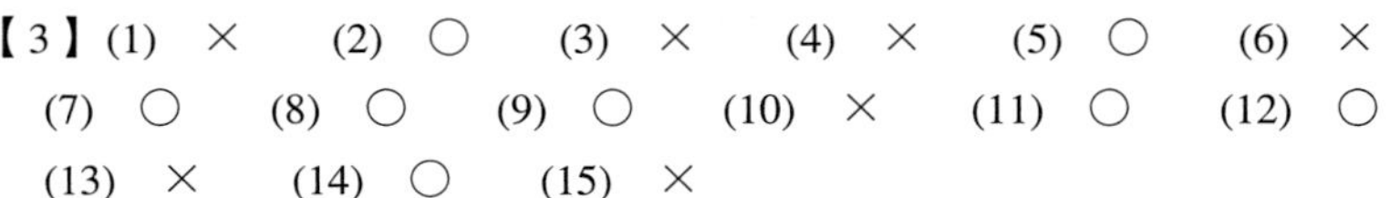
【3】(1)　×　　(2)　○　　(3)　×　　(4)　×　　(5)　○　　(6)　×
(7)　○　　(8)　○　　(9)　○　　(10)　×　　(11)　○　　(12)　○
(13)　×　　(14)　○　　(15)　×

〈解説〉(1)　日射病は炎天下での直射日光が原因でおこる。　(2)　気温，湿度および気流(風)の3つの条件を組み合わせて，人が感じる暑さ寒さの程度を体感温度という。　(3)　不快指数は，70以上で少数，75以上で半数，80以上で全員が不快を感じる。　(4)　クーラーの設定温度は，屋内と屋外の温度差は5℃以内がよい。　(6)　自然の光で明かりをとることを採光，人工的に明るくすることを照明という。 (10) 体内の水分は，2〜2.5リットルが汗，し尿，呼吸として体外に排出されるので，同じ量を飲料水，食事などから補給する必要がある。

(13) いおう酸化物，窒素酸化物，浮遊粒子状物質などが大気中に広がると，光化学スモッグや酸性雨などの環境問題を起こす。イタイイタイ病の原因物質はカドミウムである。

【4】(1) ① 感覚神経(求心性神経) ② 大脳皮質の感覚中枢(大脳皮質知覚領) ③ 連合中枢 ④ 運動中枢 (大脳皮質運動領) ⑤ 運動神経

〈解説〉人間が刺激をうけてから活動をおこすまでの刺激伝達経路は，一般的に，知覚受容(レセプター)－感覚神経(求心性神経)－感覚中枢－連合中枢－運動中枢－運動神経(遠心性神経)－効果器(筋肉，内分泌器官など)という伝達経路をとることを理解しておこう。

第3部

チェックテスト

過去の全国各県の教員採用試験において出題された問題を分析し作成しています。実力診断のためのチェックテストとしてご使用ください。

保健体育科

／100点

【1】次の(1)～(10)の各問いに答えなさい。

（各2点　計20点）

(1) オリンピックの創始者クーベルタンの呼びかけによってアジアで最初のIOC委員となり，スポーツによる世界平和の運動を日本に定着させた人物は誰か答えよ。

(2) 陸上競技，水泳(競泳)，体操競技などでは，競争する相手から直接影響を受けることが少なく，解決すべき課題やそれに対応する技術は大きく変化しない。このように安定した環境の中で用いられる技能を何というか答えよ。

(3) 筋収縮によって発揮される力を筋力というが，そのエネルギー源は，おもに細胞呼吸によって合成される何という物質か答えよ。

(4) 練習やトレーニングによって技能や体力を向上させるためには，それまでにおこなっていた運動より難度や強度が高い運動をおこなう必要があるが，この原理を何というか答えよ。

(5) 国際オリンピック委員会は現在，オリンピックの中心的な価値を3つととらえ普及に努めているが「卓越」「友情」ともう1つは何か答えよ。

(6) 1回の大きな力による骨折と違い，何回も繰り返す負荷にたえきれず，骨が折れることを何というか答えよ。

(7) 国際オリンピック委員会が正式に「オリンピック」を名称に用いてよいと認可した障害者スポーツの国際総合競技大会の中で聴覚障害者のみを対象とした大会を答えよ。

(8) 筋肉の筋線維の中でミトコンドリアが少なく白筋線維とも呼ばれる筋線維を何というか答えよ。

(9) 1967年にドーピングコントロールの導入が決定し，翌年のオリンピックから実施された。この時のオリンピック開催国はどこか答えよ。

(10) 反復練習ともいわれ，全力のランニングを十分な休息時間をとって数本繰り返すトレーニングを何というか答えよ。

【2】次の文中の[①]から[⑫]にあてはまる最も適切な語句を，以下のアからネのうちからそれぞれ一つずつ選び，記号で答えよ。

（各1点 計12点）

A 柔道において，技をかけたときに，相手の防御に応じて，更に効率よく相手を投げたり抑えたりするためにかける技のことを[①]という。相手がかけてきた技に対し，そのまま切り返して投げたり，その技の力を利用して効率よく投げたりするためにかける技のことを[②]という。

B 砲丸投げにおけるグライド投法とは，右投げの場合，投射方向に対して[③]に立ち，右足でホップして投げ動作に移る。[④]を利用することができる。

C バドミントンにおいて，サービスが打たれる瞬間のシャトル全体の位置は，コート面から[⑤]m以下でなければならない。また，サービングサイドのスコアが0か偶数の時，サーバーは[⑥]サービスコートからサービスする。

D 創作ダンスにおいて，表現したい動きの特徴を明確にとらえ，その特徴を強調したり誇張したりすることを[⑦]という。また，作品にまとめる際，集団の動きを少しずつずらした動きをカノンといい，一斉の同じ動きを[⑧]という。

E ソフトボールにおいて，打者がストライクゾーンで投球に触れた場合，[⑨]になる。また，打者が[⑩]にバントした打球が，ファウルボールになった場合，アウトになる。

F パラリンピック種目であるシッティングバレーボールは，[⑪]を床につけた状態で競技するバレーボールであり，プレー中に[⑪]が床から離れると[⑫]というファウルになる。

ア リフティング	イ ゲネプロ	ウ 変化技
エ 1.35	オ 右	カ 前向き

キ	出ばな技	ク	上体のひねり	ケ	デッドボール
コ	左	サ	デフォルメ	シ	1.15
ス	臀部	セ	オノマトペ	ソ	後ろ向き
タ	後背部	チ	ホールディング	ツ	連絡技
テ	ストライク	ト	初球	ナ	ユニゾン
ニ	引き技	ヌ	ツーストライク後	ネ	手首のスナップ

【3】鉄棒運動(支持系)の技について，次の空欄に適する技を下のア～キから1つずつ選び，記号で答えよ。

（各1点　計4点）

支持系
- 前方支持回転技群
  - 前転グループ —— 前方支持回転・(　①　) 等
  - 前方足かけ回転グループ —— (　②　)・け上がり・前方膝かけ回転 等
- 後方支持回転技群
  - 後転グループ —— 後方支持回転・(　③　)・棒下振り出し下り 等
  - 後方足かけ回転グループ —— (　④　)・後方ももかけ回転 等

ア	逆上がり	イ	転向前下り
ウ	ももかけ上がり	エ	前転
オ	後方膝かけ回転	カ	懸垂振動から前振り跳び下り
キ	伸膝後転		

【4】次の(1)～(4)の文は，体力トレーニングについて説明したものです。それぞれにあてはまるものを以下のア～シから一つずつ選び，その記号を書きなさい。

（各1点　計4点）

(1)　心拍数が毎分180拍程度の運動強度のランニングを短い休息時間(不完全休息)をはさんで繰り返すトレーニング

(2)　高くなりすぎた興奮(過緊張)を呼吸法や筋弛緩法，自律訓練法などによってしずめさせる心理的スキル

(3)　筋肉にかかる抵抗負荷が一定であるという「筋の等張性収縮」を利用したトレーニング

(4)　ほぼ全力(最大負荷)での運動と十分な休息(完全休息)とを繰り返

すトレーニング

ア　インターバルトレーニング　　イ　サーキットトレーニング
ウ　アイソメトリックトレーニング　　エ　ストレッチング
オ　リラクセーショントレーニング　　カ　ウォーミングアップ
キ　クールダウン　　ク　アイソキネティックトレーニング
ケ　レペティショントレーニング　　コ　プライオメトリックトレーニング
サ　レジスタンストレーニング　　シ　アイソトニックトレーニング

【5】「体つくり運動」について，次の各問いに答えなさい。

（各2点　計4点）

問1　次の各文は，中学校学習指導要領(平成29年告示)解説「体つくり運動」の内容について示したものです。誤りを含むものを，次の1～4のうちから1つ選びなさい。

1　体つくり運動の領域は，各学年において，全ての生徒に履修させることとしている。

2　体ほぐしの運動は，手軽な運動を行い，心と体は互いに影響し変化することや心身の状態に気付き，自分自身と向き合うことなどをねらいとしている。

3　体の動きを高める運動では，体の柔らかさ，巧みな動き，力強い動き，動きを持続する能力を高めるための運動を示している。

4　実生活に生かす運動の計画においては，学校教育活動全体や実生活で生かすことができるよう日常的に取り組める簡単な運動の組合せを取り上げるなど，指導方法の工夫を図ることに留意することとしている。

問2　体つくり運動の特性に関する次のa～dについて，正誤の組合せとして正しいものを，以下の1～4のうちから1つ選びなさい。

a　体つくり運動は，いつでも・どこでも・だれでもできる運動であり，「器具や用具を用いない運動」と「器具や用具を用いる運動」に大別できる。

b　動きの工夫や仲間同士で動くことにより，一体感や楽しさを得ることができる。

c　他者と勝ち負けを競い合いながら，各自のライフスタイルに合わせて，心と体をほぐしたり，よく動ける体を獲得したり，体力を高めたりするための運動である。

d　体力やねらいに応じて，おこない方が限られているので，それらに応じて計画を立てて取り組むと，より健康を保ったり，体力を向上させたりできる。

	a	b	c	d
1	正	正	誤	誤
2	正	誤	正	誤
3	誤	正	誤	正
4	誤	誤	正	正

【6】次の表は，新体力テストの項目と測定される体力要素を示したものである。空欄に適するテスト項目名及び体力要素を答えよ。

（各2点　計10点）

テスト項目	体力要素
50m走	スピード
(　　①　　)	筋パワー
ハンドボール投げ	(　　②　　)・筋パワー
持久走又は(　③　)	全身持久力
反復横とび	(　　④　　)
握力	筋力
上体起こし	筋力・筋持久力
(　　⑤　　)	柔軟性

【7】一次救命処置について，次の各問いに答えよ。

（(1) 各2点，(2) 4点　計10点）

(1)　次は「JRC蘇生ガイドライン2015」(平成27年10月)の「一次救命

処置」に関する文である。文中の各空欄に適する語句を答えよ。

傷病者に反応がなく，呼吸がないか異常な呼吸(死戦期呼吸)が認められる場合，あるいはその判断に自信が持てない場合は心停止，すなわちCPRの適応と判断し，ただちに(　①　)を開始する。

市民救助者が呼吸の有無を確認するときには，医療従事者や救急隊員などとは異なり，(　②　)を行う必要はない。胸と腹部の動きを観察し，動きがなければ「呼吸なし」と判断する。死戦期呼吸はしゃくりあげるような不規則な呼吸であり，心停止直後の傷病者でしばしば認められる。死戦期呼吸であれば，胸と腹部の動きがあっても「呼吸なし」すなわち心停止と判断する。なお，呼吸の確認には(　③　)以上かけないようにする。

(2)　一次救命処置で使用されるAEDの主な働きを簡潔に書け。

【8】次の代表的な生活習慣病について，(　①　)～(　⑮　)に当てはまる言葉を以下のア～ホからそれぞれ一つずつ選び，記号で答えよ。ただし，同じ番号には同じ言葉が入る。

（各1点　計15点）

(1)　がん

正式には(　①　)という。特徴は，細胞が無制限に増殖することと，(　②　)すること。肺，胃，肝臓，大腸，乳房などのがんが代表的。

(2)　心臓病

(　③　)はその代表で，心筋に栄養と酸素を補給している冠状動脈の硬化がもとになって起こる病気。冠状動脈が詰まり，心筋が壊死するものが(　④　)，血液が流れにくくなって胸に痛みなどが生じるものが(　⑤　)。

(3)　脳卒中

脳内の血管が破れて出血をおこす(　⑥　)と，脳内の血管が詰まって血流がとだえてしまう(　⑦　)などがある。食塩の過剰摂取や(　⑧　)が危険な要因とされている。

(4)　脂質異常症

血液中の脂質のうち，(　⑨　)やLDL(悪玉)コレステロールが過剰な状態，あるいはHDL(善玉)コレステロールが少ない状態。(　⑩　)をもたらす。

(5)　糖尿病

(　⑪　)というホルモンの作用不足により，血液中の糖の濃度が高くなってしまう病気。血液中の糖の濃度が高い状態が続き，(　⑫　)すると失明や(　⑬　)の障害，足の壊疽(組織の死)が起きたり，心臓病や脳卒中になりやすくなる。肥満と(　⑭　)が発病に関係する。

(6)　歯周病

歯ぐきや歯ぐきのなかの(　⑮　)など，歯を支える組織の病気。口がくさい，歯ぐきが出血しやすいなどの症状から始まり，(　⑫　)すると歯がグラグラになり，最後には抜けてしまう。

ア　中性脂肪	イ　寝たきり	ウ　骨
エ　飲酒	オ　拒食	カ　悪性新生物
キ　肝臓	ク　進行	ケ　尿酸
コ　インスリン	サ　慢性気管支炎	シ　経過
ス　心筋梗塞	セ　腎臓	ソ　心室細動
タ　肺気腫	チ　分裂	ツ　運動不足
テ　虚血性心疾患	ト　貧血	ナ　脳梗塞
ニ　狭心症	ヌ　疲労	ネ　転移
ノ　グルカゴン	ハ　動脈硬化	ヒ　高尿酸血症
フ　喫煙	ヘ　脳出血	ホ　悪性リンパ腫

【9】次の各問いに答えなさい。

（各1点　計2点）

1　精神疾患をめぐる全体的な理解についての説明として誤っているものを，次のa～eの中から一つ選びなさい。

a　精神疾患に罹患することは誰にも起こりえるものではない。

b　精神疾患の発症には，睡眠などの生活習慣が影響する。

c　精神疾患や心の不調を疑ったら，早めに誰かに相談する。

d　学齢期においては，周囲の大人に相談を持ち掛けやすい環境づくりが重要である。

e　思春期の心性に配慮した診療を得意とする精神科医の所在は，保健所，保健センターなどに情報がある。

2　精神疾患の早期発見・治療の重要性についての説明として誤っているものを，次のa～eの中から一つ選びなさい。

a　心の病気についてもできるだけ早くその症状に気づき，正しい対処や治療が速やかになされれば，回復も早く軽症で済む可能性がある。

b　精神疾患を最も発病しやすいのは，10～20代の若者といわれている。

c　一般的に心の病気を発病してから治療開始までの期間は短い。

d　精神病未治療期間(DUP)が短ければ短いほど予後が良いといわれている。

e　統合失調症などの病気を発症してから最初の2～3年の状態は，その後の長期的な経過に大きな影響を与える。

【10】次の図は，喫煙，飲酒，薬物乱用防止に関する指導参考資料中学校編(公益財団法人日本学校保健会　令和2年度改訂)に示されている日本における各薬物の推定経験者数(生涯経験)のグラフである。グラフ中の(　ア　)～(　エ　)に当てはまる言葉の組合せとして最も適切なものを以下のA～Dから一つ選び，その記号を書け。

（計1点）

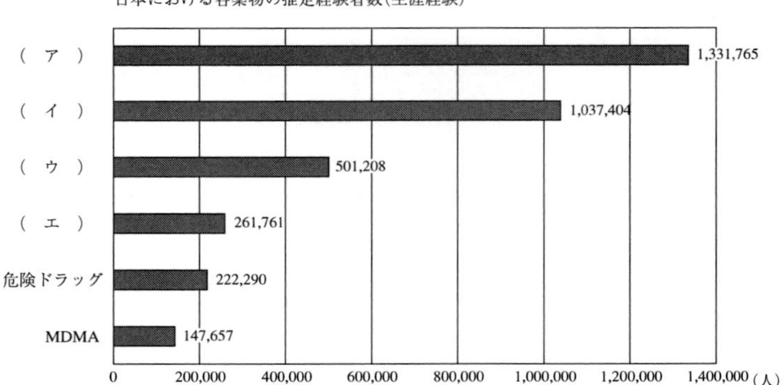

※15～64歳までの一般住民を対象とした全国調査(n＝2,899)から推定された使用者数

(平成29年度厚生労働科学研究費補助金「薬物乱用・依存状況等のモニタリング調査と薬物依存症者・家族に対する回復支援に関する研究」)

	ア	イ	ウ	エ
A	覚醒剤	コカイン	大麻	有機溶剤(シンナー等)
B	コカイン	大麻	有機溶剤(シンナー等)	覚醒剤
C	大麻	有機溶剤(シンナー等)	覚醒剤	コカイン
D	有機溶剤(シンナー等)	覚醒剤	コカイン	大麻

【11】中央教育審議会答申(平成28年12月)の保健体育科の具体的な改善事項について，次の文中の空欄に適する語句を答えよ。

(各2点　計16点)

・体育については，スポーツとの多様な関わり方を楽しむことができるようにする観点から，(　①　)に対する興味や関心を高め，技能の指導に偏ることなく，「する，みる，支える」に「(　②　)」を加え，三つの資質・能力をバランスよく育むことができる学習過程を工夫し，充実を図る。また，粘り強く意欲的に課題の解決に取り組むとともに，自らの学習活動を振り返りつつ，(　③　)と共に課題を解決し，次の学びにつなげる主体的・(　④　)的な学習過程を工夫し，充実を図る。

・保健については，(　⑤　)に関心をもち，自他の(　⑤　)の保持増進や回復を目指して，(　⑥　)等のリスクを減らしたり，(　⑦　)を高めたりすることができるよう，(　⑧　)に偏ることなく，三つの資質・能力をバランスよく育むことができる学習過程を工夫し，充実を図る。また，健康課題に関する課題解決的な学習過程や，主体的・(　④　)的な学習過程を工夫し，充実を図る。

【12】「運動部活動の在り方に関する総合的なガイドライン」(スポーツ庁平成30年3月)に関する記述として適切なものは，次の1～4のうちのどれか。

(計2点)

1　部活動指導員は，指導内容の充実，生徒の安全の確保の観点から，各学校の生徒や教師の数，校務分担の実態等を踏まえて任用され，学校に配置されなければならないが，実技指導が中心で，大会・練習試合等の引率を行うことはできない。

2　長期休業中は，生徒が十分な休養をとることができ，運動部活動以外にも多様な活動を行うことができるので，あらためて，ある程度長期の休養期間(オフシーズン)を設ける必要はない。

3　校長は，生徒の1週間の総運動時間が男女ともに二極化の状況にあることから，より多くの生徒の運動機会の創出が図られるよう，レクリエーション志向ではなく，競技志向で活動を行うことができる運動部を設置する。

4　都道府県，学校の設置者及び校長は，学校や地域の実態に応じて，地域のスポーツ団体との連携，保護者の理解と協力，民間事業者の活用等による，学校と地域が共に子供を育てるという視点に立った，学校と地域が協働・融合した形での地域におけるスポーツ環境整備を進める。

解答・解説

【1】(1)　嘉納治五郎　　(2)　クローズドスキル　　(3)　ATP(アデノシン3リン酸)　　(4)　オーバーロード(過負荷)の原理　　(5)　敬意(RESPECT)　　(6)　疲労骨折　　(7)　デフリンピック　　(8)　速筋線維　　(9)　メキシコ　　(10)　レペティショントレーニング

解説 (1)　柔道の創始者として有名な嘉納治五郎は，柔道を国際的に普及させるとともに，「日本オリンピックの父」と称される。アジア初のIOC委員として，日本をはじめとするアジアのオリンピック・ムーブメントに貢献した。　(2)「クローズドスキル」は，陸上競技，水泳，器械運動などのように，外的要因に左右されない状況下で発揮される技能。「オープンスキル」は，球技や武道などのように，外的要因に左右される状況下で発揮される技能である。　(3)　人間が筋肉を動かすためのエネルギーには，ATP(アデノシン3リン酸)が利用される。しかし，筋内に貯蔵されているATPの量は限られているため，運動を続けるには，これを再合成する必要がある。ATPは，クレアチリン酸やグリコーゲンを分解することや(無酸素運動)，酸素を使って糖質や脂肪，たんぱく質を分解することで生成される(有酸素運動)。

(4)　トレーニングには，3原理として「オーバーロード(過負荷)の原理」，「可逆性の原理」，「特異性の原理」がある。また，5原則として「意識性の原則」，「全面性の原則」，「漸進性の原則」，「個別性の原則」，「反復性の原則」がある。それぞれの特徴をおさえておくこと。　(5)　近代オリンピックの創始者ピエール・ド・クーベルタンの理念から，国際オリンピック委員会(IOC)は，オリンピック精神の中でも「卓越」，「友情」，「敬意」が3つの中心的な価値であると強調している。

(6)　疲労骨折は強打等によっておこる外傷性骨折とは異なり，ランニングやジャンプなどのように骨の同じ部分に繰り返し力が加わることによりおこる。　(7)　デフリンピックは夏季大会が1924年，冬季大会が1949年に初めて開催されている。かつては，聴覚障害者もパラリンピックに出場していたが，独自性を追求するという理由から1995年にパラリンピックから離脱している。　(8)　速筋線維は，収縮力が大きく，収縮スピードも速い線維で，おもに大きな筋力や短時間での高いパワーが求められる競技や運動において働く。ミトコンドリアの密度が低く，疲労しやすい。遅筋線維は，収縮力が小さく，収縮スピードも遅い線維で，長時間にわたって力を発揮するような持久力が求められる競技や運動において働く。ミトコンドリアの密度が高く，疲労しにくい。　(9)「ドーピングコントロール」とは，ドーピング検査や検体の分析，検査結果の管理など，ドーピングを規制する一連のプロセスをいい，1968年のグルノーブル冬季オリンピック，メキシコ夏季オリンピックからドーピング検査が正式に実施された。　(10)「レペティションーニング」は，スピード，スピード持久力，筋力などを高めることをねらいとして，毎回全力での運動と完全休息とを繰り返す方式のトレーニング方法。なお「インターバルトレーニング」は，持久力を高めるのに効果的な方法で，高強度の運動の間に心拍数を静める軽い運動(不完全休養)を挟み，繰り返すトレーニング方法である。

【2】 ①　ツ　②　ウ　③　ソ　④　ク　⑤　シ　⑥　オ
⑦　サ　⑧　ナ　⑨　テ　⑩　ヌ　⑪　ス　⑫　ア

解説　A　柔道の技の連絡変化に関して，①の連絡技は技から技をつなげて連続してかけること。実戦では一つの技で勝敗がつくことは少なく，最初の技で相手を崩しながら次の技につなげていくことが重要となる。投げ技では，同じ方向にかける技(大内刈りから大外刈り，内股から体落とし)や違う方向にかける技(釣り込み腰から大内刈り，内股から大内刈り)がある。　B　砲丸投げのグライド投法(オブライエン投法)の構えは，投げる方向に背を向け，前かがみの状態となる。突き出し(投げ)では，腰を回転させて身体をひねり，右手を斜め上方向に真っ直ぐ突き出す。投法には，グライド投法のほか，回転投法，サイドステップ投法がある。　C　バドミントンのサービスのルールに関して，サービスを打つ瞬間は，シャトルの位置はコート面から1.15m以下で，上方へ向けて打たなければならない。また，サーバー側の得点が，奇数のときは左側のサービスコートからサービスを行う。
D　創作ダンスに関して，⑦のデフォルメは動きを変形して特徴を強調すること，⑧のユニゾンは複数人が同じ動きを同時に行うことである。そのほか，問題文にある同じ動きをずらして行うカノンや，対称的な動きを行うシンメトリー等もある。　E　投球がストライクゾーンで打者に触れた場合には，打者がこれを避けようとしたかどうかを問わず，すべてストライクが宣告される。ツーストライク後にバントが失敗してファールになった場合は，3バントアウトとなる。　F　シッティングバレーボールは，足などに障がいのある選手がプレーをする球技で，特徴は試合中に選手が座ったままプレーをする点である。スパイクやブロックなどで臀部が床から離れるとリフティングの反則となる。

【3】①　イ　②　ウ　③　ア　④　オ

解説　第1学年及び第2学年の鉄棒運動では，支持系や懸垂系の基本的な技を滑らかに行うこと，条件を変えた技，発展技を行うこと，それらを組み合わせること，第3学年の鉄棒運動では，支持系や懸垂系の基本的な技を滑らかに安定して行うこと，条件を変えた技，発展技を行うこと，それらを構成し演技すること，と技能の内容が示されている。
上掲の解説には，マット運動・平均台運動・跳び箱運動についても主な技が表で例示されているので，必ず学習し，正しく理解しておく。

【4】(1)　ア　(2)　オ　(3)　シ　(4)　ケ

解説　(1)　やや強い負荷の運動と弱い負荷の運動(不完全休息)を交互に繰り返し，全身持久力を高めるトレーニングである。　(2)　リラクセーションの方法にはゆっくり深く呼吸をする呼吸法や，筋肉の緊張と弛緩を繰り返す漸進的筋弛緩法などがある。　(3)　一定の大きさの負荷を動かして行う動的トレーニングである。例えばダンベルを上下させる運動のように，関節動作を伴う動的な等張性筋収縮で，物体を引っ張る力の張力は常に等しく一定である。それに対して，アイソメトリックトレーニングは，一定の体勢を持続させるなどの静的トレーニングである。例えば背中を壁につけて椅子に座ったような姿勢をキープする空気イスのように，関節動作を伴わない静的な等尺性筋収縮で，運動中に筋の長さは常に等しく一定である。 (4) 負荷の大きさの大小を繰り返すインターバルトレーニングと違い，全力での運動(最大負荷)と十分な休息(完全休息)を繰り返すトレーニングである。

【5】問1 2 問2 1

解説 問1 2について正しくは，第1学年及び第2学年では「体ほぐしの運動は，心と体の関係や心身の状態に気付くこと，仲間と積極的に関わり合うことをねらいとして行われる運動である。」としている。中学校第3学年では「仲間と自主的に関わり合うこと」がねらいであるとしている。 問2 誤りについて，cは他者と勝ち負けを競いながらではなく，他者と勝ち負けを競うものではなくが正しい。dは体力やねらいに応じておこない方が限られているではなく，おこない方を自由に構成できるが正しい。

【6】① 立ち幅跳び ② 巧緻性 ③ 20mシャトルラン ④ 敏捷性 ⑤ 長座体前屈

解説 平成11年度から「新体力テスト」を用いて，体力・運動能力調査が実施されている。この新体力テストの項目と測定評価される体力要素の出題頻度も，かなり高い。また，各テスト項目の準備や実施方法，記録の取り方，実施上の注意などもよく出題される。「新体力テスト有意義な活用のために」(文部科学省)を参考にして，正しく理解しておきたい。なお，筋パワーとは瞬発力のことである。

【7】(1) ① 胸骨圧迫 ② 気道確保 ③ 10秒 (2) 心室細動を取り除く(除細動)

解説 (1) このガイドラインは心肺蘇生法の大本で，消防署や赤十字が行う心肺蘇生法やAEDの救命講習の内容はこのガイドラインに従って作成されている。このガイドラインは5年毎に更新されており，2005年版，2010年版に続いて，2015年版が発表された。オンライン版もあるので，読んでおくこと。 (2) 突然心臓が止まって倒れた人の多くは，心室細動という状態にある。心室細動を起こした心臓に，電気ショックを与える(除細動をおこなう)ことで，心臓の拍動を正常に戻す機器をAED(自動体外式除細動器)という。

【8】 ① カ　② ネ　③ テ　④ ス　⑤ ニ　⑥ ヘ
⑦ ナ　⑧ エ　⑨ ア　⑩ ハ　⑪ コ　⑫ ク
⑬ セ　⑭ ツ　⑮ ウ

解説 ① 組織，細胞が生体内の制御に従わずに，自律的に増殖することによってできる組織の塊(かたまり)を腫瘍といい，病理学的にいう新生物と同義である。腫瘍には良性と悪性があり，悪性の腫瘍(新生物)が「がん」と呼ばれる。 ② がん細胞が，無秩序に増え続けて周囲の組織に広がり，他の臓器にも移動してその場所でも増えていくことを転移という。 ③ 虚血とは血がない状態を意味し，心臓に十分に血がいきわたらない状態の心筋梗塞や狭心症をまとめて虚血性心疾患という。 ④ 血管の内側にコレステロールがかたまり(プラーク)，そこに何かの拍子で亀裂が入ると，かさぶたのような血液のかたまりができてくる。このかたまりを血栓といい，血管を完全にふさいでしまうと，その先の心臓の筋肉に酸素が届かなくなり細胞が死んでしまうことを心筋梗塞という。 ⑤ 心臓の筋肉(心筋)に血液を送り酸素と栄養素を供給する冠動脈が，動脈硬化等で狭くなったり，血管がけいれんを起こしたりすると，血液が十分に心筋にいきわたらなくなり，心臓は酸欠状態となり，胸痛等の症状としてあらわれることを狭心症という。 ⑥ 脳の血管が破れて脳内で出血することが脳出血。
⑦ 脳の血管が詰まったり閉塞したりすることで脳への血流量が減ってしまうことが脳梗塞。 ⑧ 過度の飲酒が続くと血圧は上昇し，脳卒中のリスクが高まる。なお，脳卒中は，脳に血液が流れなくなるこ

とによって脳の神経細胞が壊死する病気全般を指し，原因によって「脳梗塞」「脳出血」などに分類される。 ⑨ 血液中に含まれる脂質を血中脂質といい，主なものはコレステロールと中性脂肪である。脂質異常症とは，血中脂質が基準値より高くなる病気である。
⑩ HDLコレステロールは動脈硬化を進行させないように働く善玉コレステロール，LDLコレステロールは増えすぎる動脈硬化を進める悪玉コレステロールで，コレステロール値に異常がある(特にLDLコレステロール値が高い)と，動脈硬化が進み，脳梗塞，心筋梗塞など血管系の病気が起きやすくなる。 ⑪ インスリンは膵臓から分泌されるホルモンの一種。食後に血糖値が上昇すると，それに反応して膵臓のランゲルハンス島から分泌され，糖の代謝を調節し，血糖値を一定に保つ働きをもつ。 ⑫ 病気がより悪い状態になっていくことを進行するという。 ⑬ 腎臓は，血液から老廃物や不要な電解質をろ過して，尿を作る働きをしている。腎不全は，腎臓の機能が低下することによって尿量が減少したり，体内の水分や電解質のバランスが乱れたりする状態のことをいう。 ⑭ 肥満や運動不足などが原因でインスリンが効きにくくなると，筋肉や肝臓，脂肪細胞でブドウ糖が吸収されにくくなり，血糖値が上がりやすくなる。 ⑮ 歯周組織は，歯を支える周囲の組織のことをいい，歯の周囲組織の病気が歯周病である。進行すると，歯ぐきや歯を支える骨などが溶けてしまい支えられなくなって歯が抜けてしまう。

【9】1 a 2 c

解説 1 aは，精神疾患は誰でもなりえる疾患である。 2 一般的に心の病気を発病してから治療開始までの期間は決して短くない。この発病してから治療開始までの未治療期間のことを精神病未治療期間(DUP)とよぶ。

【10】C

解説 この2017年の調査によると，薬物の経験者は約220万人と推定されている。各薬物の推定使用者数は大麻が最も多く約130万人，次いで有機溶剤が約100万人，覚醒剤が約50万人であり，大麻乱用が拡大している結果となっている。(出題の資料より)

【11】① 運動　② 知る　③ 仲間　④ 協働　⑤ 健康　⑥ 疾病　⑦ 生活の質　⑧ 知識の指導

解説　この答申を受けて，平成29年3月に小中学校の新学習指導要領が告示された。中学校保健体育科では，生涯にわたって運動やスポーツに親しみ，スポーツとの多様な関わり方を場面に応じて選択し，実践することができるよう，「知識及び技能」，「思考力，判断力，表現力等」，「学びに向かう力，人間性等」(資質・能力の三つの柱)の育成を重視するとともに，個人生活における健康・安全についての「知識及び技能」，「思考力，判断力，表現力等」，「学びに向かう力，人間性等」(資質・能力の三つの柱)の育成を重視して改善を図っている。

【12】4

解説　1については，「運動部活動の在り方に関する総合的なガイドライン」では，部活動指導員は学校教育法施行規則第78条の2に基づき，「中学校におけるスポーツ，文化，科学等に関する教育活動(中学校の教育課程として行われるものを除く。)に係る技術的な指導に従事する」学校の職員であり，学校の教育計画に基づき，校長の監督を受け，部活動の実技指導，大会・練習試合等の引率等を行うとしている。2の長期休業中の休養日の設定は，学期中に準じた扱いを行う。また，生徒が十分な休養を取ることができるとともに，運動部活動以外にも多様な活動を行うことができるよう，ある程度長期の休養期間(オフシーズン)を設けるとしている。3は，「～より多くの生徒の運動機会の創出が図られるよう」までの記述は正しいが，続く「競技志向で活動を行うことができる運動部を設置」が誤り。生徒の運動・スポーツに関するニーズが多様化する中，現在の運動部活動は，女子や障害のある生徒等も含めて，生徒の潜在的なスポーツニーズに必ずしも応えられていないことを踏まえ，校長は生徒の多様なニーズに応じた活動を行うことができる運動部を設置する，である。

第４部

保健体育科
実践問題演習

体つくり運動

ポイント

体つくり運動は，体ほぐしの運動と体の動きを高める運動，実生活に活かす運動の計画で構成され，自他の心と体に向き合って，体を動かす楽しさや心地よさを味わい，心と体をほぐしたり，体の動きを高める方法を学んだりすることができる領域である。

小学校では，体つくり運動で学んだことを授業以外でも生かすことをねらいとした学習をしている。

中学校では，これらの学習を受けて，より具体的なねらいをもった運動を行い，学校の教育活動全体や実生活で生かすことができるようにすることが求められる。

高等学校では，これまでの学習を踏まえて，「体を動かす楽しさや心地よさを味わい，自己の体力や生活に応じた継続的な運動の計画を立て，実生活に役立てること」などが求められる。

実践問題演習

【1】次の文は，中学校学習指導要領解説(平成29年7月)「保健体育編」に示されている「A　体つくり運動」[第1学年及び第2学年]の内容の一部である。文中の(　ア　)～(　ウ　)に当てはまる言葉を下のA～Fから1つずつ選び，記号で答えよ。ただし，同じ記号には同じ言葉が入る。

○　体つくり運動は，体ほぐしの運動と体の動きを高める運動及び(　ア　)に生かす運動の計画で構成され，(　イ　)の心と体に向き合って，体を動かす楽しさや心地よさを味わい，心と体をほぐしたり，体の動きを高める方法を学んだりすることができる領域である。

○　小学校では，体つくり運動で学んだことを(　ウ　)以外でも行うことをねらいとした学習をしている。

○　中学校では，これらの学習を受けて，より具体的なねらいをもった運動を行い，学校の教育活動全体や(　ア　)で生かすことが求められる。

A　授業　　B　仲間　　C　実生活　　D　自他　　E　体育
F　学校生活

【2】次の(1)～(3)の各問いに答えよ。

(1)「中学校学習指導要領(平成29年告示)解説　保健体育編」(文部科学省)及び「高等学校学習指導要領(平成30年告示)解説　保健体育編　体育編」(文部科学省)に示されている中学校[第3学年]及び高等学校[入学年次]の体ほぐしの運動に関する記述として適切なものを，次の1～5から1つ選べ。

1　大きくリズミカルに全身や体の各部位を振ったり，回したり，ねじったり，曲げ伸ばしたりすること。

2　体の各部位をゆっくり伸展し，そのままの状態で約10秒間維持すること。

3　大きな動作で，ボールなどの用具を，力を調整して投げたり受けたりすること。

4　二人組で上体を起こしたり，脚を上げたり，背負って移動したりすること。

5　のびのびとした動作で用具などを用いた運動を行うことを通して，気付いたり関わり合ったりすること。

(2) 次の文章は，中学校学習指導要領(平成29年3月告示)「保健体育」の一部である。下の各問いに答えよ。

体つくり運動について，次の事項を身に付けることができるよう指導する。

> (1)　次の運動を通して，体を動かす楽しさや心地よさを味わい，体つくり運動の意義と行い方，体の動きを高める方法などを理解し，目的に適した運動を身に付け，組み合わせること。

ア　(略)
イ　体の動きを高める運動では，ねらいに応じて，体の柔らかさ，(　①　)動き，(　②　)動き，動きを持続する能力を高めるための運動を行うとともに，それらを組み合わせること。

1　(　①　)，(　②　)の各空欄に適する語句を答えよ。
2　下線部の「動きを持続する能力を高めるための運動」の指導に際して，中学校学習指導要領解説(平成29年7月)ではどのようにすることが大切とされているか，答えよ。

(3)　次の文は，高等学校学習指導要領解説(平成30年7月)「保健体育編・体育編」に示されている「実生活に生かす運動の計画」に関するものである。文中の各空欄に適する語句を答えよ。ただし，同じ問いの空欄には，同じ解答が入るものとする。

実生活に生かす運動の計画では，自己の日常生活を振り返り，自己のねらいに応じて，健康の保持増進や調和のとれた体力の向上を図るために，継続的な運動の計画を立てて取り組むこととする。

指導に際しては，①自己の(　ア　)に応じた目標の設定，②目標を達成するための課題の設定，③課題解決のための(　イ　)の選択，④選んだ運動に基づく計画の作成，⑤(　ウ　)とその内容の記録，⑥測定，評価による学習成果の確認及び新たな目標の設定といった計画と(　ウ　)の過程に着目して継続的な計画を立てて取り組めるようにすることが大切である。その際，指導の成果を求めすぎたり(　エ　)な取組になったりすることのないよう，自らの体力や生活の状況に応じて，(　オ　)意欲をもって継続的に取り組むことができるよう配慮することが大切である。

また，一部の体力の要素のみの向上を図るのではなく，(　カ　)に体の動きを高めることで調和のとれた体力の向上が図られるよう配慮する必要がある。

【3】体つくり運動について，中学校学習指導要領解説保健体育編の内容を踏まえ，次の(1)～(3)に答えなさい。

(1) 第1学年及び第2学年において，「体の柔らかさを高める運動」の指導に際して留意することを2つ書きなさい。

(2) 第3学年において学習する「体の構造」のうち，①関節，②筋肉について生徒に指導する内容をそれぞれ1つずつ書きなさい。

(3) 次の文は，第3学年において学習する「実生活に生かす運動の計画の行い方の例」である。(①)，(②)に適する語句を以下のア～クから1つ選び，その記号を書きなさい。

> ◯健康に生活するための体力の向上を図る運動の計画と実践
> ・運動不足の解消や(①)維持のために，食事や睡眠などの生活習慣の改善も含め，(②)や家庭などで日常的に行うことができるよう効率のよい組合せやバランスのよい組合せで運動の計画を立てて取り組むこと。

ア 休憩時間　イ 体形　ウ 職場　エ 学校
オ 心身の健康　カ 体調　キ 代謝　ク スポーツクラブ

【4】中学校学習指導要領解説(平成29年7月)「保健体育編」における「A 体つくり運動」に示されている内容について，次の各問いに答えよ。

(1) 体つくり運動領域の授業時数は各学年で何単位時間以上を配当することとしているか答えよ。

(2) 次の文は，第1学年及び第2学年における体ほぐしの運動に示されている＜行い方の例＞である。

① a～fに適語を記せ。

> ＜行い方の例＞
> ・ のびのびとした(a)で用具などを用いた運動を行うことを通して，(g)。
> ・ リズムに乗って(b)が弾むような運動を行うことを通して，(g)。

・　緊張したり緊張を解いて(　c　)したりする運動を行うことを通して，(　g　)。 ・　いろいろな(　d　)で，歩いたり走ったり跳びはねたりする運動を行うことを通して，(　g　)。 ・　仲間と動きを合わせたり，(　e　)したりする運動を行うことを通して，(　g　)。 ・　仲間と協力して課題を達成するなど，(　f　)で挑戦するような運動を行うことを通して，(　g　)。

②　今回の改訂により，上の文の(　g　)の部分が新たに加えられた。(　g　)に入る内容を記せ。

(3)　従前の「体力を高める運動」と示していたものを，第1学年及び第2学年で新たに「体の動きを高める運動」と示した理由を記せ。

【5】次の各問いに答えなさい。

1　トレーニングの原則に関する用語とその説明として誤っているものを，次のa～eの中から一つ選びなさい。

	用語	説明
a	漸進性	体力の向上とともに，しだいに運動の強さや量を高める。
b	反復性	不規則に様々な動きを継続することで，効果を高める。
c	意識性	トレーニングの意義をよく理解し，目的をもって積極的におこなう。
d	個別性	個人差をよく理解し，個人の特徴に応じたトレーニングをおこなう。
e	全面性	心身の機能が調和を保って全面的に高められるようにする。

2　次の□の中の文は，「筋力」を高めるトレーニングの方法を説明したものである。文中の(　　)の①～⑤に当てはまる語句の組み合わせとして適切なものを，以下のa～eの中から一つ選びなさい。

ただし，(　　)の同じ番号には，同じ語句が入るものとする。

筋力を高める方法には，(　①　)を静的におこなう(　②　)と動的におこなう(　③　)がある。(　②　)は，筋肉が長さを変えずに力を発揮するトレーニング法で，その効果は，発揮する力が強ければ強いほど，短時間で筋力が効果的に強化される。(　③　)は，筋肉が長さを変えながら力を発揮するトレーニング法で，(　④　)が10回以下の比較的重い(　⑤　)を用いると，筋力を効果的に高めることができる。

	①	②	③	④	⑤
a	筋収縮	アイソメトリックトレーニング	アイソトニックトレーニング	最大筋力	負荷
b	酸素供給	アイソトニックトレーニング	アイソメトリックトレーニング	最大筋力	摩擦
c	筋収縮	アイソトニックトレーニング	アイソメトリックトレーニング	最大反復回数	負荷
d	筋収縮	アイソメトリックトレーニング	アイソトニックトレーニング	最大反復回数	負荷
e	酸素供給	アイソトニックトレーニング	アイソメトリックトレーニング	最大筋力	摩擦

【6】次の記述は，体力トレーニングの内容について述べたものである。記述ア～エについて，正誤の組合せとして最も適切なものを，あとの①～⑥から1つ選べ。

ア　全力に近い強度の運動と，不完全な休息を交互に繰り返しておこなうトレーニングをインターバルトレーニングという。

イ　負荷が変化しても速度を一定に保つトレーニング方法は，アイソトニック・トレーニングと呼ばれている。

ウ　全力ペースの運動と十分な休息を交互に繰り返しておこなうトレーニングをレペティショントレーニングという。

エ　筋肉が長さを変えずに力を発揮する運動は，アイソキネティック・トレーニングと呼ばれている。

① ア－正　イ－正　ウ－誤　エ－誤
② ア－正　イ－誤　ウ－正　エ－誤
③ ア－正　イ－正　ウ－誤　エ－正
④ ア－誤　イ－誤　ウ－正　エ－正
⑤ ア－誤　イ－正　ウ－誤　エ－正
⑥ ア－誤　イ－誤　ウ－正　エ－誤

【7】新体力テストについて説明した文として誤っているものを，次のa～eの中から一つ選びなさい。

a　上体起こしは，30秒間の回数を記録し，1回のみ計測する。

b　反復横跳びは，外側のラインを踏まないとき，こえないときや中央ラインをまたがなかったときは点数としない。

c　ハンドボール投げは，地面に描かれた円内から，40°の枠内に力いっぱい投げる。

d　50m走は，スタートの合図から，ゴールライン上に胴(頭，肩，手，足ではない)が達するまでの時間を計測する。

e　20mシャトルラン「往復持久走」は，最後にラインをこえる(触れる)ことができた地点での折り返しの総回数を記録する。

【8】次の文章は，「体力トレーニング」について述べたものである。文中の各空欄に適する語句を答えよ。

体力トレーニングを指導する際には，トレーニングの原則を守って行うことが大切であり，成果を急いで原則を無視して行うと，効果がないばかりでなく，事故や傷害を起こす原因となる。そのため，トレーニングを進めていく上で守るべき「トレーニングの5大原則」がよく知られており，スポーツに伴うケガや故障予防の観点からいえば，次の3つの原則がとくに重要である。

1つ目は(　①　)の原則であり，トレーニングをする各個人の状況を考慮してトレーニング内容を組み立てるということである。考慮すべき因子としては，性，年齢，技術レベル，体力レベル，経験年数，健康状態，性格などがあげられる。

2つ目は(　②　)の原則であり，負荷量は段階的に増やしていき，短期間に急激に量を増大させないということである。例えば，「走り込み」では，走行距離，走行時間を一挙に倍増したり，「制限タイム」を設定して急に速いスピードを要求したり，坂道を急に長く走らせる等の方法はこの原則からはずれるものである。

3つ目は(　③　)の原則であり，あるスポーツ種目の競技力を向上させるためには，スポーツに必要な全般的な体力を向上させるということである。そのスポーツのみに関係した技術・体力の養成を図ることばかりを強いていると，からだのある一部分しか使われないために，基礎体力の強さが獲得できないばかりか，その部分のケガ・故障をきたすことになる。

一方，トレーニングの効果は，運動の刺激に対する体の適応現象として現れるものである。よって，望ましいトレーニング効果をあげるためには，現在もっている体力レベルより高い運動刺激を与える必要があり，このことを(　④　)の原則と呼んでいる。

【9】次は体力トレーニングについて述べたものである。文中の各空欄に適する語句を答えよ。

・体の(　①　)は，関節の構造と，筋肉，腱，靭帯などの柔らかさが関係しているので，いろいろな方向に関節を大きくゆすったり曲げたりのばしたりするストレッチングが効果的である。

・筋力，瞬発力，持久力，(　①　)などを適切に組み合わせて，スポーツなどの動作を積極的に調整するのは神経系，すなわち動作を指令したり調整したりする「(　②　)神経」と，その指令や感覚を伝える「(　③　)神経」の役割である。神経系の働きによって，運動中の姿勢のバランスをうまく調節し，運動をすばやく，じょうずにおこなう能力を調整力という。

・力強い運動の原動力となる筋力の強さは，筋肉の太さと密接な関係にある。この筋力を高める方法には，筋収縮を静的におこなう

「(　④　)トレーニング」と動的におこなう「(　⑤　)トレーニング」がある。

解答・解説

【1】ア　C　イ　D　ウ　A

解説 体ほぐしの運動は，運動を行うことがねらいではなく，心と体の関係に気付いたり仲間と関わり合ったりすることがねらいであると示された。また，心と体の関係だけでなく，心身の状態にも気付くことが加えられた。さらに，交流は，関わり合うという表現になり，第1学年及び第2学年では仲間と積極的に，第3学年では仲間と自主的に関わり合うという系統性が示されていることを押さえておきたい。

【2】(1)　5　(2)　1　①　巧みな　②　力強い　2　心拍数や疲労感などを手掛かりにして，無理のない運動の強度と時間を選んで行うようにする。　(3)　ア　ねらい　イ　運動例　ウ　実践　エ　強制的　オ　楽しく　カ　総合的

解説 (1)　体ほぐしの運動は，手軽な運動を行うことを通して，心と体の関係や心身の状態に気付いたり，仲間と積極的に関わり合ったりすることが重要である。　(2)　1　①　巧みな動きを高めるための運動は，自分自身で，あるいは人や物の動きに対応してタイミングよく動くこと，力を調整して動くこと，バランスをとって動くこと，リズミカルに動くこと，素早く動くことができる能力を高めることをねらいとして行われる運動である。　②　力強い動きを高めるための運動とは，自己の体重，人や物などの抵抗を負荷として，それらを動かしたり，移動したりすることによって，力強い動きを高めることをねらいとして行われる運動である。　2　動きを持続する能力を高めるための運動とは，一つの運動又は複数の運動を組み合わせて一定の時間に連続して行ったり，あるいは，一定の回数を反復して行ったりすることによって，動きを持続する能力を高めることをねらいとして行われる運動である。　(3)　学習指導要領の改訂により，「体つくり運動」

については，生徒の運動経験，能力，興味，関心等の多様化の現状を踏まえ，体を動かす楽しさや心地よさを味わわせるとともに，健康や体力の状況に応じて自ら体力を高める方法を身に付けさせ，地域などの実社会で生かせるよう改善を図った。そこで，従前「体力を高める運動」として示していたものを，体力の必要性を認識し，日常的に継続して高める能力の向上が重要であることから，「実生活に生かす運動の計画」として新たに示した。

【3】(1)　・体のどの部位が伸展や収縮をしているのかを意識できるようにすること　・可動範囲を徐々に広げたり，負荷の少ない動的な運動から始めたりして行うようにすること　(2)　①　関節には可動範囲があること　②　体温が上がると筋肉は伸展しやすくなること　(3)　①　カ　②　ア

解説 (1)　体の柔らかさを高める運動とは，全身や体の各部位を振ったり回したりすることや，曲げたり伸ばしたりすることによって，体の各部位の可動範囲を広げることをねらいとして行われる運動である。第1学年及び第2学年の体の動きを高める運動には，体の柔らかさを高める運動，巧みな動きを高める運動，力強い動きを高める運動，動きを持続する能力を高める運動がある。　(2)　体の構造ではほかに，同じ運動をしすぎると関節に負担がかかること，関節に大きな負荷がかからない姿勢であることなどの理解の指導が行われる。　(3)　実生活に生かす運動の計画では，運動不足を解消する，体調を維持するなどの，健康に生活するための体力や運動を行うための，調和のとれた体力を高めていく運動の計画を立てて取り組むことが，指導のねらいとなる。

【4】(1)　7単位時間　(2)　①　a　動作　b　心　c　脱力　d　条件　e　対応　f　集団　②　気付いたり関わり合ったりすること　(3)　〈解答例〉体力の向上に特化した反復トレーニングとなりがちな傾向が見られたことによる。新学習指導要領では，新体力テ

ストの結果等に見られる回数や記録ではなく，体の基本的な動きを高めることをねらいとしている。

解説 (1) 体つくり運動は，各学年において，すべての生徒に履修させることとし，授業時数は各学年とも，7単位時間配当される。

(2) 体ほぐしの運動は，運動を行うことだけではなく，運動を行うことを通して，心と体の関係や心身の状態に気付いたり，仲間と積極的に関わり合うことが重要であると示された。〈行い方の例〉として，第1学年・第2学年では6項目，第3学年では5項目が示されている。それぞれのねらいの違いを理解しておきたい。 (3) 公式解答の評価基準には，「体力の向上，回数・記録，体の基本的な動き等のキーワードを主な観点として相対的に評価する」とある。体の動きを高める運動は，体の柔らかさ，巧みな動き，力強い動き，動きを持続する能力を高めることがねらいとされている。それぞれの動きを高めるための運動を行い，調和のとれた体力を高めることが大切となる。なお，新学習指導要領で「体の動きを高める運動」と示されたのは，運動の回数や記録にこだわるのではなく，体の基本的な動きを高めることを目指すためである。また，体の動きを高める方法では，ねらいや体力の程度に応じて，適切な強度，時間，回数，頻度などを考慮した運動の組合せが大切となる。

【5】1 b　2 d

解説 1 反復性とはトレーニングを規則的に繰り返し行うことで，効果を高めることである。 2 筋力を高めるトレーニングには筋収縮を静的に行うアイソメトリックトレーニングと動的に行うアイソトニックトレーニングの二つに分けられる。筋力を高めるトレーニングの指標としては最大反復回数と負荷がある。

【6】②

解説 体力トレーニングの種類に関する問題は出題頻度が高く，また混同しやすい名前なので正しく理解すること。イはアイソキネティック・トレーニング，エはアイソメトリック・トレーニングが正しい。

【7】c

解説 cのハンドボール投げの枠は，40°ではなく30°である。

【8】① 個別性 ② 漸進性 ③ 全面性 ④ オーバーロード(過負荷)

解説 オーバーロード(過負荷)の原則及びトレーニングの5原則は，非常に出題頻度が高いので，正しく説明できるようにしておく。トレーニングの5原則は，①個別性，②漸進性，③全面性，④意識性の原則：運動処方の意義，手段，方法などを理解し，目的や目標を持って運動を行う，⑤反復性の原則：運動は繰り返し行うことで効果が現れるので，規則的に継続して行う，である。

【9】① 柔軟性 ② 中枢 ③ 末梢 ④ アイソメトリック ⑤ アイソトニック

解説 体力トレーニングの方法と内容及び運動と筋・骨の働き，運動と神経の働きに関する内容も，出題頻度が高いので学習しておく必要がある。筋力トレーニングには筋肉の収縮の方法によって，次の2つに分けることができる。 アイソメトリックトレーニング：筋肉の等尺性収縮によって筋肉の緊張を一定時間持続させ，筋肉を収縮させないで，特別な器具を使用せず動かないものに対する抵抗を利用して力を発揮する静的な筋力トレーニング。 アイソトニックトレーニング：筋肉の等張性収縮によって抵抗に対抗して，筋肉を収縮させながら，断続的に重量物を用いて繰り返して力を発揮する動的な筋力トレーニング。

実践問題演習

器械運動

ポイント

器械運動は，マット運動，鉄棒運動，平均台運動，跳び箱運動で構成され，器械の特性に応じて多くの「技」がある。これらの技に挑戦し，その技ができる楽しさや喜びを味わうことのできる運動である。

小学校では，技ができることや技を繰り返したり組み合わせたりすることを学習している。

中学校では，これらの学習を受けて，技がよりよくできることや自己に適した技で演技することが求められる。したがって，第1学年及び第2学年では，技ができる楽しさや喜びを味わい，その技がよりよくできるようにする。また，器械運動の学習に積極的に取り組み，よい演技を認めることや一人一人の違いに応じた課題や挑戦を認めることなどに意欲をもち，健康や安全に気を配るとともに，技の行い方や練習の仕方などを理解し，課題に応じた運動の取り組み方を工夫できるようにすることが大切である。

高等学校では，これまでの学習を踏まえて，技がよりよくできたり，自己や仲間の課題を解決したりするなどの多様な楽しさや喜びを味わい，「自己に適した技で演技する」ことなどが求められている。

したがって，技がよりよくできる楽しさや喜びを深く味わい，器械運動の学習に主体的に取り組み，技などの自己や仲間の課題を発見し，合理的な解決に向けて運動の取り組み方を工夫するとともに，自己の考えたことを他者に伝えることができるようにすることが大切である。また，よい演技を讃たたえることや一人一人の違いに応じた課題や挑戦を大切にすることなどに意欲をもち，健康や安全を確保することができるようにする。

なお，高等学校では，中学校第3学年との接続を踏まえ，入学年次においては，これまでの学習の定着を確実に図ることが求められることから，入学年次とその次の年次以降に分けて，学習のねらいを段階的に示している。

実践問題演習

【1】次の文は，器械運動について述べた文である。文中の各空欄に適する語句を答えよ。

(1) ドイツの(　①　)は，巧技的な運動を教育の一環として，鉄棒・跳び箱・平均台・平行棒などの原型になるような器械を用いて，トゥルネンという運動を創始した。

(2) 器械運動は日本には明治初期に学校体育の中に導入されたが，(　②　)体操の影響を強く受け，徒手体操や器械体操として跳び箱運動や鉄棒運動が体力づくりや姿勢訓練のための運動として行われた時期があった。

(3) 第17回ローマオリンピック以降，(　③　)オリンピック，メキシコオリンピック，ミュンヘンオリンピック，モントリオールオリンピックの5大会で日本男子体操は団体総合の金メダルを獲得した。

(4) 高等学校学習指導要領(平成30年3月告示)の器械運動領域に示す技能の内容は，マット運動，鉄棒運動，(　④　)運動，跳び箱運動の4種目である。

(5) 鉄棒運動には，け上がりや逆上がりなどの(　⑤　)系の技と高鉄棒での手の握り方(順手，片逆手)や懸垂の仕方(正面，背面)を変えての懸垂振動などの懸垂系に分類することができる。

【2】「器械運動」について，(　A　)～(　D　)にあてはまる正しい語句の組合せを，下の①～⑤から1つ選べ。

(1) 鉄棒運動の「け上がり」は(　A　)系の技である。

(2) 跳び箱運動の「かかえ込み跳び」は(　B　)系の技である。

(3) 平均台運動の「ギャロップ」は(　C　)系の技である。

(4) マット運動の「倒立」は(　D　)系の技である。

① A 支持　B 切り返し　C バランス　D 回転
② A 懸垂　B 回転　C バランス　D 巧技
③ A 支持　B 回転　C 体操　D 回転
④ A 支持　B 切り返し　C 体操　D 巧技

⑤　A　懸垂　　B　切り返し　　C　バランス　　D　巧技

【3】次の文は，器械運動に関して説明したものである。文中の各空欄に適する語句を答えよ。

器械運動は，マット運動，鉄棒運動，平均台運動，跳び箱運動で構成されている。マット運動には，後転，頭はねおきなどの回転系の技と，Y字バランスや倒立などの(　①　)系の技がある。鉄棒運動には，け上がり，逆上がりなどの(　②　)系の技と，前振り跳び下りなどの(　③　)系の技がある。平均台運動には，前方走，伸身跳びなどの(　④　)系の技と，立ちポーズ，片足ターンなどの(　⑤　)系の技がある。跳び箱運動には，屈身跳びなどの(　⑥　)系の技と，頭はね跳びなどの回転系の技がある。

【4】次は，「B　器械運動[第1学年及び第2学年](1)　知識及び技能」の一部である。以下の①～②に答えよ。

> (1)　次の運動について，技ができる楽しさや喜びを味わい，器械運動の特性や成り立ち，技の名称や行い方，その運動に関連して高まる体力などを理解するとともに，技をよりよく行うこと。
> ア　マット運動では，A回転系や巧技系の基本的な技を滑らかに行うこと，B条件を変えた技や発展技を行うこと及びそれらを組み合わせること。

①　下線部Aは，2つの技群に分類することができる。それぞれの技群の名称を分けて記せ。また，各技群における「基本的な技」及び「発展技」を一つずつ記せ。

②　下線部Bについて，次の文の(　i　)，(　ii　)にあてはまることばをそれぞれ記せ。

条件を変えた技とは，同じ技でも，開始姿勢や(　i　)を変えて行う，その技の前や後に動きを組み合わせて行う，手の(　ii　)や握りを変えて行うことなどを示している。

【5】器械運動について，以下の(1)～(5)の各問いに答えよ。

(1) 図1は，マット運動における回転系の技の一つを連続する動作に分けて示したものである。技の名称を答えよ。

図1

(2) 次の文と図1～4は，器械運動指導の手引(平成27年3月　文部科学省)「第5章　『器械運動系』領域のQ＆A」「1．施設や用具を活用する際の留意点と活用方法」「段差や傾斜などの効果的な活用方法」に示されている内容である。文中の[　ア　]～[　オ　]に当てはまることばをa～eから選び，その記号を書きなさい。

> (1) [　ア　]技群(特にはね跳びや前方倒立回転跳びなど)の技で，起き上がりやすくするための練習の場として，跳び箱や体育館のステージ(段差がありすぎる場合は危険)等の段差を活用できます。
>
> (2) マットを縦に二つ折りにして段差を付けた場は，[　イ　]などの練習に効果的です。
>
> (3) マットの上に別のマットを，間隔を置いておき，幅のある溝をつくることで，[　ウ　]の練習に効果的です。
>
> (4) マットを2～3枚重ね，角から斜めに使用すると，[　エ　]の段階練習に効果的です。
>
> (5) マットの下に踏切板を入れて浅い角度の傾斜(坂)をつくることにより，[　ウ　]グループの技や[　オ　]などで回転を加速する際に有効です。

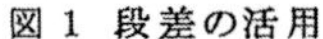
図 1　段差の活用

図 2　マットを重ねて幅のある溝をつくった場

図 3　2～3 枚マットを重ね斜めから使用

図 4　踏切版を入れて浅い角度の傾斜（坂）をつくった場

a　後転　　b　開脚前転　　c　ほん転　　d　伸膝前転

e　倒立前転

(3)　図3は，鉄棒運動における懸垂系の技の一つを，連続する動作に分けて示したものである。技の名称を答えよ。

図3

(4)　図4の①，②は，鉄棒運動における鉄棒の握り方を示したものである。それぞれの名称を答えよ。

図4

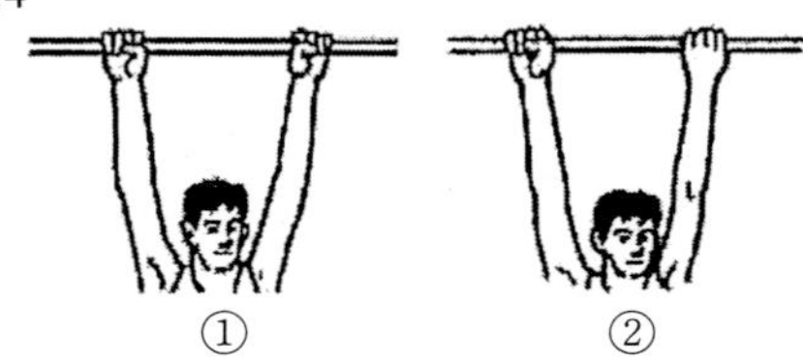

(5) 鉄棒運動の上がり技，支持回転技，下り技について，現行中学校学習指導要領解説保健体育編に例示されている技の中から，それぞれ2つずつ答えよ。

【6】下線部(A)～(E)のうち，「学校体育実技指導資料 第10集 『器械運動指導の手引』(平成27年3月 文部科学省) 第3章 技の指導の要点 第4節 跳び箱運動 2. 基本となる動き」について記載した内容として，言葉が正しいものを○，誤っているものを×としたとき，○×の正しい組合せを以下の①～⑤の中から一つ選べ。

2. 基本となる動き

ここでは，技の学習のベースとなる能力を身に付ける運動を，跳び箱運動における基本となる動きとして捉えます。跳び箱運動の技は一般に，助走→(A)踏み込み→踏み切り→第一空中局面→着手→第二空中局面→着地という運動経過をたどります。技の学習のベースとなる能力として，大きく「助走から踏み切り」，「(B)突き放し」，「着地」の三つの要素を挙げることができます。そしてこれらを，(C)全体の一連の流れとして行えることが必要になります。

まず「助走から踏み切り」については，助走と両足踏み切りをリズミカルに組み合わせ，両足踏み切りを効果的に行い，踏み切り後には(D)空中前方に跳び出していけるような能力が必要です。そのための基本となる動きとして，最初は助走距離を長くしないで，(E)6～7歩踏み出して，踏切板を両足で踏み切り，踏切板の前に置いたマットに着地したり，踏切板を壁の手前において，両足踏み切りから壁に両手を着いてから着地するようにします。

(以下略)

	(A)	(B)	(C)	(D)	(E)
①	○	○	○	×	×
②	×	×	×	○	○
③	○	×	×	×	○
④	○	×	○	○	×
⑤	×	○	○	×	○

【7】器械運動について，次の各問いに答えよ。

(1) 中学2年生のマット運動の授業で，倒立前転に取り組ませたところ，倒立姿勢から前に倒れながら肘を曲げて前転しようとしたとき，マットに背中から倒れた生徒がいました。この生徒について，倒立姿勢から体を順々にマットに接触しながら回転する動きにつなげる練習をする際，取り組むとよい技や運動名を2つ答えよ。

(2) 中学1年生の跳び箱運動の授業で，かかえ込み跳びに取り組ませたところ，跳び箱の手前の方に着手したものの，手を跳び箱に着いたまま，跳び箱の上に正座してしまう生徒がいました。この生徒について，手で力強く突き放す動きや膝を胸の方に抱え込む動きにつなげる練習をする際，取り組むとよい運動や練習方法を2つ答えよ。

【8】中学校第1学年の器械運動「マット運動」の学習について，次の各問いに答えよ。

(1) 第1学年で扱う倒立グループの基本的な技を2つ書け。

(2) 倒立グループの基本的な技の指導について，次の①，②の問いに答えよ。

① 振り上げ足が十分に上がらない生徒に対して，どのような支援をするとよいか書け。

② 足は上がるが，バランスを保って倒立姿勢を維持することができない生徒に対して，頭の位置と目線について，どのように助言するとよいか書け。

(3) 図1の技について，下の①，②の問いに答えよ。

図1

① この技の名称を書け。

② この技を練習するにあたって，体がまっすぐ伸びないという技能面での課題が見られた。その課題を解決するための練習の場を図示し，その練習の留意点を具体的に説明せよ。

解答・解説

【1】① ヤーン　② スウェーデン　③ 東京　④ 平均台　⑤ 支持

解説 器械体操についての問題。①～③は歴史問題でやや難易度が高い。②のスウェーデン体操は1897年に日本に伝えられ，師範学校を中心に行き渡った。

【2】④

解説 器械運動の各種目には多くの技があることから，それらの技を，系，技群，グループの視点によって分類している。学習指導要領解説書に，各種目の主な技が例示されているので，必ず学習しておくようにする。

【3】① 巧技　② 支持　③ 懸垂　④ 体操　⑤ バランス　⑥ 切り返し

解説 器械運動の各種目には多くの技があることから，それらの技が，系，技群，グループの視点によって分類されている(学習指導要領解説参照)。系とは各種目の特性を踏まえて技の運動課題の視点から大きく分類したものである。技群とは類似の運動課題や運動技術の視点から分類したものである。グループとは類似の運動課題や運動技術に加えて，運動の方向や運動の経過，さらには技の系統性や発展性も考慮して技を分類したものである。なお，平均台運動と跳び箱運動については，技の数が少ないことから系とグループのみで分類されている。この分類については，中学校と高等学校との一貫性を図ったものである。

【4】① ・技群…接転　基本的な技…前転(開脚前転，補助倒立前転，後転，開脚後転)　発展技…伸膝前転(倒立前転，跳び前転，伸膝後転，後転倒立)　・技群…ほん転　基本的な技…側方倒立回転(倒立ブリッジ，頭はねおき)　発展技…側方倒立回転跳び(ロンダート)(前方倒立回転，前方倒立回転跳び)　② i 終末姿勢　ii 着き方

解説 ① 接転技群は，背中をマットに接して回転する技群，ほん転技群は，手や足の支えで回転する技群である。 ② 条件を変えた技について同資料では次のように説明している。「例えば，マット運動の回転系のうち，接転技群の前転グループでは前転が基本的な技にあたる。」「条件を変えた技では，その前転を，足を前後に開いた直立の開始姿勢からや歩行から組み合わせて行ったり，回転後の終末姿勢を片足立ちに変えたり，両足で立ち上がった直後にジャンプしたりするなど，動きを組み合わせて行うことを示している。」

【5】(1) 後転倒立　(2) ア c　イ b　ウ a　エ e　オ d　(3) 懸垂振動ひねり　(4) ① 順手　② 片逆手　(5) 上がり技…逆上がり，け上がり　支持回転技…前方支持回転，後方支持回転　下り技…踏み越し下り，支持跳び越し下り

解説 (1) 後転倒立は回転系の接点技群，後転グループの伸膝後転の発展技である。 (2) ア ほん転技群のはね跳びや前方倒立回転跳びで，回転力を高めて起き上がるためには，腰における屈伸動作で体を反らせ，手の押しを同調させることが大切である。回転が十分でなく起き上がることができない場合には，段差を利用して低いところに着地することで，体を反ったまま回転し，着地の準備をする感覚をつかむようにする。　イ　開脚前転で，脚を開けない人には，段差を利用して高い所から転がり低い所に足を下におろすようにすると，脚が開かなくても，腰の位置をあまり上げずに立つことができ，感覚をつかむことができる。　ウ　後転は，上体を後ろに倒し，頭がマットに触れる直前に脚を振り上げ，手の押しと腰の開きを同調させることによって，頭を抜くようにする。頭を抜くことができない場合には，幅のある溝を用いて頭を抜く感覚をつかむ。　エ　倒立前転は，倒れる勢いを利用して前転に移行していく。倒立前転のコツは，頭の後ろからマットにつけ，背中，腰，お尻，膝と，順に丸くしていく。重ねたマットはセーフティマットよりも固いので，前転の感覚はつかみやすく，段階的な練習をしやすい。　オ　伸膝前転は，膝を伸ばして大きく回り，かかとと手を同時に床へつけて，体を大きく前に倒して起き上がる技である。坂道を使うと回転の勢いが増すので，手をつくタイミングや，起き上がる時の体を前に倒すタイミングを身につけやすい。　(3)　懸垂振動ひねりは，懸垂系の懸垂技群，懸垂グループの懸垂振動の発展技である。　(4)　鉄棒の握り方は，順手，逆手，片逆手の3つがある。(5)　他に上がり技には，膝かけ振り上がり，膝かけ上がり，ももかけ上がりがある。支持回転技には，前方伸膝支持回転，後方伸膝支持回転，後方浮き支持回転がある。下り技には，転向前下り，後ろ振り跳び下り，前振り跳び下り，棒下振り出し下りがある。

【6】 ③

解説 (B)「着手」が正しい。「突き放し」は，切り返し系の技の着手の方法で，着手と同時に突き放すことによって，上体を起こす切り返しの動きにつながる。なお，回転系の技の着手は，両腕で体を支えるように着手する。　(E)「2～3歩」が正しい。助走の役割は，踏み切りの際に，技の実施に最適な勢いが得られることにあるので，技の学習の初期段階では，短い助走から両足踏み切りへとスムースに行えるようする。

【7】(1)　・ゆりかご　・大きな前転　・背支持倒立から転がり立ち　・壁倒立から前転　・壁登り倒立から前転　・頭倒立から前転　・補助倒立から補助をつけて前転　から2つ　(2)　・腕立て伏臥姿勢でジャンプ　・ウサギ跳び　・馬跳び　・タイヤ跳び　・カエル跳びでラインを跳び越す　・連結跳び箱でかかえ込み支え跳び乗り　・横向きの跳び箱で高い着地台へかかえ込み跳び　から2つ

解説 目標とする技の動きや感覚から，系統性を考えて段階的な技術指導を心がけたい。　(1)　倒立前転では，倒立の姿勢両手で体を支えた後，肘を曲げて後頭部から背中，腰が順にマットに触れるようにして滑らかな前転をすることがポイントとなる。この生徒には，倒立前転につながるよう，「倒立姿勢から体を順々にマットに接触しながら回転する動き」を学ばせたい。そこで，技の基礎となる動き(ここでは「ゆりかご」)から，目標とする技(ここでは倒立前転)への系統性を考えるとわかりやすい。解答例に挙げられている技は，いずれも体を順々にマットに接触しながら回転する動きがポイントとなる技である。(2)　かかえ込み跳びでは，膝をかかえ込んで跳び箱を跳び越すために，腕の突き放しと素早い膝のかかえ込みがポイントとなる。この生徒には「手で力強く突き放す動き」，「膝を胸の方にかかえ込む動き」を学ばせたい。解答例について「腕立て伏臥姿勢でジャンプ」，「馬跳び」，「タイヤ跳び」「カエル跳びでラインを跳び越す」は，「手で力強く突き放す動き」の練習となる。「ウサギ跳び」，「連結跳び箱でかかえ込み支え跳び乗り」「横向きの跳び箱で高い着地台へかかえ込み跳び」は，「膝を胸の方にかかえ込む動き」の練習となる。具体的な練習方法の他，跳び箱の高さを低くしたり，補助台で高低差を少なくしたり，跳び箱の周りにセーフティーマットを置いたりすることで，恐怖心を持たずに練習に取り組むことができることについても学習しておくこと。

【8】(1) 頭倒立，補助倒立　(2) ① 生徒の横に位置し，片方の振り上げた足を持つように支えてから，両足をそろえて持ってあげる。② アゴを出すように頭を上げ，両手と目線の先で三角形を作るようにするとよい。　(3) ① 側方倒立回転

② 練習の場…

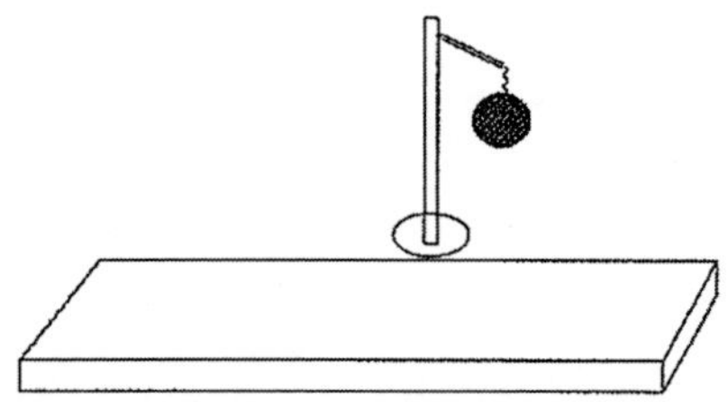

練習の留意点…腰を伸ばして足を高く上げ，回転できるよう，足が通過する高さにボール等を取りつける。

解説 (1) なお，第1～2学年における発展技は「倒立」であり，これは第3学年の基本技になっている。このように第1～2学年と第3学年で基本技・発展技が異なる場合があるので注意すること。　(2) ① 補助者は横に立ち，振りあがってくる脚を早くもつように準備をして待つ。脚を両手で挟むように持って，倒立になったとき，上に伸ばすように引き上げる。　② 頭はアゴを出すようにすると，体を伸ばしやすくなる。視線は肩幅と正三角形になる地点を見るとようにするとよい。練習方法として，マットに手マークと視線マークを付け，見る場所を意識して練習するとよい。　(3) 腰を高くあげ，膝を伸ばして回るという感覚をつかむため，ゴムひもやボールなどをつかって，それらをけるなどの練習が考えられる。

陸上競技

ポイント

陸上競技は,「走る」「跳ぶ」「投げる」などの運動で構成され,記録に挑戦したり,相手と競争したりする楽しさや喜びを味わうことのできる運動である。

中学校では,記録の向上や競争の楽しさや喜びを味わい,各種目特有の技能を身に付けることができるようにすることをねらいとして,第1学年及び第2学年は,「基本的な動きや効率のよい動きを身に付ける」ことなどを,第3学年は,「各種目特有の技能を身に付ける」ことなどを学習している。

高等学校では,これまでの学習を踏まえて,記録の向上や競争及び自己や仲間の課題を解決するなどの多様な楽しさや喜びを味わい,「各種目特有の技能を身に付ける」ことなどができるようにすることが求められる。

したがって,記録の向上や競争の楽しさや喜びを深く味わい,体力の高め方や運動観察の方法などを理解するとともに,各種目特有の技能を身に付けることができるようにする。その際,動きなどの自己や仲間の課題を発見し,合理的な解決に向けて運動の取り組み方を工夫するとともに,自己の考えたことを他者に伝えることができるようにする。また,陸上競技の学習に自主的に取り組み,ルールやマナーを大切にすることや一人一人の違いに応じた課題や挑戦を大切にすることなどに意欲をもち,健康や安全を確保することができるようにする。

なお,高等学校では,中学校第3学年との接続を踏まえ,入学年次においては,これまでの学習の定着を確実に図ることが求められることから,入学年次とその次の年次以降に分けて,学習のねらいを段階的に示している。

実践問題演習

【1】次の(A)～(E)の文章は，「日本陸上競技連盟競技規則(2022年4月修改正) 競技規則・第2部　トラック競技，競技規則・第3部　フィールド競技」について記載内容をまとめたものである。正しいものの組合せを以下の①～⑤の中から一つ選べ。

(A)　スタート
400mまでのレース(4×200mリレー，メドレーリレー，4×400mリレーの第1走者を含む)において，クラウチング・スタートとスターティング・ブロックの使用は必須である。位置についた時，競技者はスタートラインおよびその前方のグラウンドに手や足を触れてはならない。
(以下略)

(B)　フィニッシュ
競技者の順位は，その胴体(頭，首を含む)のいずれかの部分がフィニッシュラインのスタートラインに近い端の垂直面に到達したことで決める。

(C)　ハードル競走
手や体，振り上げ脚の前側で，いずれかのハードルを倒すか移動させたときは，競技者は失格となる。

(D)　走高跳
助走して跳躍せずにバーまたは支柱の垂直部分に接触した時は，その試技は無効試技とする。

(E)　走幅跳
助走の途中，助走路を示す白線の外側にはみ出た場合は，その試技は無効試技とする。

①　(A)，(C)，(D)　　②　(A)，(B)，(E)　　③　(B)，(C)，(D)
④　(B)，(C)，(E)　　⑤　(A)，(D)，(E)

【2】陸上競技のルールについて述べた次の(1)〜(5)について，正しいものには○を，間違っているものには×を書け。

(1)　リレーの競技者はバトンをしっかり受け取る目的で手袋をはめることができる。

(2)　走り幅跳びは，空中で一回転するような回転式跳躍は禁止されている。

(3)　走り高跳びは，必ずしも片足で踏み切る必要はない。

(4)　投てき競技において，その距離は，cm未満の端数を切り捨てた1cm単位で記録しなければならない。

(5)　ハードル競技で競走中にバランスを崩したために他のレーンのハードルを跳び，再び自分のレーンに戻れば失格とはならない。

【3】陸上競技について，次の各問いに答えよ。

(1)　次の文中の(　①　)〜(　⑥　)にあてはまる語句を書け。

　走り幅跳びでは，(　①　)のスピードとリズミカルな動きを生かして力強く踏み切り，より遠くへ跳んだり，競争したりできるようにする。また，かがみ跳びやそり跳びなどの(　②　)動作からの流れの中で，脚を前に投げ出す(　③　)動作をとることが重要である。ハードル走では，ハードルを(　④　)素早く越えながら(　⑤　)をリズミカルにスピードを維持して走り，タイムを短縮したり，競走したりできるようにする。走り高跳びでは，はさみ跳びや(　⑥　)跳びなどの跳び方で，より高いバーを越えたり，競争したりできるようにする。

(2)　次の①〜⑥は，各種目の公式ルールについて述べたものである。正しいものには○，間違っているものには×を書け。

①　800m走におけるスタートは，クラウチングスタート及びスタンディングスタートのどちらでもよい。

②　短距離走(混成競技を除く)のスタートにおいて，2回目にフライング(不正出発)をした競技者は，1回目と同じ競技者であるかどうかにかかわらず失格になる。

③　走り高跳びで，跳躍後，風でバーが落下した場合も無効試技となる。

④　リレー競技において，バトンパスは，20mのテークオーバーゾーンの中でバトンの受け渡しを完了しなければならない。次走者はテークオーバーゾーンの手前10m以内であればどこからスタートしてもよい。

⑤　ハードル走において，故意でなければ何台ハードルを倒しても失格にはならない。

⑥　走り幅跳びにおいては，踏切足のつま先から着地したかかとまでの最短距離を計測する。

【4】陸上競技において，「失格」または「無効」の判定として適切でないものを，次の①～⑤から1つ選べ。

①　トラック競技において，出発合図の前にスタート動作を始める。

②　リレー競技において，出発合図の前に第一走者のバトンがスタートラインやその前方の地面に触れる。

③　砲丸投げの投てき動作中に，砲丸を落とした。

④　ハードル走において，足または脚がハードルの外側にはみ出て通った。

⑤　三段跳びの跳躍中に振り出し足が地面に触れた。

【5】走り幅跳び，走り高跳びについて，次の各問いに答えよ。

1　次の図の矢印は，走り幅跳びにおいて，計測距離を示したものである。正しく計測をしているものを(ア)～(エ)から一つ選び記号で答えよ。　は踏み切り位置及び着地位置を示している。

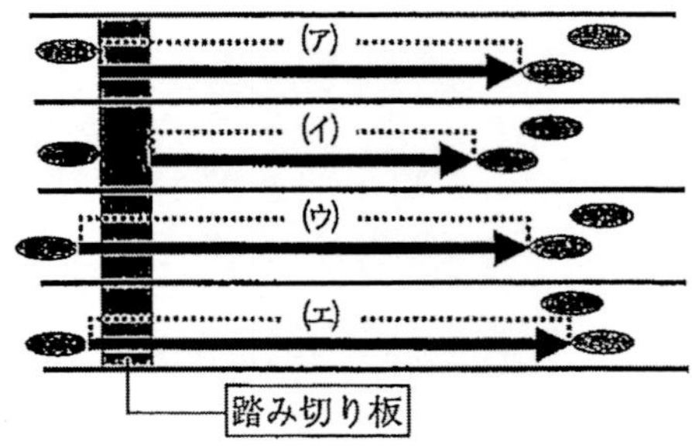

2　次の写真は，走り高跳びの跳び方を示したものである。名称を書け。

【6】陸上競技の走り高跳びについて，(1)，(2)の各問いに答えなさい。

(1)　次の図a～cは，助走(破線部)を示している。背面跳びに適した助走を選びa～cの記号で答えなさい。

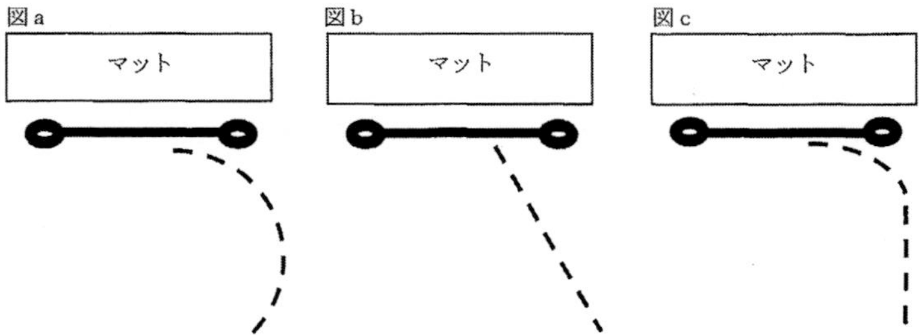

(2)　次の表は，競技結果を示している。2022年度日本陸上競技連盟競技規則に準じて，競技者A～Eの順位を数字で答えなさい。なお，無効試技の欄は，回答する際の参考として使用しても構わない。

競技者	1m85	1m90	1m95	2m00	2m03	2m06	2m09	無効試技	順位
A	○	×○	−	×○	×××				
B		×○	○	××○	×−	××			
C	○	○	×○	××○	○	××○	×r		
D			××○	××○	×××				
E		○	×−	××○	×××				

○：成功　×：失敗　−：パス　r：試技放棄

【7】陸上競技のリレーについて，次の(1)，(2)に答えよ。

(1) 競技中に，前走者が次走者にバトンの受け渡しを行う前に，テイクオーバーゾーン内でバトンを落とし，レーン外にバトンが転がった場合，適用されると考えられるルールについて，次の①～③の語を用いてそれぞれ書け。

① バトン，継続

② レーン，距離

③ 妨害

(2) 「利得距離」とは何か，書け。また，授業において，生徒が「利得距離」を伸ばすための練習方法を1つ書け。

【8】陸上競技の4×100mリレーに関する記述として，「陸上競技ルールブック2022年度版」(公益財団法人日本陸上競技連盟　2022年4月)に照らして適切なものは，次の1～4のうちのどれか。

1 第一走者がクラウチングスタートで位置についたとき，競技者は，出発の合図が鳴るまでは，スタートライン及び前方のグラウンドに手や足を触れたりバトンを触れさせたりしてはならない。

2 全走者間のテイク・オーバー・ゾーンは20mとする。テイク・オーバー・ゾーンを示すライン上はテイク・オーバー・ゾーン外のため，バトンを受け取る競技者はラインを含まないゾーン内であれば，どこから走り出してもよい。

3　バトンの受け渡しは，受け取る競技者にバトンが触れた時点に始まり，受け取る競技者の手の中に完全に渡り，唯一の保持者となった瞬間に成立することから，渡し手と受け手の両者の身体の位置がテイク・オーバー・ゾーンの中でなければならない。

4　バトンパスが完了し，受け手が唯一の保持者となった後にバトンを落としたら，受け手が拾わなくてはならない。この場合，競技者は距離が短くならないことを条件にバトンを拾うために自分のレーンから離れてもよい。

【9】陸上競技のハードル競走について，次の問いに答えなさい。

日本陸上競技連盟競技規則(2022年4月修改正)において，ハードル競走は「競技者はスタートからフィニッシュまで自分に決められたレーンのハードルを越え，そのレーンを走らなくてはならない」とされています。競技者は，これに違反した場合，失格となります。他にも，競技者は次のことをすると失格となります。文中の(　①　)~(　⑤　)に適する語句を答えなさい。

○　ハードルを越える瞬間に，(　①　)がハードルをはみ出て(どちら側でも)バーの高さより(　②　)位置を通ったとき。

○　手や体，(　③　)の前側で，いずれかのハードルを倒すか(　④　)させたとき。

○　直接間接を問わず，レース中に自分のレーンまたは他のレーンのハードルを倒したり(　④　)させたりして，他の競技者に影響を与えたり(　⑤　)したり，他の規則に違反する行為をしたとき。

【10】次の文章は，学習指導要領解説における陸上競技について述べたものである。文中の[　a　]，[　b　]にあてはまる語句の組み合わせとして最も適当なものを，それぞれ次の①から④までの中から一つ選び，記号で答えよ。

(1)　中学校学習指導要領(平成29年告示)解説　保健体育編(平成29年7月)「第2章　保健体育科の目標及び内容　第2節　各分野の目標及び内容　〔体育分野〕　2　内容」の「C　陸上競技　[第3学年]　(1)　知識及び技能　○　知識」では，次のように示されている。

技術の名称や行い方では，陸上競技の各種目で用いられる技術の名称があり，それぞれの技術には，[　a　]につながる重要な動きのポイントがあることを理解できるようにする。例えば，走り幅跳びには「かがみ跳び」，「そり跳び」など，走り高跳びには，「はさみ跳び」，「[　b　]」などの跳び方があり，それぞれの跳び方で留意すべき特有の動きのポイントがあることを理解できるようにする。
ア　記録の向上　　イ　怪我の防止　　ウ　背面跳び エ　ベリーロール

①　a－ア　b－ウ　　②　a－ア　b－エ
③　a－イ　b－ウ　　④　a－イ　b－エ

(2)　高等学校学習指導要領(平成30年告示)解説　保健体育編　体育編(平成30年7月)「第1部　保健体育編　第2章　保健体育科の目標及び内容　第2節　各科目の目標及び内容　「体育」　3　内容」の「C　陸上競技　[入学年次]　(1)　知識及び技能　○　知識」では，次のように示されている。

体力の高め方では，陸上競技のパフォーマンスは，体力要素の中でも，短距離走や跳躍種目などでは主として[　a　]や瞬発力に，長距離走では主として全身持久力などに強く影響される。そのため，[　b　]と関連させた補助運動や部分練習を取り入れ，繰り返したり，継続して行ったりすることで，結果として体力を高めることができることを理解できるようにする。
ア　柔軟性　　イ　敏捷性　　ウ　技術　　エ　種目

① a－ア　b－ウ　　② a－ア　b－エ
③ a－イ　b－ウ　　④ a－イ　b－エ

【11】次の文は，「中学校学習指導要領解説　保健体育編(平成29年7月)」の「陸上競技」の「第1・2学年」の「知識・技能」の一部を抜粋したものである。文中の各空欄に適する語句を答えよ。ただし，同じ問いの空欄には，同じ解答が入るものとする。

> 長距離走では，自己の(　①　)を維持できるフォームで(　②　)を守りながら，一定の距離を走り通し，タイムを短縮したり，競走したりできるようにする。
> 指導に際しては，「体つくり運動」領域に，「動きを維持する能力を高めるための運動」として長く走り続けることを主眼におく(　③　)があるが，ここでは，長距離走の特性を捉え，取り扱うようにする。
> また，走る距離は，1,000～(　④　)m程度を目安とするが，生徒の体力や技能の程度や気候等に応じて(　⑤　)に扱うようにする。
> <例示>
> ・腕に余分な力を入れないで，リラックスして走ること。
> ・自己にあったピッチと(　⑥　)で，上下動の少ない動きで走ること。
> ・(　②　)を一定にして走ること。

解答・解説

【1】 ①

解説 (B)「胴体(頭，首を含む)」が誤りで，「胴体(トルソー：頭，首，腕，脚，手，足を含まない部分)」が正しい。トラック競技のフィニッシュは，胴体がフィニッシュラインに到達したかで順位が決められる。胴体とは頭，首，腕，脚，手，足を除いた部分のトルソーのことをさす。　(E)「無効試技とする」が誤りで，「無効試技とはならない」が正しい。走幅跳の助走において，宙返りのようなフォームを使った場合は，無効試技となる。

【2】(1) ×　(2) ○　(3) ×　(4) ○　(5) ×

解説 (1) バトンは競走中，素手で持ち運ばなければならない。競技者は，バトンをしっかり受け取る目的で手袋をはめたり，手に何かを塗ったりすることはできない。 (3) 競技者は片足で踏み切らなければならない。 (5) ハードル競走はレーンを走る。レーンから出た時点で失格となる。

【3】(1) ① 助走　② 空間　③ 着地　④ 低く　⑤ インターバル　⑥ 背面　(2) ① ×　② ×　③ ×　④ ○　⑤ ○　⑥ ×

解説 (2) ① 400mまでの短距離走とリレーでは，スターティングブロックを用いた「クラウチングスタート」で行うが，それ以外の種目は「スタンディングスタート」で行う。 ② 2010年にルールが改正され，1回目のフライングで失格となる。 ③ 走り高跳びで，跳躍後にバーが風で落ちたときは有効であるが，跳躍の途中で落ちたときはやり直しになる。 ⑥ 走り幅跳びで跳躍距離は，踏み切り線とその延長線上から，足またはからだのいずれかの部分が砂場に触れた印跡までの最短距離を計測する。

【4】②

解説 リレー競技のスタートは第一走者がクラウチングスタートで行うが，このとき手や足をスタート線あるいはその前方に触れてはいけない。ただし，バトンは前方の地面につけてもよい。

【5】1 (イ)　2 ベリーロール

解説 1 走り幅跳びの計測は，砂場に残った跡のうち，踏み切り線にもっとも近い所から踏み切り線に対して直角に計測する。なお，踏み切り線とは，踏み切り板の砂場側の線である。　2　ベリーロールは，バーに近い方の足で踏み切り，バーの上で腹ばいになるように回転しながら跳び越える跳び方である。走り高跳び，走り幅跳びの跳び方の種類は確認しておくこと。

【6】(1)　c　(2)　A　2　B　3　C　1　D　5　E　3

解説 (1)　背面跳びは，3～6歩直線を走ってから4～5歩曲線を走る「J字助走」からの踏み切りが一般的である。助走で曲線を走ることによってバーに背を向ける姿勢をつくりやすくなり，身体が内傾して重心が下げられることで踏み切り動作がしやすくなる。　(2)　走り高跳びの順位の決め方は，①同記録になった高さでの試技数が少ない方を上位とする。②同記録になった高さの一つ前の高さまでの無効試技数(×の数)が少ない方を上位とする。③それでも決まらない場合は，1位以外の同成績の競技者は同順位とする。1位が同成績の場合は追加試技による1位決定戦を行う。

【7】(1)　①　前走者がバトンを拾って継続する。　②　距離が短縮されなければ自分のレーンから離れることが認められる。　③　他のチームの走者を妨害したときは失格となる。　(2)　利得距離…バトンパスによって得られる距離　練習方法…テイクオーバーゾーンの手前に次走者のスタート用のマークを設置し，マークの位置を調整しながら，スタートのタイミングがとれるように繰り返し練習する。

解説 (1)　2018年度日本陸上競技連盟競技規則(ルール)第170条3では，テイクオーバーゾーン長さについて改訂がなされた。4×100mリレーと4×200mリレーの全走者間，およびメドレーリレーの第1走者と第2走者間，第2走者と第3走者間のテイクオーバーゾーンは30mとし，ゾーンの入口から20mが基準線となる。　(2)　次走者にスズランテープを付けさせ，それをテイクオーバーゾーン内で前走者がつかめるようにする活動も考えられる。

【8】4

解説 1は，リレーの第一走者がクラウチングスタートで位置についたとき，両手はスタートラインに接してはいけないが，バトンの先はラインを越えて地面に接地してもよい。2は，テイク・オーバー・ゾーンは30mである。バトンパスにおいて次走者はテイク・オーバー・ゾーンの外から走り出してはならない。3は，バトンの受け渡しは，受け取る競技者にバトンが触れた時点に始まり，受け取る競技者の手の中に完全に渡り，唯一のバトン保持者となった瞬間に成立する。それはテイク・オーバー・ゾーン内でのバトンの位置のみが決定的なものであり，競技者の身体の位置ではない。

【9】① 足(脚)　② 低い　③ 振り上げ脚　④ 移動　⑤ 妨害

解説 2つめの規定のように倒してしまった場合は失格になるが，「この場合を除いて，ハードルを倒しても失格にしてはならない。また記録も認められる。」とされている。ハードル走の男子の110mと女子の100mは、コースに10台のハードルが並べられ，インターバルは男子は9.14m，女子は8.5mである。ハードルの高さは，男子一般は106.7cm，中学生は91.4cm，女子一般は84cm，中学生は76.2cmである。

【10】(1) ①　(2) ③

解説 (1) 同項目について，第1学年及び第2学年では「技術の名称や行い方では，陸上競技の各種目において用いられる技術の名称があり，それぞれの技術で動きのポイントがあることを理解できるようにする。例えば，競走に用いられるスタート法には，クラウチングスタートとスタンディングスタートがあり，速くスタートするための技術として，前者は短距離走やハードル走などで，後者は長距離走で用いられており，それぞれに速く走るための腕や脚などの効果的な動かし方があることを理解できるようにする。」と示されている。学年を追って指導の系統性を意識し，整理して理解しておきたい。 (2) 入学年次の次の年次以降では同項目について「体力の高め方では，陸上競技のパフォーマンスは体力要素の中でも，短距離走では主として瞬発力などに，長距離走では主として全身持久力などに強く影響される。そのため，それぞれの種目に必要な体力を技能に関連させながら高めることが重要であることを理解できるようにする。」と示されている。重要なので確認し覚えておきたい。陸上競技の知識について，技術の名称や行い方，体力の高め方，課題解決の方法，競技会の仕方などについてそれぞれ確認しておくこと。

【11】① スピード　② ペース　③ 持久走　④ 3,000
⑤ 弾力的　⑥ ストライド

解説 ①，② 長距離走において，スピードの維持とペース配分は重要な技能である。 ③ 長距離走と持久走は，同じような意味で用いられることが多いが，一定の距離を走り，タイムや順位を競う「長距離走」と，一定の時間を走り続ける「持久走」の違いを理解しておきたい。 ④，⑤ 走る距離は，1,000～3,000m程度が目安であるが，状況に応じて距離を調整したり，休憩や水分をとるなどして，安全面に十分に気をつけて実施する必要がある。 ⑥ ピッチとは，一歩を繰り返す速さのことである。ストライドとは，1歩の歩幅のことである。比較的ピッチの速い走りをピッチ走法，比較的ストライドの大きい走りをストライド走法と呼ぶ。

実践問題演習

水泳

ポイント

水泳は，クロール，平泳ぎ，背泳ぎ，バタフライから構成され，浮く，進む，呼吸をするなどのそれぞれの技能の組み合わせによって成立している運動で，それぞれの泳法を身に付け，続けて長く泳いだり，速く泳いだり，競い合ったりする楽しさや喜びを味わうことのできる運動である。

中学校では，記録の向上や競争の楽しさや喜びを味わい，効効率的に泳ぐことができるようにすることをねらいとして，第1学年及び第2学年は「泳法を身に付ける」ことを，第3学年は「効率的に泳ぐ」ことなどを学習している。

高等学校では，これまでの学習を踏まえて，記録の向上や競争及び自己や仲間の課題を解決するなどの多様な楽しさや喜びを味わい，「自己に適した泳法を身に付け，その効率を高めて泳ぐ」ことができるようにすることが求められる。

したがって，記録の向上や競争の楽しさや喜びを味わい，体力の高め方や運動観察の方法などを理解するとともに，効率的に泳ぐことができるようにする。その際，泳法などの自己や仲間の課題を発見し，合理的な解決に向けて運動の取り組み方を工夫するとともに，自己の考えたことを他者に伝えることができるようにする。また，水泳の学習に自主的に取り組み，自己の責任を果たすことや一人一人の違いに応じた課題や挑戦を大切にすることなどに意欲をもち，健康や安全を確保することができるようにする。

なお，高等学校では，中学校第3学年との接続を踏まえ，入学年次においては，これまでの学習の定着を確実に図るようにすることが求められることから，入学年次とその次の年次以降に分けて，学習のねらいを段階的に示している。

実践問題演習

【1】次の文は，水泳競技について述べたものである。文中の各空欄に適する語句を答えよ。

(1) 第10回(①)オリンピック(1932年)では，出場全種目(男子)に優勝あるいは入賞を果たし，水泳日本の最盛期であった。

(2) 自由形及び(②)の折り返しは，泳者の身体の一部が壁に触れればよい。

(3) 出発合図の前にスタートの動作を起こした競技者は(③)となる。

(4) 競技中にプールの底に立ったり，歩いたり，蹴ったりしてはならない。ただし，(④)またはメドレー競技の(④)に限りプールの底に立つことは失格とならない。

【2】水泳の学習について，次の問に答えよ。

問1 水泳の学習では，互いに相手の安全を確かめる方法として二人一組を作るシステムを取り入れている。このシステムを何というか，答えよ。また，このシステムにおける安全面以外の利点について説明せよ。

問2 背面浮きがうまくできない生徒に対して指導すべきポイントを記せ。

【3】学校環境衛生管理マニュアル[平成30年度改訂版]「第Ⅱ章　学校環境衛生基準　第4　水泳プールに係る学校環境衛生基準　1　水質」に示されている遊離残留塩素の基準として正しいものを，次の1～4の中から1つ選びなさい。

1 0.2mg/L以上であること。また，1.0mg/L以下であることが望ましい。
2 0.4mg/L以上であること。また，1.0mg/L以下であることが望ましい。
3 0.2mg/L以上であること。また，1.5mg/L以下であることが望ましい。
4 0.4mg/L以上であること。また，1.5mg/L以下であることが望ましい。

【4】水泳のルールの説明として誤っているものを，次の①～④から1つ選べ。

① メドレーリレーおよび個人メドレーの自由形は，バタフライ・平泳ぎ・背泳ぎ以外の泳法でなければならない。

② 背泳ぎは，ゴールタッチの時，仰向けの姿勢で壁に触れなければならない。

③ 個人メドレーのバタフライと平泳ぎでは，壁に両手で同時にタッチし次の種目に移らなければならない。

④ メドレーリレーは，定められた距離を，背泳ぎ・バタフライ・平泳ぎ・自由形の順序で，それぞれの泳法の規則にしたがって泳がなければならない。

【5】水泳について，次の各問いに答えよ。

(1) 「平泳ぎ」において，足の甲でけっている(あおり足)生徒がいた。これを解決するための指導の要点を1つ書け。

(2) 「クロール」において，「腕の動作」を一連の動作として，生徒に指導する時の指導の要点を書け。

(3) 次の①～④の用語の説明として最も適切なものを，下のア～カから1つずつ選び，記号で答えよ。

① コンビネーション　② ストローク　③ リカバリー

④ ローリング

ア かき終えた手を前方に戻すこと

イ 手の動きや足の動きと呼吸動作を合わせた一連の動きのこと

ウ キックの蹴り終わりに合わせて伸びをとること

エ 水泳中の体の左右の揺れのこと

オ 手や腕で水をかくこと

カ 手のひらを胸の近くを通るようにする動きのこと

(4) 次のA～Cに答えよ。

A：スタートおよびターン後，壁から15mまでの間に体の一部を水面に出すこととされている泳法をすべて書け。

B：ターンあるいはゴールタッチで両手が同時に壁に触れることとされている泳法をすべて書け。

C：個人メドレーの泳法の順序について書け。

【6】次の文は，水泳について説明した文である。正しいものには○を，誤っているものには×を書け。

(1) 水泳がオリンピック種目に加えられたのは，第1回オリンピック競技アテネ大会(1896年)からである。

(2) 第20回オリンピック競技ミュンヘン大会(1972年)では，男子の日本選手は出場全種目に優勝あるいは入賞を果たし，水泳日本の全盛期であった。

(3) 平泳ぎ以外の泳法では，スタート及びターン後，壁から15mに達するまでに頭部を浮上させなければならない。

(4) 個人メドレー，メドレーリレーにおいて自由形を泳ぐ場合は，平泳ぎ，背泳ぎ，バタフライ以外の泳法を用いなければならない。

(5) 平泳ぎ，バタフライのターンでは両手を同時に壁に着くが，この動作は水面の上下どちらでもよい。

【7】次の(1)～(5)は，水泳について述べたものである。正しいものは○，誤っているものは×で答えよ。

(1) クロールでの呼気は，水中で，鼻と口で行い，最後までゆっくりと吐き出すようにすると良い。

(2) クロールでの吸気は，体の中心を軸にして顔を横に上げて行うと良い。

(3) 平泳ぎのキックは，両足先をそろえて伸ばした状態から，膝を前方へ引き寄せるようにして曲げると良い。

(4) 背泳ぎは常に顔が水面に出ているので呼吸は自由にできるが，特に呼気は口を中心にして行うと良い。

(5) バタフライのキックのタイミングは，手先の入水時と腕が肩の下をかき進めるときに，それぞれ行うと良い。

【8】水泳に関する次の各問いに答えなさい。

(1) 「高等学校学習指導要領解説(平成30年7月)」においては,「スタートの指導については,事故防止の観点から,入学年次においては水中からのスタートを取り扱うこととしている。なお,入学年次の次の年次以降においても原則として水中からのスタートを取り扱うこととするが,『安全を十分に確保した上で,学校や生徒の実態に応じて段階的な指導を行うことができること』」としている。この段階的な指導の具体例を一つ答えなさい。

(2) 「高等学校学習指導要領解説(平成30年7月)」において,技能に[泳法]として示されているものを五つすべて答えなさい。

(3) 個人メドレーとメドレーリレーの泳法の順序として(ア)~(カ)に入る最も適切な泳法を答えなさい。

① 個人メドレー :(ア)→(イ)→(ウ)→自由形

② メドレーリレー:(エ)→(オ)→(カ)→自由形

【9】「水泳」について,問1～問3に答えなさい。

問1 次の表は,高等学校学習指導要領解説(保健体育編)(平成30年7月)における入学年次の次の年次以降の「各泳法の動きの例」の一部である。空欄に当てはまる語句の組合せとして,正しいものを選びなさい。

種目	動きの例
背泳ぎ	・肩のローリングによって手のひらをやや下側に向けて水をとらえ、肘を曲げながらかく ①
バタフライ	・ストローク動作に合わせた ② 位置での呼吸 ・うねり動作に合わせたしなやかな ③
クロール	・手を遠く前方に伸ばし、腕全体で水をとらえ、加速するようにかく ①
平泳ぎ	・顎を引いた呼吸 ・蹴り終わりに合わせて、流線型の姿勢を維持して大きく伸びること

	①	②	③
ア	リカバリー	低い	キック
イ	リカバリー	高い	ドルフィンキック
ウ	プル	低い	ドルフィンキック
エ	プル	高い	ドルフィンキック
オ	リカバリー	高い	キック

問2 「日本水泳連盟競泳競技規則(平成30年4月1日以降開催される競技会に適用)」に示されている競技ルールとして，誤っているものの組合せを選びなさい。

① リレー競技においては，前の競技者が壁にタッチする前に次の競技者の足がスタート台を離れた場合は，そのチームは失格となる。

② リレーチームは6名で構成されなければならない。

③ 個人メドレーでは，競技者はバタフライ，平泳ぎ，背泳ぎ，自由形の順で泳がなければならない。

④ メドレー競技の自由形では，折り返しの際を除いて，うつぶせでなければならない。足の蹴りや手のかきを始める前に，体はうつぶせにならなければならない。

ア ①② イ ①③ ウ ①④ エ ②③ オ ②④

問3 「水泳指導の手引(三訂版)」における「水泳の安全指導」について述べた文として，正しいものを選びなさい。

ア 休憩時は，疲労の回復に努めさせることが原則であるが，事故防止の心得や救助法，あるいは学習上の問題点について，指導の場面とすることもできる。

イ 水泳の授業における人数確認は，バディシステムで行わなければならない。

ウ 準備運動は，心臓に近い部分の運動から始めたり，簡単なものから複雑なものへ，最後は全身に刺激を与える運動で終えるのが一般的である。

エ バディシステムは，二人一組をつくり，互いに相手の安全を確かめさせる方法で，事故防止のための唯一の手段である。

【10】次の文は，「水泳(競泳)」に関して述べたものである。(1)〜(6)の説明で，正しいものには○印，誤っているものには×印を書け。

(1) スタート台から飛び込む際には，スターターの「用意」の合図でスタート台前方に両足をかけなければならない。

(2) 自由形では，折り返しおよびゴールタッチは体の一部が壁に触れなければならない。

(3) 平泳ぎでは，スタートおよび折り返し後は水中で一かき一けりを行ってもよいが，この一かきと一けりの間にバタフライキックが1回まで許される。

(4) 背泳ぎでは，スタートおよび折り返し後，壁から15m地点までに頭は水面上に出ていなければならない。

(5) バタフライでは，足の上下動作は交互に動かしてはならない。

(6) メドレーリレーでは，背泳ぎ→平泳ぎ→バタフライ→自由形の順で泳ぐが，この際の自由形では平泳ぎで泳いでも構わない。

解答・解説

【1】① ロサンゼルス ② 背泳ぎ ③ 失格 ④ 自由形

解説 水泳競技についての問題。 ① 日本男子は金メダル5個，銀メダル4個，銅メダル2個を獲得した。 ② 自由形：各折り返しおよびゴールタッチでは，泳者の身体の一部が壁に触れなければならない。背泳ぎ：折り返しを行っている間に，泳者の身体の一部が壁に触れなければならない。 ③ 出発合図の前にスタートの動作を起こした競技者は失格となる。失格が宣告される前にスタートの合図が発せられていた場合，競技は続行し，フォルススタート(不正出発)した競技者は競技終了後に失格となる。出発合図の前に明らかにフォルススタートしたとみなされる場合は，出発の合図をしないで，その競技者を失格とする。他の競技者については，再出発する。

【2】問1　システム…バディシステム　　利点…学習効果を高める手段として，互いに進歩の様子を確かめ合うこと　　問2　へそを水面上に出すつもりで腰を伸ばすようにする

解説 問1　水泳学習における「バディシステム」は，お互いの安全を確かめ合うことだけではなく，ともに進歩の様子を確かめ合い，欠点を正す手助けにもなる。さらに，人間関係を深め合うこともねらいとしているため，その組合せには十分な配慮が必要となる。　問2　背面浮きがうまくできるようにするためには，「全身の力を抜くこと」「頭を上げるのではなく，アゴを上げること」なども指導ポイントとなる。

【3】2

解説 プール水中の遊離残留塩素は，日光の紫外線による分解や入泳者の持ち込む汚れ，毛髪・水着等により絶えず消費されることから，塩素剤を投入し，一定濃度以上を維持する必要がある。

【4】④

解説 メドレーリレーは，背泳ぎ→平泳ぎ→バタフライ→自由形の順に定められた距離をリレーして泳ぐ。個人メドレーは，バタフライ→背泳ぎ→平泳ぎ→自由形の順序で泳ぐ。

【5】(1)　(例)　・足首を十分かえすことを意識させる。・足裏で水を斜め後方にけることを意識させる。　(2)　(例)　ひじを高くして，できるだけ前方へ伸ばし，S字を描くように肩幅の外側から胸下へと水をかく。胸下から太ももに触れるまで水をかく。　(3)　①　イ　　②　オ　③　ア　　④　エ　　(4)　A　クロール，背泳ぎ，バタフライ　B　平泳ぎ，バタフライ　　C　バタフライ→背泳ぎ→平泳ぎ→自由形

解説 水泳技能の指導法・泳法指導の要点については，「学校体育実技指導資料第4集　水泳指導の手引(三訂版)」(平成26年3月　文部科学省)に詳述されているので，本を入手して学習しておくとよい。この本から出題されることも多い。 (4) A 平泳ぎのスタートとターンの浮き上がりでは，水面下で1かきと1けりは許されるが，浮上後は，1かき1けりの一連の動作中に少なくとも1回は頭の一部を完全に水面上に出さなければならない。 B 自由形のターン及びゴールタッチは，からだのどの部分でも(からだの一部が)プールの壁につけばよい。背泳ぎでは，ターンを行っている間に泳者の身体の一部が壁面に触れなければならない。またゴールタッチは，あお向けの姿勢のまま頭，肩，先行する手または腕が壁に触れればよい。 C 個人メドレーは，バタフライ→背泳ぎ→平泳ぎ→自由形の順。メドレーリレーは，背泳ぎ→平泳ぎ→バタフライ→自由形の順。出題頻度が高い。

【6】(1) ○ (2) × (3) ○ (4) ○ (5) ○

解説 (2) 第10回ロサンゼルス大会(1932年)

【7】(1) × (2) ○ (3) × (4) × (5) ○

解説 (1) 後半が誤り。クロールの呼気は，徐々に吐き出し始め，最後は力強く吐き出す。 (3) 後半が誤り。平泳ぎのキックは，両膝を引き寄せながら肩の幅に開き，同時に足の裏を上向きにして踵を尻の方へ引き寄せる。

(4) 後半が誤り。背泳ぎの呼吸は，腕の動作に合わせてする。呼気は鼻と口，吸気は口で行う。特に呼気は鼻を中心に行う。

【8】(1) プールサイドで座位から，プールサイドでしゃがんだ姿勢や立て膝から，プールサイドで中腰から うち一つ (2) クロール，平泳ぎ，背泳ぎ，バタフライ，複数の泳法で長く泳ぐこと又はリレーをすること (3) ① ア バタフライ イ 背泳ぎ ウ 平泳ぎ ② エ 背泳ぎ オ 平泳ぎ カ バタフライ

解説 (1) 学習指導要領解説(平成30年7月)では，入学年次の次の年次以降における段階的な指導について，模範解答に記された場所における各姿勢から，生徒の体力や技能の程度に応じて，段階的に発展させるなどの配慮を行うことが示されている。なお，深く入水し過ぎて水底に頭部を打つことによる事故を防止するために，水面に対して平行に遠くに飛びだすように行わせることなどが大切である。 (2) 複数の泳法で長く泳ぐとは，入学年次に選択した種目に加えて，泳ぐ種目を増やしたり，選択した泳法で長く泳いだりすることを表している。複数の泳法で泳ぐ場合は，50～100m程度が目安とされている。
(3) メドレーリレーでは，水中で壁についた状態からスタートする背泳ぎを最初の種目にしないと，他の泳法のゴールと背泳ぎのスタートが水中で重なってしまうので，水中からスタートする背泳ぎを最初の種目にしている。

【9】問1 ウ　問2 エ　問3 ア

解説 問1 水泳に関して，入学年次では記録の向上や競争の楽しさや喜びを味わい，体力の高め方や運動観察の方法などを理解するとともに，効率的に泳ぐことができるようにするとされており，入学年次の次の年次以降では自己に適した泳法の効率を高めて泳ぐこととされている。具体的には，入学年次では，背泳ぎとバタフライが「安定したペースで」，クロールと平泳ぎが「安定したペースで長く・速く」であり，入学年次の次の年次以降は，背泳ぎとバタフライが「安定したペースで長く・速く」，クロールと平泳ぎが「伸びのある動作と安定したペースで長く・速く」が技能の目標となっている。設問は，各泳法に用意された例示からの出題である。例示は，クロールに4点，平泳ぎに3点，背泳ぎに5点，バタフライに3点が挙げられているので，目を通しておきたい。 問2 ②に関して，リレーチームは6名ではなく4名で構成されなければならない。また，③に関しては，個人メドレーは，バタフライ→背泳ぎ→平泳ぎ→自由形の順で泳ぐ。なお，メドレーリレーは，背泳ぎ→平泳ぎ→バタフライ→自由形の順。
問3 イは「人数確認には様々な方法があり，水泳ではバディシステムによる方法が一般的であるが，それだけに頼るのではなく，入水前，退水後に出席簿や班別の名簿などを用いての点呼を併用することが望まれる」である。ウは，「最後は全身に刺激を与える運動で終えるのが一般的」が誤りで「最後は心肺に刺激を与える運動で終えたりという手順が一般的」である。エは，「事故防止のための唯一の手段」が誤りで，「事故防止のみならず，学習効果を高めるための手段としても効果的」である。

【10】 (1) × (2) ○ (3) ○ (4) ○ (5) ○ (6) ×

解説 (1) スターターの「用意」の合図で，スタート台前方で少なくとも一方の足をかけ，速やかにスタートの姿勢をとる必要がある。

(6) メドレーリレーや個人メドレーで自由型を泳ぐ場合は，平泳ぎ，背泳ぎ，バタフライ以外の泳法を用いることとなっている。

実践問題演習

球 技

ポイント

球技は，ゴール型，ネット型及びベースボール型などから構成され，個人やチームの能力に応じた作戦を立て，集団対集団，個人対個人で勝敗を競うことに楽しさや喜びを味わうことのできる運動である。

中学校では，勝敗を競う楽しさや喜びを味わい，作戦に応じた技能で仲間と連携しゲームが展開できるようにすることをねらいとして，第1学年及び第2学年は，「基本的な技能や仲間と連携した動きでゲームが展開できるようにする」ことを，第3学年は，「作戦に応じた技能で仲間と連携してゲームが展開できるようにする」ことなどを学習している。

高等学校では，これまでの学習を踏まえて，勝敗を競ったりチームや自己の課題を解決したりするなどの多様な楽しさや喜びを味わい，「作戦や状況に応じた技能や仲間と連携した動きを高めてゲームが展開できるようにする」ことが求められる。

したがって，勝敗を競う楽しさや喜びを味わい，体力の高め方や運動観察の方法などを理解するとともに，作戦に応じた技能で仲間と連携しゲームを展開することができるようにする。その際，攻防などの自己やチームの課題を発見し，合理的な解決に向けて運動の取り組み方を工夫するとともに，自己や仲間の考えたことを他者に伝えることができるようにする。また，球技の学習に自主的に取り組み，作戦などについての話合いに貢献することや一人一人の違いに応じた課題や挑戦を大切にすることなどに意欲をもち，健康や安全を確保することができるようにする。

なお，高等学校では，中学校第3学年との接続を踏まえ，入学年次においては，これまでの学習の定着を確実に図るようにすることが求められることから，入学年次とその次の年次以降に分けて，学習のねらいを段階的に示している。

実践問題演習

【1】「ゴール型　バスケットボール」について，次の(1)～(3)に答えなさい。

(1) 公益財団法人日本バスケットボール協会2021バスケットボール競技規則には，バイオレーションについて示されています。次の①～⑤は実際のゲームで起こり得る場面を示しています。このうち，バイオレーションになるものをすべて選び，その記号を書きなさい。

① プレーヤーがコートに横たわりながらボールをコントロールした。その後，プレーヤーは，ボールを持ったまま立ち上がった。

② 両手でボールを持っているプレーヤーがコート上に倒れ，その勢いで滑った。

③ プレーヤーが両手でボールを持ってドリブルを終え，ひと続きの動作で左足でジャンプし，左足，右足の順で着地してフィールドゴールのショットをした。

④ 立ち止まってドリブルを終了したあと，プレーヤーがバックボードめがけてボールを投げ，他のプレーヤーが触れる前にボールをキャッチしたあとにパスをした。

⑤ フロントコートでスローインを行うプレーヤーが味方プレーヤーにボールをパスした。パスをされたプレーヤーがフロントコートからジャンプして空中にいる間にボールをキャッチし，センターラインをまたいで着地した。

(2) ジャンプボールシチュエーションになるのはどのような場合ですか。簡潔に3つ書きなさい。

(3) 次の図は，2対2で行う練習場面を模式的に示したものです。▼は，オフェンスのプレーヤーを，○は，ディフェンスのプレーヤーを示しています。オフェンスのプレーヤーが，連携した動きによってゴール前に空間を作りだして，ショットをする展開を取り上げて学習することとします。相手の得点を防ぐためのディフェンスのプレーヤーの動きについて，どのようなことを指導しますか。簡潔に3つ書きなさい。

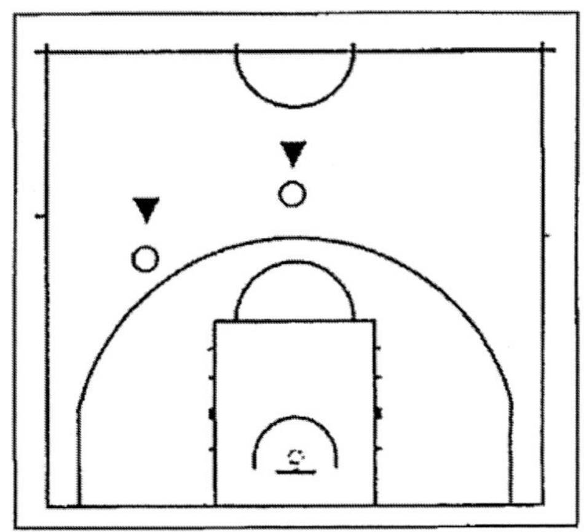

【2】次の文は，各球技の競技について述べたものである。文中の各空欄に適する語句または数字を答えよ。

(1) バスケットボール

ア　ジャンプボールの際は，ジャンパーはタップを(　①　)回まですることができるが，他のプレーヤーが触れる前にボールに触れるとバイオレーションとなる。

イ　スローインでは，ボールを保持してから(　②　)秒以内にスローしなければならない。

ウ　バスケットボールは，1891年にアメリカの国際YMCAトレーニングスクールの体育教師(　③　)が，冬季に室内で行えるスポーツとして考案したのが始まりである。

(2) ハンドボール

ア　コートプレーヤーは手でボールを扱い，3歩・(　④　)秒までボールを保持することができる。

イ　警告は，同一プレーヤーに対しては1回だけ，チームに対しては合計3回まで警告される。したがって，同一プレーヤーに対しては2回目から，チームに対しては4回目からは(　⑤　)分間の退場となる。

ウ　ハンドボールの11人制は，1919年に(　⑥　)の体育教師カール・シランツが，トアバルの名で行われていた女性用ボールゲームを学校体育用として，サッカーのよさを取り入れ，男女ができるボールゲームとして考案した。

(3)　サッカー

ア　GKは自分のペナルティエリア内で，ボールを手でコントロールしている時間が(　⑦　)秒を超えると，相手チームに間接フリーキックが与えられる。

イ　日本代表チームは，1936年ベルリンオリンピックにおいて初めて参加し，1968年のメキシコオリンピックで(　⑧　)メダルを獲得した。

(4)　ラグビー

ア　ゲームはキックオフで始まり，キックされたボールは(　⑨　)mラインを越えなければならない。

イ　スクラムは両チーム各8名で組むが，最前列のフロントローは各(　⑩　)名と決められている。

(5)　バレーボール

ア　主審の吹笛合図後，(　⑪　)秒以内にサービスをしなかった場合，ディレイインサービスをとられる。

イ　バレーボールは，1895年にアメリカのYMCA体育指導者ウィリアム・G・モーガンにより，(　⑫　)とバスケットボールを参考に考案された。

(6)　卓球

ア　両方の競技者または組のポイントが，共に9ポイント以上の場合を除いて，ゲーム開始後(　⑬　)分経過しても終了しない場合は，促進ルールが適用される。

イ　卓球は，1926年に設立された国際卓球連盟によりテーブルテニス(卓球)と命名され，1988年の(　⑭　)オリンピックから正式種目として採用された。

(7) ソフトボール

ア タイブレーカーとは，延長8回の表より無死・走者(⑮)塁から攻撃をはじめるルールである。

イ ソフトボールは，1996年のアトランタオリンピックから女子競技が正式に採用された。日本代表チームは2008年の北京オリンピックでは決勝で(⑯)に勝ち，初の金メダルを獲得した。

【3】次の(1)～(4)の文章は，各競技のルールについて説明したものである。それぞれの文章中の各空欄に適する語句や数字を，それぞれ下の①～⑤から1つずつ選べ。

(1) バスケットボールにおいて，攻めているチームはボールをコントロールした時点から(ア)秒以内にシュートをうたなければバイオレーションとなる。

① 8　② 15　③ 20　④ 24　⑤ 30

(2) サッカーにおけるオフサイドポジションとは，味方競技者によってボールが触れられるかプレイされた瞬間にその競技者が相手側陣地におり，ボールより相手側ゴールラインに近い位置にいる状態で，相手側ゴールラインから(イ)人目の競技者より前にいるときをいう。

① 1　② 2　③ 3　④ 4　⑤ 5

(3) 6人制バレーボールにおいて，競技者がボールをヒットせず，ボールをつかんだり，投げたりした場合の反則を(ウ)という。

① フォアヒット　② キャッチ・ボール
③ ダブルコンタクト　④ ドリブル　⑤ キャリング

(4) ラグビーにおいて，手または腕で，相手のデッドボールラインの方向にボールを落とす，押す，たたくなどして押し進めることを(エ)という。

① ノックオン　② ペナルティー　③ スローフォワード
④ デッドボール　⑤ コラプシング

【4】バレーボール競技について，次の各問いに答えよ。

(1) サイド・バンド付近からスパイクを打たせるための速く低いトスは何というか。そのトスの名称を答えよ。

(2) 初めてバレーボールに取り組む生徒には，アンダーハンドパスで「ひじを曲げてしまう」という欠点がよく見受けられる。次の文を，「しっかりとひじを伸ばしてパスをする」ための適切なアドバイスとするために，文中の(　　　)内に当てはまる適当な文節を答えよ。

組んだ手の両親指を，(　　　　　)ようにしてみよう。

【5】次の文は，サッカーの反則について述べたものである。反則を犯した後のゲーム再開について，相手チームに直接フリーキックを与えるものに「直接」を，間接フリーキックを与えるものに「間接」を，それぞれ書け。

(1) ボールを意図的に手で扱う。(自分のペナルティーエリア内のゴールキーパーを除く)

(2) 相手の前進を妨げる。

(3) ボールを奪うために相手にタックルをし，ボールへ触れる前に相手に接触する。

(4) 相手を抑える。

(5) ゴールキーパーが，自分のペナルティーエリア内で，味方競技者によって意図的に自分にキックされたボールに手で触れる。

【6】球技について，次の問いに答えよ。

(1) バスケットボールにおいて，中学生以上の女子が使用するボールの周囲，重さの組み合わせとして最も適当なものを，次の①から④までの中から一つ選び，記号で答えよ。(「中学体育実技2021」(学研)より)

	周囲	重さ
①	62 ～ 65cm	300 ～ 350g
②	68 ～ 70cm	410 ～ 450g
③	72.4 ～ 73.7cm	510 ～ 567g
④	74.9 ～ 78cm	567 ～ 650g

(2) バスケットボールにおいて，1番プレイヤーとも呼ばれるチームの司令塔として攻撃のきっかけをつくりながら，ゲームをコントロールする役割を担う，ポジションの名称として最も適当なものを，次の①から④までの中から一つ選び，記号で答えよ。(「ステップアップ高校スポーツ2021」(大修館書店)より)

① センター　② スモールフォワード　③ ボランチ
④ ポイントガード

(3) バレーボールにおける審判の合図で，ポジショナルフォールトの合図として最も適当なものを，次の①から④までの中から一つ選び，記号で答えよ。(「中学体育実技2021」(学研)より)

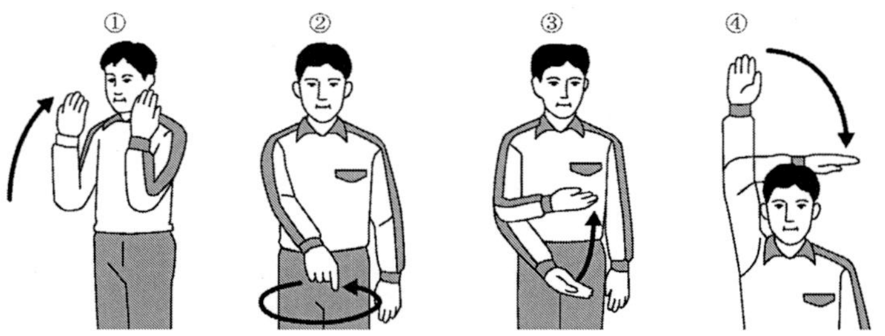

(4) バレーボールにおけるBクイックのトスの説明と図の組み合わせとして最も適当なものを，次の①から④までの中から一つ選び，記号で答えよ。(「中学体育実技2021」(学研)より)

① ア セッターの前，2～3mくらいの距離から打つ。
② イ セッターの前，0.6～1mくらいの距離から打つ。
③ ウ セッターの後ろ，0.6～1mくらいの距離から打つ。
④ エ セッターの後ろ，2～3mくらいの距離から打つ。

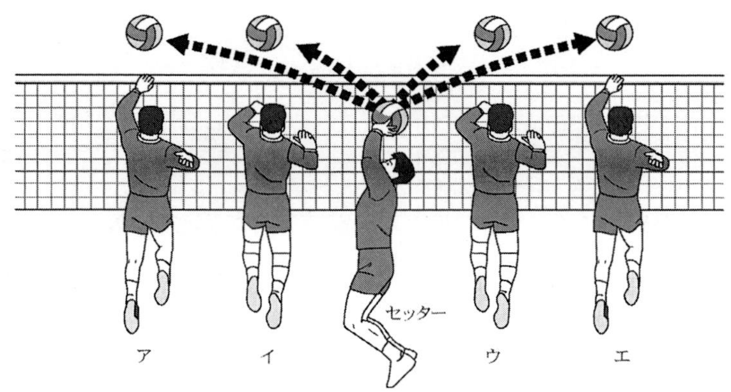

(5) ソフトボールにおける投手の投球動作に関するルールとして誤っているものを，次の①から④までの中から一つ選び，記号で答えよ。(「ステップアップ高校スポーツ2021」(大修館書店)より)

① 手と手首は腰よりも低い位置で，体側線を通して前へ通過させる。手首は肘よりも体から遠く離れてはいけない。

② 前方への踏み出しは1歩だけ，腕の回転は2回転まで許される。

③ ピッチャーズプレートから蹴り出していれば，跳んで，着地し，一連の動作の中で投球してもよい。

④ 球審のプレイの宣告後またはボールを受け取ったら，20秒以内に投球しなければならない。

(6) ソフトボールにおける用語と説明の組み合わせとして最も適当なものを，次の①から④までの中から一つ選び，記号で答えよ。(「ステップアップ高校スポーツ2021」(大修館書店)より)

	用語	説明
①	テンポラリーランナー	二死で投手が塁上の走者であるとき投手の代わりに走者となるプレイヤー（投手の前の打順のプレイヤー）のこと。
②	ダブルベース	２人のランナーが同時に盗塁すること。
③	タイブレーク	７回で勝敗が決まらなかった場合、８回の表から無死・走者２塁を設定して攻撃を開始すること。
④	インフィールドフライ	打者がフライを打って野手に捕球された後、走者が進塁するためにスタートすること。

【7】ソフトボール競技について，次の各問いに答えよ。

(1)　投手の手から投球のためのボールが離れる前に走者が塁を離れた場合，走者はアウトになる。このアウトを何というか。

(2)　ソフトボールでは，1塁ベース付近での守備者と打者走者との接触による危険を回避するため，1塁には特殊なベースが使用されている。そのベースの名称を答えよ。

(3)　次の図を見て，ア～オをフェアーボールとファールボールに分類せよ。

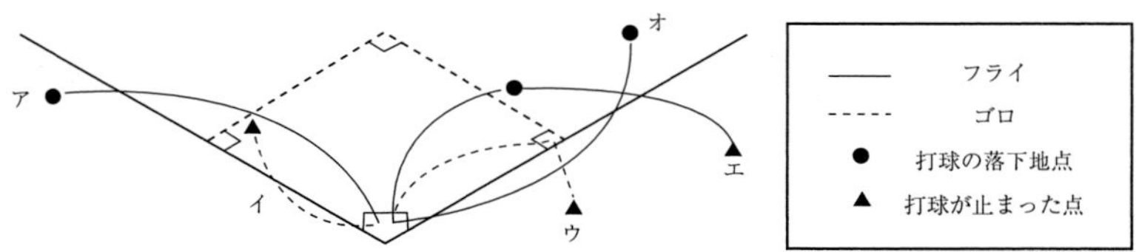

【8】「球技」について，次の各問いに答えなさい。

問1　バレーボールについて，リベロプレーヤーの説明として誤りを含むものを，次の1～4のうちから1つ選びなさい。

1　リベロプレーヤーの交代回数に制限はない。

2　リベロプレーヤーは守備専門で，他のプレイヤーと区別できるユニフォームを着用する。

3　リベロプレーヤーはブロックはできないがサービスはできる。

4　リベロプレーヤーがコートから出るときに交代できるのは，入れかわったプレーヤーとだけである。

問2　ハンドボールについて，ボールがコートから出てゴールキーパースローとなる場合の説明として誤りを含むものを，次の1～4のうちから1つ選びなさい。

1　攻撃側のボールがアウターゴールラインから出た場合
2　ゴールキーパーに触れたボールがアウターゴールラインから出た場合
3　ボールを持った攻撃者がゴールエリアへ入った場合
4　ボールがゴールキーパー以外の防御側プレイヤーに触れて，アウターゴールラインから出た場合

問3　バスケットボールに関する次のa～cについて，ファウルの名称の組合せとして正しいものを，以下の1～4のうちから1つ選びなさい。

a　ただちに失格・退場が命ぜられるような特に悪質なファウルをした。
b　失礼な態度で審判に話しかけたり触れたりした。
c　わざと体の触れ合いを起こすような悪質なファウルをした。

	a	b	c
1	ディスクォリファイングファウル	テクニカルファウル	アンスポーツマンライクファウル
2	ディスクォリファイングファウル	アンスポーツマンライクファウル	テクニカルファウル
3	アンスポーツマンライクファウル	テクニカルファウル	ディスクォリファイングファウル
4	アンスポーツマンライクファウル	ディスクォリファイングファウル	テクニカルファウル

問4　サッカーの歴史と発展に関する次のa～dについて，正誤の組合せとして正しいものを，以下の1～4のうちから1つ選びなさい。

a　日本へは，1873年にイギリスのダグラス少佐によって紹介され，全国に普及した。
b　日本は，1968年の第19回オリンピック・ベルリン大会で銅メダルを獲得した。

c　18世紀には，パブリックスクールで盛んに行われていたが，ルールは学校ごとに異なっていた。

d　サッカーの直接の起源は，12世紀頃にフランス各地で祭りとして行われていたフットボールである。

	a	b	c	d
1	正	正	誤	誤
2	正	誤	正	誤
3	誤	正	誤	正
4	誤	誤	正	正

問5　バドミントンについて，次の文が説明している技術の名称として最も適切なものを，以下の1～4のうちから1つ選びなさい。

> 体から離れたところのシャトルを打ち返すストロークで，ネットに背を向け，肘を先行させてスイングする。背中側ではなく体の前側の空間で打つ。

1　プッシュ　　2　ハイバック　　3　ヘアピン　　4　サービス

問6　テニスについて，歴史と発展に関する説明として誤りを含むものを，次の1～4のうちから1つ選びなさい。

1　日本へは，1878年にアメリカ人のリーランド氏によって紹介され，体操伝習所でスポーツとして取り入れられた。

2　現在のテニスの原形は，古くからフランスなどで行われていたジュ・ド・ポーム(手のひらのゲーム)と言われている。

3　4大大会(全豪・全仏・全英・全米)の中で，最初に開催されたのは，1877年の全仏トーナメントである。

4　1870年代になるとルールの整備や統一がなされ，近代テニスの原型が確立された。

問7　卓球について，失点となる反則の説明として誤りを含むものを，次の1～4のうちから1つ選びなさい。

1　ラリー中にラケットや衣服がネットに触れた場合

2　ラバーを貼っていない面で打球した場合

3　相手から返球されたボールをコート上で進路妨害(オブストラクト)した場合

4　サービスやレシーブの順序，エンドの誤りが発見された場合

問8　ソフトボールの技術に関する説明として誤りを含むものを，次の1～4のうちから1つ選びなさい。

1　内野ゴロの捕球は，ボールをよく見ながら低い姿勢で構え，ダッシュしてなるべく体の正面でボールを捕る。

2　スリングショット投法は，腕を一回転させて，速くて力強いボールを投げる。

3　オーバーハンドスローの送球は，投げる方をしっかりと見つめ，腕を最後まで振り切って投げる。

4　ポップアップスライディングは，滑り込みながらすばやく立ち上がって，次の塁に進む準備をする。

【9】球技について，次の(1)～(3)の各問いに答えよ。

(1)　次のア～ウの文中の(　①　)～(　③　)に入る適切な語句又は数字をそれぞれ答えよ。

ア　卓球のサービスにおいて，ラケットを持っていないほうの手のひらにボールをのせ，回転を与えないようにほぼ垂直に(　①　)cm以上投げ上げ，落下する途中を打つ。

イ　ソフトボールで，2ストライク後の投球を(　②　)し，打球がファウルボールになった場合，打者はアウトになる。

ウ　ハンドボールで，明らかな得点チャンスを妨害したとき，相手チームの(　③　)mスローとなる。

(2)　次のA～Cは各競技の審判の合図を示したものである。それぞれの合図が何を示しているか，語群から選び，記号で答えよ。

A　バスケットボール	B　バレーボール	C　サッカー

バイオレーションの合図の後、両拳を回転させる	両手のひらを自分の方に向けて上げる	反則を示す笛の後手を真上に上げる

語群

1　間接フリーキック　　2　トラベリング
3　ダブルドリブル　　4　タッチネット
5　直接フリーキック　　6　ボールアウト

(3)　サッカーの授業でシュートの技術的な指導をする際，インサイドキックとインステップキックのそれぞれの利点についてどのように説明するか，簡潔に述べよ。

【10】球技について，次の各問いに答えよ。

(1)　次のア～ウは，ルールについての説明文である。文中の各空欄に適する語句や数字を答えよ。

ア　ソフトテニスにおいて，プレイヤーの身体，着衣，ラケットなどがインプレイ中にネットにふれることを(　①　)という。

イ　ソフトボールの投手の正しい投球準備動作として，投球前には，一塁と三塁を結ぶ線上に両肩を合わせ，身体の前または横でボールを両手で保持し，バッターに面して2秒以上(　②　)秒以内完全に静止しなければならない。

ウ　卓球のサービスでは，手のひらにボールを乗せ，ほぼ垂直に(　③　)cm以上投げ上げ，ボールが落下してくるところを打球する。

(2)　次のア～ウの文中の下線部について，正しければ○を，誤りがあれば正しい語句を答えよ。

ア　バレーボールのサービスは，レシーブ側のチームがサービス権を得たとき，ローテーションし，新たに<u>バックレフト</u>の位置にきたプレイヤーが行う。

イ　図5は，バドミントンにおけるウエスタングリップを示している。

ウ　サッカーのスローインでは，すべての相手競技者は，スローインが行われる，地点から2m以上離れなければならない。

図5

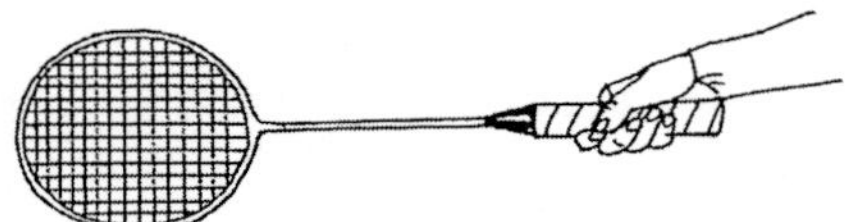

(3)　次のA～Dはバレーボールの審判の合図について，その動作を示したものである。それぞれの合図が示している反則を下のア～キから1つずつ選び，記号で答えよ。

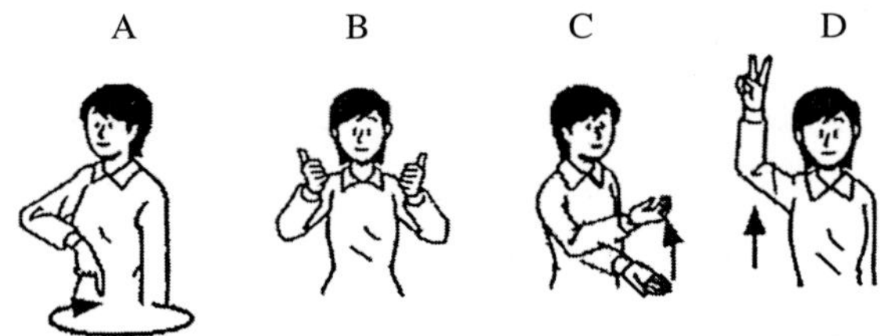

ア　キャッチボール　　イ　ダブルコンタクト

ウ　アウトオブポジション　　エ　サブスティチューション

オ　フォアヒット　　カ　ダブルファール

キ　ペネトレーションフォールト(オーバーネット)

解答・解説

【1】(1)　①，③，⑤　　(2)　・ヘルドボールが宣せられたとき。

・誰が最後に触れてボールがアウトオブバウンズになったか審判に確証がなかったとき，あるいは審判の意見が一致しなかったとき。

・最後のフリースローが成功しなかったときに，両チームのプレーヤーがフリースローのバイオレーションをしたとき(ダブルフリースロー

バイオレーション)。　・ライブのボールがリングとバックボードの間に挟まったり載ったりしたままになったとき。　・どちらのチームもボールをコントロールしていないかボールを与えられる権利がない状態でボールがデッドになったとき。　・両チームに対する等しい罰則を相殺したあとで，ファウルによる罰則が残らず，最初のファウルもしくはバイオレーションが発生する前にどちらのチームもボールをコントロールしていなかったかボールを与えられる権利がないとき。　・第1クォーター以外の全てのクォーターやオーバータイムが始まるとき。　から3つ　(3)　・ボールを持っている相手をマークする動き。　・ゴールとボール保持者を結んだ直線上で守る動き。・ゴール前の空いている場所をカバーする動き。　・相手や味方の位置を確認して，ポジションを修正して守ったりする動き。　・チームの作戦に応じた守備位置に移動し，相手のボールを奪うための動き。
・味方が抜かれた際に，攻撃者を止めるためのカバーの動き。
・一定のエリアからシュートを打ちにくい空間に相手や相手のボールを追い出す守備の動き。　から3つ

解 説 (1)　バスケットボールで禁止されている行為には，ファウルとバイオレーションの2種類がある。ファウルとは，プレーヤー同士の接触によるものや，スポーツマンらしくない行為によるものをいい，バイオレーションとは，ファウル以外の禁止されている行為を指す。ボールの扱い方や，時間に関するものなどがバイオレーションとなる。罰則に関しては，ルールの中で別途規定がある場合を除き，バックボードの裏側以外の場所で，違反が起こった場所から最も近い位置で相手チームにスローインが与えられる。①に関しては，ボールを持ったままフロアに倒れたり滑ったり，あるいはフロアに横たわったり座ったりしている状態で，ボールをコントロールすることは認められているが，その後にボールを持ったまま転がるか，立ち上がることはトラベリングである。そのほか，③もトラベリング，⑤は，パスをされたフロントコートにいたプレーヤーがジャンプしてボールをキャッチし，センターラインをまたいで(体の一部がバックコートへ)着地したため，バックコートバイオレーションである。 (2) ジャンプボールシチュエーションと関連して，「オルタネイティングポゼッション」とは，ゲーム中，ジャンプボールシチュエーションになったとき，最初は第1ピリオド開始のジャンプボールでボールを所有したチームとは逆のチームがスローインを行い，以後，両チームが交互にスローインをしてボールをライブにするゲーム再開の方法である。 (3) 近年では，マンツーマンディフェンスを指導することの重要性が高まっており，世界の強豪国では16歳以下のゾーンディフェンスを禁止し，国際バスケットボール連盟(FIBA)もミニバスでは禁止している。日本バスケットボール協会もこの動きに対応して，2015年より小学生・中学生を対象とした「アンダーカテゴリー(15歳以下)でのマンツーマンディフェンス推進(＝ゾーンディフェンス禁止)」に取り組んでいる。なお，マンツーマンディフェンスの指導に際しては，ボールを持っている選手をマークすることや，守備者が引き付けられて空間をつくられないこと，ゴールとボール保持者を結んだ直線上で守ること，ゴール前の空いている場所をカバーすること，相手をミドルに行かせない工夫等が必要である。

【2】 ① 2　② 5　③ ジェームス・ネイスミス　④ 3
⑤ 2　⑥ ベルリン or ドイツ　⑦ 6　⑧ 銅　⑨ 10
⑩ 3　⑪ 8　⑫ テニス　⑬ 10　⑭ ソウル　⑮ 2
⑯ アメリカ

解説 (1) ② バスケットボールのルールである「5秒の制限」に該当する。「3秒」「8秒」と混同しないように整理しておく。 (2) ⑤ ハンドボールの退場については「警告」されたプレーヤーが，再び「警告」に相当する違反を犯したときや，不正交代があったときに交替するプレーヤーを退場とする。またボールを持っているチームの反則で，相手チームにフリースローが与えられたときにボールをすぐに下に置かなかったときも退場になる。重大な違反（過度な反則，相手のユニフォームをつかむ等），非スポーツマン的行為は，「警告」なしで退場させることができる。 (3) ⑦ 他に，ボールを手から離して，他の選手がボールに触れる前に再び手でボールに触れた時や，味方選手によって意図的にゴールキーパーに足でキックされたボールを手で触った時(味方選手が頭や胸，ひざなどでボールをコントロールしてパスした場合は反則にならない)，味方選手によってスローインされたボールを直接受けて手で触れる時などにも，間接フリーキックが与えられる。 (4) ⑩ スクラムの際，1番は常に相手の3番の左側に頭を入れる。双方のフロントローの肩の接点の線の真下の想定線が，スクラムの中央線となる。 (6) ⑬ 促進ルールは，双方の競技者から要求があれば，ゲームの最初からでも途中からでも適用できる。 (7) ⑮ タイブレーカーとは勝敗を早く決定するためのルール。ソフトボールの正式試合は7回と定められており，同点の場合，8回の表からは前回最後に打撃を完了した選手を二塁走者とし，無死二塁の状況を設定して，打者は前回から引き続く打順の者が打席に入る。その裏も同様に継続し，勝負が決するまでこれを続けていく試合方式である。

【3】(1) ④ (2) ② (3) ② (4) ①

解 説 学習指導要領で掲載されている競技のルールはおさえておくこと。なお，同じ反則名でも競技によって内容が異なる場合があるので，使い分けをできるようにしておくこと。

【4】(1) 平行トス (2) 下に向ける(その他，ひじを伸ばす動きとなる表現は可)

解 説 バレーボール競技におけるパスやトス，サービス，スパイク，ブロッキング，攻撃法などの基本技術や競技用語を学習しておこう。

【5】(1) 直接 (2) 間接 (3) 直接 (4) 直接 (5) 間接

解 説 フリーキックの原因となる反則についての問題である。直接フリーキックは，選手が違反を不用意かつ無謀に，あるいは過剰な力で犯したと主審が判断した場合，相手チームに与えられる。いっぽう間接フリーキックは，ゴールキーパーが自分のペナルティーエリア内で，下記の違反を犯した場合などに，相手チームに与えられる。なお，(1)の反則の名称はハンドリング，(3)はタックリング，(4)はホールディングという。

【6】(1)　③　　(2)　④　　(3)　②　　(4)　①　　(5)　②　　(6)　③

解説 (1)　バスケットボールは7号球(一般男子，中学～大学男子)，6号球(一般女子，中学～大学女子)，5号球(小学生，ミニバスケット)などがある。③は6号球のサイズである。　(2)　1番プレイヤーは「ポイントガード(PG)」で，チームの司令塔。2番プレイヤーは「シューティングガード(SG)」で，PGを補佐しチャンスがあれば得点をねらう。3番プレイヤーは「スモールフォワード(SF)」で，ドライブやアウトサイドから得点をねらう。4番プレイヤーは「パワーフォワード(PF)」で，SFと同じ役割に加えポストエリアでも得点をねらう。5番プレイヤーは「センター(C)」で，ポストプレーが中心である。なお，選択肢③はサッカーで，試合の流れをコントロールする舵取り役や司令塔のこと。(3)　ポジショナルフォールトとは，ポジションまたはローテーションの反則である。他の選択肢について，①はボールアウト，③はキャッチ・ボール(ホールディング)，④はアタックヒットの合図である。(4)　選択肢②はAクイック，③はCクイック，④はDクイックである。(5)　前方への踏み出しは1歩だけ許されるが，腕の回転は「2回転」ではなく「1回転」だけである。　(6)　正答以外の選択肢について，①は「投手」ではなく「捕手」の代わりの走者となるプレイヤーである。②は，1塁での守備者と走者の衝突を防ぐためのベースで，白色ベースをフェア地域，オレンジ色ベースをファール地域に置き，内野ゴロを打った場合などに打者はオレンジ色ベースを走り抜け，守備者は白色ベースを使用してアウトをとる。なお，2人のランナーが同時に盗塁をすることは「ダブルスチール」である。④はノーアウトまたは1アウトで走者が1，2塁か満塁の時に内野に打ち上げたフライのことで，打者はアウトになる。なお，打者がフライを打って野手に捕球された後に，走者が進塁するためにスタートすることは「タッチアップ」である。

【7】(1)　離塁アウト　(2)　ダブルベース　(3)　フェアーボール：イ・ウ・エ・オ　ファールボール：ア

解説 (1)　投球のボールが投手の手から離れたとき，進塁権がある。離塁が早いとアウトとなる。　(2)　ダブルベースは白とオレンジのベースのことで，白色ベースはフェア地域に，オレンジベースはファウル地域に固定する。　(3)　フェアーボールとファールボールの判定の規定も学習しておくようにする。

【8】問1　3　問2　4　問3　1　問4　2　問5　2　問6　3　問7　4　問8　2

解説 問1　リベロプレーヤーは，後衛の選手としてのみ試合に参加することができるので，フロントゾーンでオーバーハンドでトスを上げスパイクさせること，ブロックに参加すること，サーブ，スパイクを打つことは禁止されている。　問2　防御側チームのコートプレーヤーが最後にボールに触れて自陣のアウターゴールラインを通過したときは，相手チームにスローインが与えられる。　問3　ディスクォリファイングファウルは，もっとも悪質でスポーツマンシップに反する行為のファウルである。通常のバスケットボールのプレーから逸脱した暴力行為や，大きな怪我につながる危険なコンタクト，首から上，顔面・頭へ肘を使った過度に危険で悪質なコンタクトなどに対するファウルである。当人は即座に退場・失格となり，相手チームにフリースローとその後のスローインが与えられる。テクニカルファウルは，審判や相手チームへの抗議・暴言・挑発行為，怒りにまかせてボールや器具などを蹴ったり殴ったりすること，ゲーム進行に対する遅延行為，わざと倒れてファウルを受けたように審判を欺こうとする行為などに対するファウルである。相手チームにフリースローとその後のスローインが与えられる。アンスポーツマンライクファウルは，故意に相手プレーヤーを叩く・押しのける・蹴る・抱きかかえるといった行為に対するファウルで，相手チームにフリースローとその後のスローインが与えられる。　問4　bについて，日本のサッカーがオリンピックで銅メダルを獲得した大会は，1968年メキシコ大会であり，ベルリン大会ではない。dについて，サッカーは12世紀頃にイギリスで行われていたフットボールが起源であり，フランスではない。　問5 「ハイバック」とは，バックハンドで打つハイクリアのことで，バック側(ラケットを持つ手と反対側)の奥(後方)に追い込まれて，通常のオーバーストロークでは間に合わない場合などに活用するショットである。
問6　3　四大大会の中で最初に開催されたのは，1877年にイギリスのロンドンで開催されたウィンブルドン選手権である。全仏は1891年，全豪は1905年，全米は1881年である。　問7　サービスやレシーブの順序，エンドを誤ったことで失点となることはない。サービスやレシーブの順序，エンドの誤りは，ラリー中に気付いた場合にはラリーがレットとなり，ラリーが終了していた場合にはそのラリーのポイントは生かし，次のラリーは正しいサーバー，レシーバーで競技を再開する。　問8　2はウインドミル投法の説明である。スリングショット投法は，時計の振り子のように腕を下から振り上げ，その反動を利用して前方に振り戻して投げる投法である。

【9】(1)　①　16　　②　バント　　③　7　　(2)　A　2　　B　6　C　1　　(3)　インサイドキックはコースを狙うシュートを打つ際に用いて，インステップキックは強いシュートを打つ際に用いる。

解説 (1)　ア　落ちてきたボールを卓球台の後方のエンドラインよりも後ろ，さらに卓球台の表面より上で打たなければならない。
イ　バッターが2ストライク後にバントした打球がファウルボールになった時，3バントアウトが成立する。3ストライクでバントの構えでバットに投球が触れず，1バウンド捕球やキャッチャーが落球した場合は，3ストライクルールによりバッターは1塁に進む権利を得る。これを「振り逃げ」という。　ウ　ゴール正面の7mの距離に引かれた

7mラインからのフリースローになり，ゴールキーパーとの1対1での相対になる。 (2) 3 ダブルドリブルは左右の手で交互にドリブルをつくジェスチャーをする。 4 タッチネットは，違反のあったチームのネットを指す。 5 直接フリーキックは，腕を攻撃方向に向ける。 (3) インサイドキックは，短い正確なパスを出すためにも有効である。インステップキックは，回転をかけたりするコーナーキックやフリーキックにも有効である。

【10】(1) ① ネットタッチ ② 5 ③ 16
(2) ア バックライト イ イースタングリップ ウ ○
(3) A ウ B カ C ア D イ

解説 (1) ア ネットポストに触れてもネットタッチとなる。 イ 違反すると不正投球となり，打者にワンボール，走者には1個の安全進塁権が与えられる。 ウ サービスはオープンハンド(手のひらを広げる)で出さなくてはならず，手のひらで一度静止し，コートより高い位置から回転を与えないようにして投げ上げなければならない。 (2) ア 相手のチームがサービス権を持ってサーブを打ち，レシーブをしたチームがサービス権を得たとき，1つずつ時計回りにポジションを移動する。この「ローテーション」により，バックライトの位置に来た選手が一番初めにサーブを打つ。なお，このとき，ラインを踏んだりコートに踏み込んだりしてサービスするとフットフォールトとして違反になる。 イ ウエスタングリップは，ラケット面を床と平行にして持つ持ち方である。親指を立てて持つこともあり，これをサムアップという。 (3) 審判の合図について基本的なものは覚えておきたい。なお，バレーボールの審判は，主審1人とそれを補佐する副審1人，線審4人からなり，他に記録員を配置することも覚えておこう。

●書籍内容の訂正等について

弊社では教員採用試験対策シリーズ（参考書，過去問，全国まるごと過去問題集），公務員試験対策シリーズ，公立幼稚園・保育士試験対策シリーズ，会社別就職試験対策シリーズについて，正誤表をホームページ（https://www.kyodo-s.jp）に掲載いたします。内容に訂正等，疑問点がございましたら，まずホームページをご確認ください。もし，正誤表に掲載されていない訂正等，疑問点がございましたら，下記項目をご記入の上，以下の送付先までお送りいただくようお願いいたします。

① **書籍名，都道府県（学校）名，年度**
（例：教員採用試験過去問シリーズ　小学校教諭 過去問　2025 年度版）
② **ページ数**（書籍に記載されているページ数をご記入ください。）
③ **訂正等，疑問点**（内容は具体的にご記入ください。）
（例：問題文では“ア～オの中から選べ”とあるが，選択肢はエまでしかない）

〔ご注意〕
○ 電話での質問や相談等につきましては，受付けておりません。ご注意ください。
○ 正誤表の更新は適宜行います。
○ いただいた疑問点につきましては，当社編集制作部で検討の上，正誤表への反映を決定させていただきます（個別回答は，原則行いませんのであしからずご了承ください）。

●情報提供のお願い

協同教育研究会では，これから教員採用試験を受験される方々に，より正確な問題を，より多くご提供できるよう情報の収集を行っております。つきましては，教員採用試験に関する次の項目の情報を，以下の送付先までお送りいただけますと幸いでございます。お送りいただきました方には謝礼を差し上げます。
（情報量があまりに少ない場合は，謝礼をご用意できかねる場合があります）。

◆あなたの受験された面接試験，論作文試験の実施方法や質問内容
◆教員採用試験の受験体験記

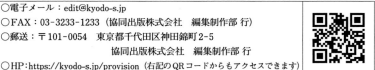

送付先
○電子メール：edit@kyodo-s.jp
○FAX：03-3233-1233（協同出版株式会社　編集制作部 行）
○郵送：〒101-0054　東京都千代田区神田錦町 2-5
協同出版株式会社　編集制作部 行
○HP：https://kyodo-s.jp/provision（右記の QR コードからもアクセスできます）

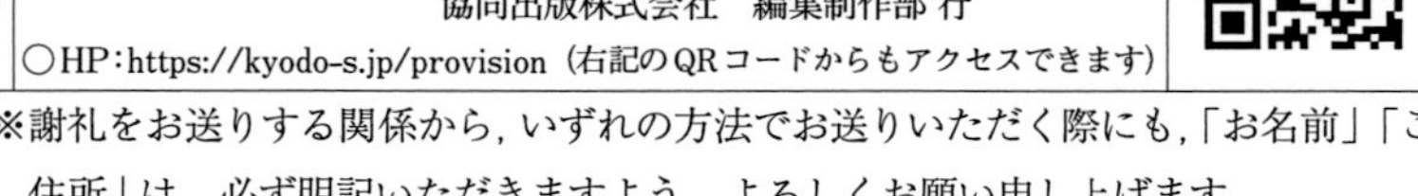

※謝礼をお送りする関係から，いずれの方法でお送りいただく際にも，「お名前」「ご住所」は，必ず明記いただきますよう，よろしくお願い申し上げます。

教員採用試験「過去問」シリーズ

福井県の

保健体育科 過去問

編　集　　© 協同教育研究会
発　行　　令和6年3月25日
発行者　　小貫　輝雄
発行所　　協同出版株式会社
〒101-0054　東京都千代田区神田錦町2 - 5
電話　03－3295－1341
振替　東京00190－4－94061
印刷所　　協同出版・POD工場

落丁・乱丁はお取り替えいたします。